Fritz Heinrich Lotterfuchs

Aufzeichnungen aus dem Mauseloch

Bruchstücke einer kleineren Konzession

Fritz Heinrich Lotterfuchs

Aufzeichnungen aus dem Mauseloch

Bruchstücke einer kleineren Konzession

Books on Demand

Bibliographische Information Der Deutschen Bibliothek:
Die Deutsche Bibliothek verzeichnet diese Publikation
in der Deutschen Nationalbibliographie; detaillierte
bibliographische Daten sind im Internet abrufbar über
http:// dnb.ddb.de

Herstellung und Verlag :

BoD – Books on Demand, Norderstedt

Gedruckt auf alterungsbeständigem Papier
(holz- und säurefrei)

Printed in Germany

ISBN 978-3-7528-2848-1

„A serious and good philosophical book could be written and would consist entirely of jokes." *(Ludwig Wittgenstein) für meine Familie*

Nachsokratische Fragmente

Zwei Welten. Herrschen tagsüber bunte Vielfalt und nachts das eine Dunkel oder tagsüber die eine Sonne und nächtens die vielen Sterne?

Gödel-Fragmente: Aus der logischen Not, daß nach Gödels 2. Theorem von 1931 kein ausreichend elaboriertes System sich aus eigenen Mitteln selbst beweisen oder widerlegen kann, macht der Aphorismus eine philosophische Tugend, wenn das System sich selbst widerspricht, wo es seine eigene Widerspruchsfreiheit beweisen will. „Das Sein bestimmt das Bewußtsein": Du bestimmst, wie ich dich sehe. Ich muß deine Wahrheiten und daß du sie nur durch mich beweisen kannst, zur Hilfe nehmen, um meine eigenen Wahrheiten beweisen zu können ...

Klopstocks „Messias" erschien zuerst 1747 in der weiterzuführenden Zeitschrift „Neue (Bremer) Beyträge zum Vergnügen des Verstandes und des Witzes".

Unsere Kinder haben dasselbe gegen uns einzuwenden wie unsere Eltern. Sie verständigen sich miteinander über unsere Köpfe hinweg. Wir denken anders als unsere Kinder und Eltern und wollen nicht merken, daß wir damit nur wie unsere Enkel und Großeltern denken.

Theorie der Elite. Minderwertig und mittelmäßig sind nicht nur jene, die wollen, daß andere sich vor ihnen mittelmäßig und minderwertig fühlen.

Augustins Ungezwungenheit würde in der kirchlichen Autorität, die er begründete, heute so wenig mehr geduldet wie Plato in seinem eigenen Idealstaat.

Geschichte erleben Menschen primär ganz unhistorisch als Lebensgeschichte der Trennung von den Müttern, und es gibt eine Geschichte des Geschichtsbewußtseins aus unhistorisch erlebten Mutterkind-Symbiosen heraus.

Die Angst *Hamlets* vor dem Mord am Vatermörder wird intellektualisiert zum ewigen Zaudern des Intellektuellen vor der Tat. Im Stiefvater, dem Vatermörder und Mutterschänder, fürchtet der dänische Ödipus sich selbst zu bestrafen und zugleich an ihm den Vatermord zu wiederholen, den er rächen soll. Der Auftrag, den Vater zu rächen, ist ja auch Aufforderung zum Selbstmord. Pubertäres Lachen von Oberschülern über diese Interpretation wäre von einem Unterrichtshindernis in ein Unterrichtsmittel zu verwandeln, verdankt sich doch das Lachen der Schüler demselben Widerstand wie Hamlets Zaudern.

Heute geht es nicht darum, den Staat vor der Religion zu schützen, sondern umgekehrt die Religion aus der Umarmung der Gesellschaft zu befreien.

Die Wahrheit ist längst und war immer bekannt. Wer so tut, als wäre das Rad noch zu erfinden, nimmt nicht wahr und will nicht wahrhaben, wie oft seit wie vielen Jahrtausenden schon gesagt wurde, was wieder vergessen, verdrängt und versteckt worden ist, um wieder von vorn anfangen zu dürfen. Wir suchen nicht die Wahrheit, sondern sie zu umgehen, und es ist leichter und angesehener, sie noch zu suchen, als nach ihr leben zu müssen.

Wir tun noch dasselbe wie zu Gottes Lebzeiten, nur nicht mehr in Seinem Namen. Ein Philosoph Gottes denkt nicht an den „Gott der Philosophen" (Pascal). Nehmen wir die Existenz eines Unbedingten an, weil ein unendlicher Regreß der Bedingungen unmöglich oder weil die aktuale Unendlichkeit des Regresses Gott selbst ist, während seine potentielle Unendlichkeit menschliche Vernunft heißt.

Manche sind so wenig Propheten, daß sie wohl die Zwecke schon vergessen haben, sobald sie alle Mittel in der Hand haben.

Naturwissenschaften verhalten zu Geisteswissenschaften sich wie das, was Gott uns verbirgt, zu dem, was andere Menschen sich und uns verbergen.

Miß mein Verhalten nicht nur an Grundsätzen, sondern die Grundsätze, denen ich zu folgen vorgebe, an den Prinzipien, denen mein Verhalten wirklich folgt. Diese Differenz zwischen unbewußten Maximen und dem Kategorischen Imperativ hielten die französischen Moralisten fest.

Systematisch in paradoxem Widerspruch zu sich selbst (oder zur Einbildungskraft?) gerät nicht nur die 'reine' Vernunft, die aufs Ganze von Gott, Welt und Seele geht, sondern schon die auf mögliche Erfahrung beschränkte Vernunft Kants, weil nach Maimon auch jedes Einzelobjekt nur als eine ganze Welt seiner potentiell unendlich vielen Erfahrungsaspekte voll zu begreifen ist. Werden Selbstwidersprüche erst systematisch produziert bei Ausweitung einer Theorie über die für sie gültigen Erfahrungsgrenzen hinaus, oder legt das Auftreten dieser Antinomien die Gültigkeitsgrenzen der Theorie erst fest?

Sind die atomaren Teilchen real und das ganze Universum eine Idee oder umgekehrt das große Ganze ganz wirklich und seine unendliche Teilung ein bloßes Ideal?

Viele Menschen sind auf der einen Erde, die unter vielen Planeten ist; jeder Mensch ist unter vielen Dingen dieser Welt, und jedes Ding hat ebenso viele Seiten.

Ist es subjektiv, wo der Schnitt zwischen Subjekt und Objekt gemacht wird, oder objektiv, wo ihre Einheit beginnt? Nach Hegel ist Gott der Name für die höchste Abstraktionsebene und die niedrigste Spezifikationsstufe zugleich.

Objektiv antwortet die Welt auf die Fragen meiner Versuchsanordnung, die ich subjektiv frei wählen kann, oder zwingt mich umgekehrt die Natur, bestimmte Experimente zu machen, durch die ich Ergebnisse subjektiv schon vorwegnehme?

Der Positivist behandelt die Religion nicht schlechter als die Quantenmechanik, denn er versteht beide nicht und hält sie für ganz unentscheidbar sinnlos. Betrachtbar wird eine Eigenschaft nur, indem das Objekt sie verliert, sagen die Quantentheoretiker. Sobald Einheit existiert, hört sie auf, Einheit zu sein, und sobald vieles existiert, ist es auch schon eins geworden, sagt auch Hegel.

Aphorismus? Mit einem einzigen „Satz" geht es raus aus der ganzen Welt und hinein in eine andere Welt, und dann siehst du, daß beide dieselbe Welt sind.

Das Anthropomorphe an der Religion besteht gerade im Versuch, Menschen vom anthropomorphen Egoismus zu befreien.

An *Descartes* war ja nicht neu und bedenkenswert, daß er nach Galilei das naturwissenschaftlich-mechanische Denken philosophisch rechtfertigte, sondern daß er es als guter Katholik tat.

Häufig wird eine Demokratie, ohne deshalb von ihren Zerstörern gerettet zu werden, von denen zerstört, die sie vor ihren vermeintlichen Zerstörern retten wollen.

Zwei Welten. Kritik der Religion an der Macht hebt die Trennung von Kirche und Staat nicht auf, sondern setzt diese Trennung voraus und lebt von ihr.

„Denn ein vollkommener Widerspruch / Bleibt gleich geheimnisvoll für Kluge wie für Toren." (*Goethe,* Faust). Das fragmentierte Wissen heute ist vielleicht nur noch in Fragmenten, also mit aphoristischem Witz wiederzuvereinigen.

Ist es unlogisch, Logik zu erwarten von Leuten, die so vernünftig sind, Unvernunft vorauszusetzen?

Um sich für eine großes Licht halten zu dürfen, genügt nicht die Fähigkeit, kein Behördenformular ausfüllen zu können, und um sich für einen mittelmäßigen Geist halten zu müssen, genügt nicht die Fähigkeit, es ausfüllen zu können.

Pistis. Sind Christen schon erlöst, weil sie erlöst zu sein „glauben"? Jesus lehrte Feindesliebe, weil Gottes Liebe zu uns Sündern Feindesliebe ist. Was ein Mensch von Gott erbittet, soll er jedem anderen geben, heißt es. Liebe deinen Nächsten und tu ihm nicht, was du haßt : Liebe deine Feinde, weil Gott in dir armen Sünder seinen Todfeind liebt. *Reich Gottes?* Will man Jesus glauben, soll jeder wagen, so zu tun, als wären die Herren der Welt schon entmachtet und als wüßten sie das nur noch nicht.

Bei Adorno sehe ich meine 'Nichtidentität' mit Objekten, bei Fichte mit Gott. Am Ende stehen die Schöpferischen vor der Schöpfung wie Fromme vor dem Schöpfer. Adorno sah in 'naturbeherrschender Vernunft' nicht die Gottesanmaßung und im überwältigenden 'Vorrang des Objekts' nicht die Demut vor der Schöpfung. Daß der Geist ein Teil der Natur ist, die er beherrscht, bedeutet doch, daß der schöpferische Mensch nicht aufhört, Geschöpf zu sein, und umgekehrt.

Daß alles nur subjektiv sei, ist auch nur subjektiv. Ist Watzlawicks 'Konstruktivismus' nur ein Konstrukt, um objektiven Strukturen auszuweichen?

Daß es gar nichts Besonderes ist, etwas Besonderes sein zu wollen, soll wohl schon etwas ganz Besonderes sein?

Wer nicht nach den Regeln spielt, spielt gern vor, um Regeln zu spielen. Ordnung und Chaos sind eins, zur Individualität lassen sie es gar nicht kommen. Wer heute seine Abtreibung überlebt, ist der geborene Lebenskünstler. Aphorismen bestätigen durch sich selbst, was sie an der Welt entlarven : Tugend verbirgt lächerliche Anmaßung (Lichtenberg), Eigenliebe (Larochefoucauld), den Liebeshunger (Schopenhauer) und Machthunger (Nietzsche). Der Aphoristiker demütigt seine Leser, indem er sie entlarvt oder gestehen läßt, daß er es besser kann als sie. Metaphysisches wird metaphorisch durch Physisches vertreten und widerlegt. Jeder fällt unter seinen gleichschaltenden Allgemeinbegriff nun gerade durch seine lächerliche Prätention, etwas Besonderes zu sein.

11

Heideggers *Kehre* von der *Existenz* zum *Seyn* war auch eine Rückkehr von der „Eigentlichkeit" zum „Man", zu Gerede, Neugier, Zweideutigkeit, Besorgen und Verfallen ans Vorhandene.

Ich brauche keinen Diener, weil ich ein Diener bin, keine Frau, wenn ich selbst eine bin, und brauche kein Auto, sobald ich selbst eins werde.

Früher schämte der Philosoph sich seiner Gebete und heute seiner Scham. Monotonie und Monopole sind Formen des Kollektivismus, Monotheismus und Monogamie sind Formen des Individualismus. Adorno säkularisierte das biblische Bilderverbot zum Verbot von Vor-Bildern für das, was es noch gar nicht gibt, aber der letzte Satz der „Minima moralia" zeigt, daß wir uns nur im Lichte einstiger Erlösung ein Bild von dem machen können, was wir aus der uns anvertrauten Schöpfung gemacht haben. Und der hiesige Buchhandel führt jede Art von Bibelausgaben, doch nicht eine einzige Ausgabe des Alten Testaments allein in einem Band.

Er hatte nie genug von ihr : Ging es ihm schlecht, war ihm seine Frau zu viel, ging es ihm gut, war sie für ihn zu wenig. Wenn es Magendrücken bereitet, sowohl einen Besuch zu erwarten als auch keinen Besuch erwarten zu dürfen, dann muß dieser Besuch rasch herbeigezwungen werden, um die Magenbeschwerden vor dem angekündigten Besuch wie die Magenbeschwerden über den ausbleibenden Besuch glücklich hinter sich zu bringen.

Man liest von Leuten, die in „Selbsthilfegruppen" gehen, weil sie mit ihren Examensphobien und anderen Lebensängsten nicht allein fertig werden. Warum haben solche Menschen eigentlich nie Gruppenängste? Kein Examen der Welt könnte mir so viel Angst machen wie diese „Gruppen", die sie mir nehmen wollen.

Tu keinem, was er dir nicht tun soll, sagt das Alte Testament. Tu jedem, was er dir tun soll, sagt dagegen das Neue Testament. Negiere das Negative, fordert das Gesetz, das auch Jesus erfüllt wissen will. Das hat Adorno an Hegel so wenig begriffen wie an seinem Väterglauben, als er in der Negation der Negation nur die „erpreßte Versöhnung" sehen wollte, die Affirmation des Schlechten und die Selbstbestätigung des naturbeherrschenden Geistes. Adorno wollte die Selbstbestimmung des Individuums, aber in der biblischen Selbstgesetzgebung der Vernunft bei Kant sah er nur Heteronomie.

„Das Verhältnis des Ganzen und der Teile ist ... das unangemessenste für das Lebendige ... weil die Teile solche Unterschiede sind, welche ein selbständiges Bestehen für sich haben sollen", sagt Hegels „Logik". Dagegen sah Schlegel Fragmentsammlungen als lebende Organismen von Organismen, nicht als Aggregate toter Bestandteile. Die Teile eines Ganzen waren ursprünglich die Gegenteile, die jedes der Teile *an* ihm selbst hatte – und nun *neben* sich hat. Hegel : Jeder Satz befreit sich von dem Gegensatz, den er an ihm selbst hat, indem das Teil sein Gegenteil von sich abteilt und zum selbständigen Bestandteil macht. Selbstwiderspruch endet im ruhigen Neben- und Nacheinander von Gegen-Sätzen. Das raumzeitliche 'Außereinander' der Fragmente ist nicht kausal verknüpft : Keines ist Grund oder Ursache seines Nachfolgers, und keines ist Folge und Wirkung seines Vorgängers, sondern fängt frei eine neue Gedankenkette an. Jede aphoristische Existenz erfindet ihren eigenen Begriff, von dem sie negiert wird. Aphorismen sind wie der Tod heute noch nicht und morgen nicht mehr ganz wahr.

Es lohnt nicht immer, daß sich etwas lohnt, und manchmal schadet es dir, daß dir etwas nicht schadet. Der Mensch hat Verdienste, aber kein Verdienst daran. Ist er schuld daran, daß er an seiner Erbschuld unschuldig ist? Daß jemand seine Fehler nicht einsieht, gilt als sein größter.

Das reine Sein zu werden und doch nur an die subjektive Abkehr von eigener Subjektivität zu denken, ist noch kein tiefes mystisches Paradox. Die alte Sehnsucht heraus aus der Subjekt-Objekt-Spaltung zurück in unio mystica ist der von Freud beschriebene Todestrieb' des 'ozeanischen Gefühls'. Narzißmus, Einbildung und Egoismus sind so häßliche Ausdrücke; Mystik, Meditation und Erleuchtung klingen schöner.

13

Adorno : Die Emanzipation der Produktivkräfte ist so unmenschlich wie die Selbstbeherrschung der menschlichen Natur.

„Wer das Denken liebt, widerspricht sich." (H. Kudszus). Wer sich widerspricht, ist gar nichts und/oder auch das, was er gar nicht oder noch nicht oder nicht mehr ist, gleich mit.

Wer die Zukunft kennt, hat schon Gegenwart zur Vergangenheit gemacht, und wer Witze macht über Dinge, die nur ein Witz sind, ist noch kein ernster Mensch.

Protestanten gehorchten immer der autoritären Obrigkeit. Heute tun sie es, indem sie den liberalen Rechtsstaat angreifen.

Das Loslassen aller nebensächlichen Dinge haben Eurobuddhisten fest im Griff und halten sich am Festhalten alles Irdischen kräftig fest.

Die postmodernen Dekonstruktivisten entwickeln eine Theorie der französischen Moralisten, ohne deren fragmentaristische Praxis fortzuführen: Warum erkennt Derrida sich nicht wieder in Joubert, Deleuze nicht in Chamfort usw.?

Der Satz, daß ich keine Angst vor meiner Angst haben müsse, macht mir Angst.

Ist Gottes Gesetz nicht schon selbst die Gnade, von der es nach Christenmeinung aufgehoben wird?

Fragment. Aphorismus. Mittel: Verdichtung und Zuspitzung, Witz, Scharfsinn und Schärfe, Schlagfertigkeit, (Über-)-Treffsicherheit und Geschliffenheit, Originalität und Innovation, Rasanz, Brillanz und Eleganz. Zweck der Übung: Verblüffung und Verzauberung, Entlarvung und Entzauberung, Verwirrung und Befremdung, Frappanz, Irritation, Überraschung, Überrumpelung.

Auch das Licht der Vernunft strahlt nur in fragmentierten „Quanten", und auch im geistigen Mikrokosmos gilt die 'Heisenbergsche Unschärferelation' : Aphorismen, atomare Standpunkte und Geschwindigkeiten, die sich nicht zugleich beliebig exakt festlegen lassen. Bei bestimmter Denkposition ist der Denkimpuls auf den Leser unbestimmbar, und bei bestimmter Wirkung auf Leser steht die gedankliche Position nur im Rahmen eines „Wirkungsquantums" fest. Das „Paulische Ausschließungsprinzip" lautet, daß zwei identische Fragmente nie zugleich dieselbe Position und Bewegung haben können. Gegensätze ziehen sich an, gleiche Ladungen stoßen sich ab. Quanten sind die Aphorismen der Natur, Aphorismen sind 'Geistesquanten'. Je nach Versuchsanordnung ist es sinnvoller, Fragmente als Schwingungen oder als Bruchteile zu betrachten. Es herrscht eine „Komplementarität" von Verkörperung und Kontinuität. Aphorismen leisten die „Synthesis des Mannigfaltigen" auch als geistreiche Gleichzeitigkeit des Nacheinander, als witzige Vermittlung des Durcheinander. Aber nicht nur das Licht der Vernunft ist aphoristisch „gequantelt", sondern auch die Schwerkraft der großen Massen, wenn sie zu „Schwarzen Löchern" oder das Universum zu „Singularitäten" unendlicher Dichte und Raumzeitkrümmung kontraktieren. Aphorismen zeichnen sich aus durch hohe Verdichtung, 'vitesse' und Standpunktschärfe.

Ist auch die aphoristische Dialektik ein platonischer Dialog mit dem Leser? Die platonische Idee ist Ausdruck des Widerspruchs zwischen der Synthese von Widersprüchen und den Widersprüchen in jeder Synthese. Philosophisch ist ein Aphorismus der Inbegriff von einem Begriff *und* seinen Objekten, die Idee von der 'Methexis' der Dinge an ihren Ideen (Platon, Parmenides 132).

Ein Text ist nur Vorbereitung auf einen Aphorismus, oder er ist überflüssig. Eine Abhandlung, die gar keine Vorstufe eines Aphorismus sein will, wird leicht Geschwätz.

Fragmente sind wahrhaft „postmodern": Diese Bruchstücke spielen mit den Versatzstücken der Tradition und verschmelzen sie zu neuen Aggregatzuständen. Für Fragmente spricht eins: Wenn eine Universalphilosophie alles determiniert, dann vielleicht auch uns dazu, uns systematisch über sie zu irren. Ein Fragment ist jenes Teil, das alles glücklich vereinigt, und nicht jenes Ganze, das in alles zerfällt und in das alles zerfällt. Es ist dadurch definiert, daß es eine richtige Definition berichtigt.

Der Masochist verdaut einen Sieg, um eine Niederlage erringen zu können.

Bald werden Staaten im Namen der Menschenrechte in Staaten einmarschieren, welche die Menschen- oder Gottesrechte zu sehr achten.

Wer die nötige Kraft hätte, Verbrecher zu werden, hätte die nötige Kraft, Engel zu werden, sagen Verbrecher. Der Bürger träumt nachts von Schandtaten, zu denen Schurken das schlechte Gewissen oder den guten Ruf hinzuträumen.

Wer sich Ausländern überlegen fühlt, fühlt sich Einheimischen unterlegen, und umgekehrt.

Lieber Wunschdenken als gar nicht denken! Wer fragt sich schon, ob er in seiner eigenen Wunschwelt noch selbst lebens- und gesellschaftsfähig wäre?

Geistige Augen, tastende Köpfe. Das Denken ist so wenig ein Wahrnehmen unsichtbarer Dinge, wie das Wahrnehmen ein Nachdenken über sichtbare Dinge ist.

NN. fecit. Jeder Künstler ist ein Untäter, dem es genügt, daß alle wissen, er habe „es" getan und uns gegeben.

Wer zu lange allein ist, sehnt sich am Ende nach Gesellschaft, und wenn die Leute ihn besuchen, wünscht er sie oder sich nach kurzer Zeit in die Wüste. Er sucht menschliche Gesellschaft, um sich zu beweisen, daß er noch kein autistischer Psychopath, sondern ihrer Herausforderung gewachsen ist. Sobald er sich vergewissert hat, keine Angst vor ihnen zu haben, genießt er seine Einsamkeit doppelt. Menschen braucht er nur, um sich und ihnen zu beweisen, daß er sie weniger braucht, als sie ihn brauchen.

Von Lichtenberg hatte sein Denken den Witz der Wut, von Schlegel die paradoxe Mystik, von Nietzsche die aggressive Entlarvungspsychologie, von Wittgenstein die fragmentierten Sprachspiele und von Adorno die negative Dialektik. Seine Sätze waren sowohl wahr als auch falsch und weder wahr noch falsch. Seinen unentscheidbaren Aussagen konnte oft kein eindeutiger Wahrheitswert zugewiesen werden, sie waren nur genaue Bestimmungen des Ungenauen in den Dingen.

Wer „gesellschaftlich aktiv und engagiert" ist, läßt sich nur vom „Zeitgeist" benutzen, und wer diesen ändern will, bleibe im stillen Kämmerlein vorm Buch auf dem Hosenboden sitzen.

Witz, Komik und Humor sind hier oft nur wieherndes oder lächerlich lächelndes Verständnis für allgemeinen Mangel daran.

Die Gefahr, zu harmlose Gedanken in die Köpfe hineinzubringen, war immer größer als die Gefahr, aus diesen Köpfen zu gefährliche Gedanken abzulesen.

Ob nach Jesaja die objektive Erkenntnis Gottes selbst oder nur ihre Wiederentdeckung eine messianische Idee ist, wird über die Richtung des Fortschritts entscheiden.

Eine Kultur, die nicht vor Kriegen bewahren kann, ist wert, mit ihnen unterzugehen, sagen Tyrannen, die sich um den ewigen Arbeitsfrieden der Untertanen sorgen.

Ein Philosoph muß Liebhaber der Weisheit Gottes werden, Freund seiner Tochter, der *Schechina*, um kein griechischer Knabenschänder zu sein.

Eine Nischengesellschaft für Außenseiter ist die BRD und war nicht die DDR.

Große Taten durch (lesendes und schreibendes) Nichtstun: Tao : Was fehlt, ist nur noch Mangel an Mangel und Langer Weile.

Werke durch Gnade und/oder Gnade durch Werke. Luther beseitigte die Mittler zum göttlichen Mittler, Nietzsche Gott selbst, Foucault den Menschen, Hegel die Unmittelbarkeit und Adorno die ganze Vermittlung der Vermittlung. Hat Gott das Gesetz erlassen, um uns seine Unerfüllbarkeit zu demonstrieren? Den guten Protestanten tut er das Gute, sie Gutes tun zu lassen. Sind Welterfolge Gnadenbeweise, Verdammungssymptome, Prüfungssituationen? Pauli stellvertretende Genugtuung Gottes ist nur christliche Gnade durch Gesetzesrecht. Reicht unsere Vernunft allein zur Einsicht, nicht vernünftig leben zu können?

Wenn Stil aristokratisch ist und apodiktische Maximen die schlagkräftige Kürze sublimierter Kommandos haben, dann demokratisieren sich feudale Errungenschaften auch in proletarischer Aphoristik, die jede gutbürgerliche Breite kurzerhand überspringt: Selbstbeherrschung als Selbstbestimmung.

Nimm, was dein ist, und geh hin (Mt. 20,14). Aphorismen, Fragmente und Essays retten Individualität durch allgemeingültige Kritik der geltungssüchtigen Allgemeinheit.

„Widersteht nicht dem Bösen!" Widerstand schwächt ihn nur, wenn er noch nicht an der Macht ist, und stärkt ihn, wenn er an der Macht ist.

Gesetzlose Liebe? Der christliche Geist läßt sich mit der weltlichen Macht zu weit ein, weil er sich zu wenig auf den menschlichen Leib einläßt. „Sie lieben dich alle." „Dann war es wohl ihr Haß, der mich immer getäuscht hat."

Menschliche Sprüche können einer Sache entsprechen, die ihrem Begriff widerspricht, oder einer Sache widersprechen, die ihrem Begriff entspricht. Liegt wahre Unwahrheit z.B. in falschen Angaben über wahre Propheten oder in wahren Aussagen über falsche Propheten?

Es gibt religiöse Versöhnung zwischen der unendlichen Selbstaufhebung des Endlichen und der endlichen Selbstaufhebung

18

des Unendlichen. Sind Schlegels Fragmente religiös, weil sie alles Endliche freigeben, indem sie es aufheben? Meine philosophischen Aussagen sind keine Resultate, sondern passagere Durchgangsphasen; ihr Ziel will Erkenntnis von Schöpfer und Schöpfung sein dürfen. Jeder Satz, Absatz und Aufsatz fordert weitere und setzt sie voraus. Philosophie läßt sich nicht in ein Buch zusammenfassen, sondern ist nicht mehr (wert) als das, was einer zwischen Geburt und Tod formuliert haben wird, eine Gedankenbewegung, die ihren Weg im Gedankengang erst schafft und bahnt.

Weischedels Gott : Daß auch und gerade die Philosophie der Fragwürdigkeit aller Dinge wieder nur fragwürdig ist, muß selber fragwürdig sein dürfen.

Der Unterschied, ob Emotionen einander und die Vernunft besiegen oder die Logik sich schließlich zu Tode siegt, geht ums Ganze.

Gott fordert von mir das Leben, das er mir gibt, und gibt mir das Leben, das er mir abfordert. Deine Existenz ist schon ein Ideal, das Ideal anderer existiert schon real. Nach Hiob werden die Elenden durch ihr Elend gerettet. Leidet einer, weil er für oder gegen Gott kämpft? Das Noch-nicht-dasein des Messias ist schon da. Die Philosophen brauchen logische Mittler zwischen Gott und Mensch, als sei Er nicht schon Herr und Vater zugleich. Er schafft die Selbsterschaffung des Menschen : Er macht, daß wir uns selbst schaffen können. Ich bin zu schaffen geschaffen und erzeugt zum Zeugen? Geborgen sind wir in Seiner Verborgenheit. Ist der Eine Gott eine Einheit von Widersprüchen? Du wirst nicht mehr geliebt, weil du mehr leistest, du kannst mehr leisten, weil du dich mehr geliebt weißt. Manche leiden, um nicht handeln zu müssen, andere handeln, um nicht zu leiden. Er verlässt dich um geistiger Dinge willen und wird verlassen um materieller Dinge willen. Die Welt mit Gottes Augen sehen heißt sehen, wie alles in der Welt sich selber widerspricht und 'aufhebt', ohne zu verschwinden. Es besteht, indem es vergeht, und vergeht dadurch, daß es nur bestehen bleibt : Es ist da und weg zugleich.

Selbst vor dem unendlich fernen Schöpfer fallen alle Geschöpfe so wenig zu einer einzigen Schöpfung zusammen, wie vor einem beliebig nahen Schöpfer die Schöpfung nicht in unendlich viele Geschöpfe auseinanderfällt. Gott ist nicht nur der Eine über den Vielen, sondern auch das Unendliche um einen einzigen Punkt.

Wissenschaftler gelten als Leute, die einen Menschen nicht in die Wanne stecken, um zu sehen, wer sich hinter Schmutz und Tünche verbirgt, sondern ihn vom Fleisch befreien, um ein klares und deutliches Skelett untersuchen zu können.

Manche bewegen sich nur soweit,
daß sie unablässig darüber reden, warum sie so gelähmt sind.

Hegel war der letzte unter den bedeutenden europäischen Denkern, die noch von Gott sprachen, ohne ihn für einen gestürzten Diktator zu halten. Hegel sprach von Gott, Marx sprach vom Arbeiter im Weinberg, Freud sprach vom Vater, ich spreche von allen dreien, aber nicht von einer Dreieinigkeit.

Die unendliche Menge ist so groß wie jede ihrer echten Teilmengen. Ist sie ein 'Chaos', weil sie in jeder ihrer Teilmengen „Selbstähnlichkeit" aufweist? Was in totalitären Staaten verbotene Fraktionsbildungen, sind in geistigen Systemen frakturredende Fragmente und bei Chaos-Forschern die „Fraktale".

Das Andere Adornos wird bei Habermas *der* Andere, der Gegenstand zum Gegenüber, aber nicht von einer ganz anderen Seite aus, sondern als Gegner in freiwilligen Kollektiven.

Kants Imperativ kann wie die goldene Regel Hillels zum Vorwand werden, das Alte Testament gar nicht mehr zu studieren. Scheler lehnte wie Schammai ab, Moral so kurz zu fassen, wie man sie auf einem Bein stehend anhören kann. Die Marxisten jubelten, als Georg Simmel in Kants spontanem Verstand eine praktische Aktion sehen lehrte, aber warum sieht niemand in Kants praktischem Vernunftgesetz umgekehrt einmal einen Akt intellektueller Besinnung?

Macht ist Wissen:
Wissenschaften sind eine Sache von Herrschaften.

Männer gelten als sachlich, nur aus persönlichen Gründen. Frauen seien persönlich, aber aus Liebe zur Sache (die eine Sache der Liebe ist). Frauen wollen Überlegenheit unter dem Deckmantel der Übereinstimmung (rapport), Männer wollen Übereinstimmung unter dem Deckmantel der Überlegenheit (report). *Er* sucht Verbundenheit durch Differenzen hindurch, *Sie* sucht Differenzierung von Bindungen. Er hilft, weil er mächtig ist; sie ist mächtig, weil sie hilft. And (s)he only likes reports of rapports and the rapport of the reports.

Ein Maschinenstürmer würde heute die Maschine stürmen, zu der er sich machen muß, um sie bedienen zu können.

Wir wollen eine ganz andere Republik, sagen Alt(ernativ)-deutsche. Wollen sie etwas ganz anderes als eine Republik?

Ins Theater gehen wir abends, weil wir tagsüber selbst nur Theater spielen und besser schauspielern lernen wollen. Nichts schützt angenehmer vor dem Denken als das Lesen von Romanen, und Dichter schützen vor Denkern wie Gedichte vor Aphorismen.

Weniger der Mensch als seine Unabhängigkeit von Gott ist von Gott abhängig. Sein Ebenbild setzt industrielle Gegenwelten in die von Gott geschaffene Welt. Politische Theologie : Eine Koalition mit dem Allmächtigen gegen die Mächtigen der Welt setzt die Erfüllung seines biblischen Parteiprogramms voraus.

Zuschauspieler? Eine Karikatur ist der Versuch einer Kultur, eine andere Kultur in eigenen Worten sachlich zu referieren. Wenn England in einer Weltsprache seine Insel feiert, sollten wir den Universalismus im Lokaldialekt vertreten.

Hochmoralisch wird Terror immer erst als Gegenterror.

Heutige Heiden himmeln alles an − außer den Himmel.

21

Die Intellektuellen wurden in der Hitze von 1789 geboren und starben sofort an der Hitze der industriellen Hochöfen. Sobald die Männer des Wortes Männer der Tat oder der Arbeit werden wollen, sind ihnen schon die Ideen ausgegangen, die sie realisieren wollen. Gute Straßenarbeiter gehen nicht auf die Straße. Wie soll der Intellektuelle Praktiker werden können, wenn er Politiker wird.

Leser sind Leute, die bei Luftfahrtunternehmen nur Gedankenflüge buchen. Die meisten Fernsehverächter gehen zu Vorträgen und Gesprächsrunden, um keine Bücherwürmer zu werden, und ins Fäustchen statt ins Köpfchen lachen sich Materialisten.

Mancher verherrlicht den Geist durch Zugeständnisse, die er dem Fleisch macht.

Der Mann auf der Straße des Erfolgs ist kein Genie, das sein Genie als Sünde unterdrückt.

Beziehungskiste. Du brauchst heut nur eine Frau und viele Freunde, die jeder nur einen Freund und viele Frauen brauchen.

Wer Hilfe braucht, der hilft am besten.

Jeder Bewerber sollte so formulieren,
daß er seine Ablehnung wie einen guten Job annehmen kann.

Wer Mängelrüge tadelt, hat noch keine Schmeichler gelobt

Wer Vollbremsung verlangsamt, hat noch nicht beschleunigt, d.h. seiner Geschwindigkeit keine Geschwindigkeit verliehen. Betten schlafen tiefer, Ärzte werden geheilt, Könige werden beherrscht, Zucker mit Sacharin gesüßt und Salz mit Suppen gewürzt. Die Hölle kommt nicht in den Himmel, aber wer bemäntelt die Verschleierungen und wird einst die alten Archäologen ausgraben? Christen, die den Heiland vergöttern, haben noch nicht den Satan verteufelt. Dem einen gehen die guten, dem ändern die schlechten Nerven seiner Nachbarn auf die Nerven. Manches Riesenroß hat das Steckenpferd, sich aufs hohe Roß zu setzen,

Aus den Atomen meiner Jugend wurden A-phorismen, aus Elementarteilchen der Physik wurden Elementarsätze, die Quanten, Chaosfraktale und „Superstrings" des Geistes. Gibt es „Selbstähnlichkeit" von Fragment und Fragment-Sammlung? Das Fragment ist so unendlich, daß es nicht kleiner ist als das Ganze, dessen Bruchstück es ist, und die ganze Sammlung nicht größer als jedes ihrer vielen Teile.

Betrachte jedes Jahrhundert mit den Augen folgender und vorangegangener Jahrhunderte, im Lichte von Gedanken, auf die es noch nicht oder nicht mehr gekommen sein könnte.

Manchen zeigen Spiegel noch nicht, manchen nicht mehr.

Der eine sieht spezifische Differenzen nur, um durch sie hindurch Gemeinsamkeiten zu erkennen, und der andere betont den kleinsten gemeinsamen Nenner, um vor dessen Hintergrund die kleinen Unterschiede hervortreten zu sehen. Der eine verallgemeinert lieber, was als Beispiel gedacht ist, der andere sucht Ausnahmen von dem, was als Regel gedacht ist.

Erasmus im 20. Jahrhundert : Eigenlob der Motorheit.

Beruht *Erich Frieds* Erfolg auch darauf, daß seine Lyrik eigentlich gar keine ist, sondern versifizierte Aphoristik? „Wenn die Feindesliebe der einen mit voller Wucht auf die Feindesliebe der anderen stößt, gibt es Krieg." „Es ist nie zu spät für die Lüge, daß es zu spät ist, und für die Lüge, daß es nie zu spät ist."
Manches muß nur ohne Zeilenbruch geschrieben werden : Wenn wir nicht aufhören, uns mit unserem Kleinkram zu beschäftigen, geht die Welt unter. Wenn wir aufhören, uns damit zu beschäftigen, ist sie untergegangen.

Dem Erkenntniswillen des Einzelnen setzt jedes Atom den gleichen Widerstand entgegen wie die ganze Gesellschaft, und vernetzte Führungssippen sind für Intellektuelle nicht leichter zu entschlüsseln als DNS-Ketten für Chemiker.

„Das Sein ist das unendlich Kleine": Diesen Satz Cohens hätte Schlegel unterschrieben, denn „Fraktale", um einen modernen Ausdruck zu benutzen, erzeugten sie beide. Umgekehrt hätte Cohen, der Anschauung in Denken auflöste, Schlegels intellektuelle Anschauung auf seine Weise akzeptieren können, und beide Platoniker teilten die hohe Wertschätzung der Mathematik. Der „ethische Sozialismus" der Marburger Schule dürfte mit romantischem „Symphilosophieren" mehr gemeinsam haben als mit dem „wissenschaftlichen Sozialismus" von Marx.

Mystisch ist ein *subjektives* Gefühl der Einheit von Subjekt und Objekt, also der Wiedervereinigung mit einer verlorenen VIP, die für den Mystiker einmal die ganze Welt bedeutete. Mystik ist Gefühlsersatz für einen Wissensverlust.

Habe nun ach ... Goethes Faust hat alles studiert und will endlich leben. Wenn einer nach langer Gelehrtenlaufbahn nichts Besseres weiß, als alle Bücher wegzuwerfen und einem Weiberrock nachzurennen, fühlen sich alle bestätigt, die mit dem Rockzipfel angefangen haben und nie davon losgekommen sind. Warum wählt Faust, Famulus Wagner als Schürzenjäger, den Umweg über Bücher, um Helena in jedem Gretchen zu sehen, fragen sich alle, die nie den Umweg übers Weib genommen haben, um ausgerechnet an verstaubte Bücher zu geraten.

Künstler Tasso buhlt gegen Spießer Antonio um die Gunst des Spießerkönigs, der Antonios Leistungen braucht und sich mit Tassos Leistungen nur schmückt. Er hat den Verdacht, daß auch die edlen Frauen die Muskeln Antonios mehr lieben als den Kopf Tassos. Thomas Manns Bürger und Künstler fühlen sich voneinander verachtet, und der Künstler muß den Bürger anerkennen, wenn er von ihm anerkannt werden will. Warum sagt Tasso, Antonios Leistungen seien Antonios Verdienst, Tassos Leistung aber nur ein unverdientes Naturgeschenk?

Auch ein Motiv für Kampf um Menschenrechte : Leben ist auch ohne Armut und Unterdrückung schon schwer genug.

Schriftsteller sein heißt, so kompliziert zu formulieren, daß es erst übermorgen trivial klingen wird, und alles so einfach zu sagen, daß es schon morgen unverständlich sein muß. Die Wahrheit ist nicht dem Stil zu opfern, und der Stil ist der Wahrheit nicht zu opfern, sondern zur Verfügung zu stellen. Wahrer Stil sei die Lustprämie auf die Wahrhaftigkeit wie die Wollust die Prämie auf die Fortpflanzung. Schwierigkeiten, die Wahrheit zu sagen, sind versüßt durch die Freude, sie glänzender zu sagen.

Wie viele um mich herum nicht einmal wissen, was sie selbst denken! Es geht ihnen so gut, daß sie es nicht nötig haben, sich Klarheit zu verschaffen, und es geht ihnen zu schlecht, um von der Klarheit mehr als ein deutlicheres Bewußtsein ihres Elends zu erhoffen. Erbauung und Kritik treffen ins Leere. Die Verwirrten zu verwirren heißt nur, die Selbstbewußten selbstgefälliger zu machen. Wer heute die Wahrheit beansprucht, wird nicht angegriffen, weil seine Wahrheit keine ist, sondern weil er sie beansprucht. Er würde auch angegriffen, wenn er die Wahrheit wüßte. Niemand soll sie haben dürfen, heißt es. Wer sein Dogma hat, läßt sich angreifen, aber heute will niemand kämpfen. Die Leute ahnen gar nicht, wieviel mehr Dogmen sie anerkennen als dasjenige Dogma, keine Dogmatiker zu sein. Als erstes muß man ihnen zeigen, was sie eigentlich denken, bis sie vor sich erschrecken. Der Stolz auf die Unwissenheit ist nicht weniger zu demütigen als der Stolz auf die Allwissenheit. Merke : Es ist alles noch nicht genügend bedacht, es läßt sich weiterdenken, jede Reflexion über Naives wird eines Tages naiv, die Schraube läßt sich weiterdrehen. Philosophie ist Reflexion über die jeweilige Reflexion, anläßlich wiederentdeckter alter Beobachtungen.

Dieser spielverderbende Wettkampf vor einem Gemälde: Wer erkennt als erster, was das soll, wer löst die Rechenaufgabe am schnellsten? Wer übersetzt als erster diese Gedankenlosigkeit umgekehrt in ein Gemälde?

Karasek warf der Autorin Christa Wolf nicht vor, sie sei zu politisch, sondern zu pietistisch unpolitisch gewesen, aber ließe der wirklich Degagierte sich denn privilegieren?

25

Er: Du bist viel zu dick. Sie: Dann bist du viel zu mager. Er: Na ja, aber ich bin noch nicht verhungert. Sie: Und ich schließlich noch nicht geplatzt. Er: Eigentlieh sind wir beide gar nicht so verschieden, weder Flaumfeder noch Walroß. Sie: Dann ist ja alles gut, mein Dickerchen.

Sartre: Das Überschreiten der Überschreitung des Gegebenen ist keine Rückkehr des Überschrittenen. Sehnst du dich in die Vergangenheit zurück, weil du weißt, daß du sie überstanden hast, aber die Zukunft noch nicht?

Hegels Schritt von der „gesetzgebenden und gesetzprüfenden Vernunft" zum „Geist der Sittlichkeit" ist ein Rückschritt von den Propheten zu den Griechen. Die „schöne Seele" der Romantiker sei „zur Verrücktheit zerrüttet, und zerfließt in sehnsüchtiger Schwindsucht. Es gibt damit in der Tat das harte Festhalten seines Fürsichseins auf, bringt aber nur die geistlose Einheit des Seins hervor." („Phänomenologie des Geistes", Berlin-Wien 1973, S. 372). Dies ist das materiale „Sein", das Adorno nicht weniger als Heidegger sucht, wenn er in Hegel genau jenes Wahnsystem sieht, das Hegel in Novalis sah.

Daß das Image der Beamten nur ein bloßes Vorurteil der Bevölkerung sei, ist nur ein beamtetes Vorurteil, sagt nicht nur die Bevölkerung.

Hegels „Fürsichsein" und Sartres „Etre-pour-soi" : Bleib für dich allein und du tust an sich mehr für andere als andere, die nur für andere da sind.

Der Jugendliche sah nur Böses in der Welt und das Gute nur in Büchern. Also beschloß er, gute Bücher über das Böse zu schreiben in der guten Hoffnung, in der Welt dann das Gute siegen zu sehen.

Die eine Kunst achtet, die andere ächtet das Entropiegesetz der Natur, daß Unordnung überall ständig wächst.

Physiker helfen uns nur noch auf die Quantensprünge.

Die Gesellschaft ist eher multi-kulturlos als multikultur-los

Wer Menschen nicht ignorieren kann, damit sie für ihn gestorben sind, muß sie töten, um sie ignorieren zu können.

Gehört es zum jeweiligen Zeitgeist, ihn mit der Zeit geistig zu entlarven? Vielleicht müssen wir „mit dem Denken hinter das Denken kommen", wie Graf York von Wartenburg sagte, aber auch mit dem Sein hinter Heideggers bloßes „Seyn". Jeder 'Superstring' ist im Weltraum ein Punkt, der ganze Räume einräumt, aber eine postmoderne Zeit, die alle Zeiten versammelt, ist keine Ewigkeit.

Als ewiger Junggeselle wie Schopenhauer zu leben, wäre noch kein Grund, Gottes Grundgesetz zu verachten, aber lieber will ich es gar nicht erfüllen können, als dem erbarmungslosen 'Mitleid' eines Euro-Buddhisten ausgeliefert zu sein. Was soll eine Religion, die kein persönliches Gespräch mit Ihm ermöglicht?

Als der Jugendliche Synthesen von mathematischen Formeln und literarischen „Monolithen" erträumte, dachte er eher an die hermetische Lyrik Rilkes als an witzige Fragmente von Novalis. Die geschliffene Dunkelheit von Mallarmés Versen ging über in die der Concetti von Valéry, und Friedrich Schlegels aphoristische „Igel" wurden zu Nietzsches Edelsteinen der Weisen.

Der *Depressive* sieht mehr Gemeinsamkeiten als Unterschiede : Es ist alles eins. Der *Schizophrene* sieht mehr Differenzen als Allgemeinheiten : Nichts ist gleich.

Wer nur träumt, daß er nur träumt, steht deshalb noch nicht voll im Leben.

Liegt deine Bestimmung darin, sie selbst immer neu bestimmen zu dürfen und zu müssen?

Geschlossene Gesellschaft. „Die Vernunft ist ein Schluß" (Hegel), und zwischen verständigen Leuten werden ja auch Ehen geschlossen.

Als Hegel in der Kunst nicht mehr die zeitgemäße Gestalt der Wahrheit sah, dachte er besonders an Schlegels Ironie und bedachte nicht, daß die romantisch endende Religion und Philosophie in dessen *concept art* schon mitgedacht war. In den Frühromantikern lehnte er seine legitimen Erben ab, indem er sie zurückgebliebene Vorläufer schimpfte.

Nach Habermas halten Forscher etwas für wahr, weil sie darin übereinstimmen können, statt daß sie in etwas übereinstimmen, weil sie es für wahr halten müssen.

Weltbezug ist widersprüchlicher Selbstbezug und Selbstbewußtsein ein widersprüchliches Weltbewußtsein.

Es ist gleich paradox, nirgendwo und überall nur Paradoxe sehen zu wollen. Würde der Mutige die Gefahr nicht sehen, wäre er dumm, würde er sie beachten, wäre er feige, würde sie nur für andere gelten, wäre er noch nicht mutig.

Das Selbstverständliche wird nur von sich selbst verstanden, nicht von uns.

Ein Begriff umfaßt eine unbestimmt große Klasse von Objekten, die nicht unendlich groß sein und den Begriff selbst nicht zu ihren eigenen Objekten zählen darf. Kant plus Russell: Macht erst der Begriff, welcher Objekt seiner selbst wird, die Klasse seiner Objekte unendlich groß oder die unendlich große Klasse umgekehrt den Begriff zum Objekt seiner selbst?

„Hybris ist heute die ganze Stellung zur Natur, unsere Natur-Vergewaltigung mit Hilfe der Maschinen und der so unbedenklichen Techniker- und Ingenieur-Empfindsamkeit..."
(Nietzsche : Zur Genealogie der Moral, III 9)

Gegen Heidegger ist den Wissenschaften weniger die Lebensweltfremdheit vorzuwerfen, als daß sie zu schnell Technik des Zuhandenen und zu selten Theorie des Vorhandenen sind. Heidegger geht von der Theorie nicht zur Praxis, sondern zum Denken des Unvor- und Unzuhandenen, aber die theoria muß wieder aisthesis werden und die Wissenschaft zum Spielmaterial der Künste. „Die Welt war da, als der erste Mensch den Kopf hob" (Heidegger). Will sagen : Frau Welt war da, als der erste Mann den Kopf seines Schwanzes hob.

L. Marcuse erinnerte sich, wie sein Lehrer Simmel, „auf der äußersten Kante des Katheders wippend, den gespitzten Bleistift in die Luft bohrte – gewissermassen in einen unsichtbaren Stoff ... Er verließ die exponierte Kathederkante, der gestreckte Bleistift sank zwischen seine Finger; und mit gesenktem Kopf ging er stumm quer über das Katheder – bis er sich zur Fortsetzung der Vorlesung zusammenriß ... In dieser stummen Sekunde der Selbstvergessenheit annullierte er innerlich, was er soeben erbohrt hatte." Husserl habe „die Finger der rechten Hand in langsam drehender Bewegung auf der gerundeten inneren Handfläche der Linken" kreisen lassen, erinnerte sich Gadamer. Husserl gestand Plessner seine lebenslange Abneigung gegen den deutschen Idealismus: „Und dabei zückte er seinen dünnen Spazierstock mit silberner Krücke und stemmte ihn vorgebeugt gegen den Türpfosten" seiner Gartentür. „Unüberbietbar plastisch vertrat der Spazierstock den intentionalen Akt und der Pfosten seine Erfüllung." Philosophischer Eros des Stockes: „Wenn wir einen Stock gegen die Wand stemmen, der Widerstand am Stockende, die Tastempfindung aber an der Hand erlebt wird", ist's Husserlschüler Scheler mit Blick auf Lebensphilosoph Dilthey. „Wenn ich mit einem Stock diesen Gegenstand abtaste, habe ich die Tastempfindung in der Spitze des Stocks, nicht in der Hand, die ihn hält", schrieb Wittgenstein über denselben „Akt". 'Metaphorologe' Hans Blumenberg erkannte in seinem Buch „Die Sorge geht über den Fluß" (Frankfurt 1987) diese Metaphern nur als „Gebärden des Wirklichkeitsverlustes", aber nicht als Symptome für verdrängten philosophischen Eros.

Wissen, Gewissen, Weisheit und Witz haben dieselbe Wortwurzel, die „gesehen haben" bedeutet. Sowohl Denken als auch Witz und Mystik ist *coincidentia oppositorum*, Vereinigung des Getrennten und Gleichschaltung des Verschiedensten.

Seine Selbstgefälligkeit nennt man gern Selbstbewußtsein, das Selbstbewußtsein anderer aber Egoismus.

Der Begriff, den der Proletarier sich von der bürgerlichen Welt macht, ist von ihr durch die Klassendifferenz einer Meta-Ebene getrennt : Er ist kein Teil der bürgerlichen Welt, die er begreift, und sein Begriff von ihr setzt sie voraus. Ein Begriff ist eine Weigerung, die kleinen Unterschiede zwischen seinen Objekten wahr- oder ernstzunehmen, und umgekehrt ist dieser kleine Unterschied der Individuen eine einzige Weigerung, ihre Gemeinsamkeiten zu sehen. Das „grobe Denken" (Brecht) versteht nicht alle Feinheiten, aber der Bürger sieht vor lauter sterbenden Bäumen nicht den Wald, in dem er irrt. Der Arbeitssklave versteht so wenig von der bürgerlichen Welt, daß er für ihre Widersprüche nichts weniger als eine „Lösung zweiter Ordnung" bereit hat.

Künstler sein heißt, nur durch seine individuelle Subjektivität seinen Kunden bisher übersehene Bereiche der objektiven Welt zugänglich zu machen, indem die Welt in neue Bestandteile zerlegt und aus ihnen neu zusammengesetzt wird. Begriff und Witz haben gemeinsam, Gemeinsames zwischen völlig unvereinbaren Dingen zu (er)finden − im großen Unterschied zur Anschauung, die den kleinen Unterschied zwischen völlig identischen Dingen übertreibt. Philosophie nun ist die Kunst, den Witz an der Sache im Inbegriff von dieser Sache aufzuspüren.

Der Totalitarismus holt die Einheit Gottes auf die Vielfalt der Welt herunter und mogelt umgekehrt diese vielgestaltige Welt in den Monotheismus hinein.

Das Wissen verhält sich zur Wissenschaft wie das Leiden zur Leidenschaft, und die Wissenschaft zertrümmert heute schmerzlos den Gallenstein der Weisen.

Als erster sprach Brecht vom Verbrechen, in einer Welt
voller Verbrechen über Bäume zu sprechen. Der seltsame Roman
„La nausée" von 1938, der mich 1958 so faszinierte, war auch eine
Selbstrechtfertigung Sartres durch ein Kunstwerk, in dem ein
Mann sich von einer betrachteten Baumwurzel nur dadurch unterscheidet, daß er beschließt, seine nackte Existenz durch ein Kunstwerk selbst zu rechtfertigen. Einen Baum zu beschreiben, als hätte
noch niemand ihn je gesehen, war für Sartre schon zehn Jahre später nicht mehr als die Weigerung, verhungernde Kinder so zu beschreiben, daß jeder Leser sie retten wolle. Die berühmte Kasta-
nienwurzel-Meditation des einsamen Helden Antoine Roquentin ist
bei aller Verachtung menschlicher Begriffe gerade ein Triumph des
Begriffs, denn im Begriff der „Kontingenz" (ursprünglicher Roman-
titel nach Sartres Husserl-Lektüre) sind die spezifischen Differenzen aller Dinge zugunsten dieser einen Eigenschaft ausgewischt,
wie auch Lehrer Heideggers „Seyn" nur davon lebt, daß in ihm alle
schon gewonnenen Distinktionen von Mensch, Natur, Gott u.a.
einfach nur wieder rückgängig gemacht sind. Für Heidegger war
Metaphysik die Wurzel der arbor philosophica. Sartres nackte
Kastanienwurzel im Park von Bouville ist ein phallisches, Heideggers „Seinslichtung[4]" des Schwarzwaldes aber ein weibliches Ge-
schlechtssymbol.

Der eine hält den anderen für jemanden, der immer Recht
hat, und wird von ihm für jemanden gehalten, der nie Recht hat.
Wahrheit folgt aus Widersprüchen, Widersprüche folgen aus Irrtum. Wahres folgt aus Falschem, Falsches aber nie aus Wahrem.

Mehr Objektivität ist nur möglich durch mehr und nicht
durch weniger Subjektivität: Du mußt mehr von dir in mich inves-
tieren, um mehr aus mir herauszuholen. Sklavenhalter wußten das
immer, seit Kant auch die Philosophen. Verstand und Sinnlichkeit
verstand Kant als Einheit und Vielfalt, d.h. nur als Verstandesbegriffe. Das Ding-an-sich war ihm der unerkennbar anzuerken-
nende Wille anderer, das Sinnliche selbst, dessen Mannigfaltigkeit
aber Erscheinung. Die Freiheit war für ihn die Fähigkeit, eine neue
Kette von Erscheinungen anzufangen, aber das Freien nicht die Potenz, eine neue Kette von Geschlechtern in die Welt zu setzen.

31

Adornos Paradox : Der Geist muss Macht gewinnen über seine Kumpanei mit ihr. Viele meiner Aphorismen sind „selbstbezügliche Schleifen", Anwendungen von Begriffen auf sich selbst in der Hoffnung, dem nachträglich Sinn geben zu können.

Hegel verfängt sich selbst in seinem Widerspruch : Einerseits sei gesunder Menschenverstand das Medium der Scheidungen und göttliche Vernunft das Medium der liebenden Vereinigungen, andererseits sei gerade der Sachverstand die Güte Gottes und die Vernunft eine Macht des Jüngsten Gerichts. Witzlose Güte des lieblosen Intellekts und witzig überwältigende Macht der vernünftigen Liebe? Ist nun die göttliche Allmacht als jüngstes Gericht und die Güte Gottes als urchristliche Gnade oder als unmenschlicher Verstand zu verstehen?

Mordnung muß sein? Kämpfe für eine Welt ohne Ausbeutung und Unterdrückung, um beweisen zu können, daß auch sie nur eine Welt voller Blödsinn sein wird.

Was an *Nietzsche* schon den Pubertierenden befremdete, war etwas, was beide verband, die Neigung zu großspurigem Eigenlob. Hier rühmt sich einer über die Maßen, weil niemand da ist, der ihn auch nur lobt. Seine wirkliche Größe hindert ihn nicht, größenwahnsinnig zu reden. Jeder NN. möchte Grund haben, so von sich zu sprechen, wie N. es tut, und deshalb wirkt es nur peinlich. Wenn es nicht lächerlich wirken soll, muß es Mitleid erregen. Ertragen können wir, daß er der Größte ist, aber nicht, daß er es uns dauernd sagt. Einsam ist er nicht, weil alle zu doof sind, um ihn verstehen zu können, sondern weil die dümmste Gans ihn nicht will, die ihn nur zu gut versteht. Ihm fehlte keine Lou Salomé, die sich vor ihrem Gatten ekelte, sondern eine Christiane Vulpius, die ihn trotz Zarathustra und nicht wegen Zarathustra genommen hätte.

Auf der Erde ist kein Platz mehr für weniger Menschen oder für mehr Menschen, die sich auf der Erde weniger Menschen wünschen.

„ *Wäre* das Größte nicht, wäre das *Größte* nicht."
(Lotze à la Hegel)

Wenn der Roman nach Lukacs die „Epopöe der gottver-
lassenen Welt" ist, dann hat er noch eine große Zukunft, auch wenn
er die Epopöe einer subjektverlassenen Welt geworden ist. Einen
Helden wie Valérys Mr. Teste können wir nur ertragen, wenn er
am Leben scheitert, also nur durch Mitleid oder Schadenfreude
hindurch. In meinem Roman wird kein Wilhelm Meister zum Chi-
rurgen, kein Faust zum Deichgrafen und kein grüner Heinrich zum
suizidalen Ökofreak. Meinen Herrn Teste müssen wir uns wie
Camus' Sisyphus als einen glücklichen Menschen vorstellen. Einige werden abgestoßen von der Prätention moralischer Überlegenheit, die Mr. Teste gar nicht hat, andere wie der Ich-Erzähler werden angezogen von der Art, wie die Freiheit Arme heilen und be-
reichern kann, ohne Ideologie zu sein.

Es ist schon Differenzierung genug, täglich eine Zeitung
zu lesen; sie muß nicht auch noch in Details zerfallen. Eine Tageszeitung sollte über den Tag hinaus informieren, ein Philosophie-
buch aber den Alltag bestimmen?

Bestand Sartres Reiz in der lebenslangen Verbindung eines
vierzigjährigen Menschenverstandes und eines vierzehnjährigen
Seelenzustandes?

Aus einem Brief: „Es wäre für mich gefährlich, zitieren Sie
bitte nicht aus meinem Brief, auch nicht diese Bitte."

Nachdem Maimon die reine Vernunft Kants als pure Einbildung entlarvt hatte, konnten Schelling und Adorno die Kunst als
„Organon der Philosophie" feiern.

Der Entschluß zu logischem Schließen ist ebenso gefühls-
betont, wie es nicht unvernünftig ist, unvernünftige Gefühle zu
kultivieren.

Von Philosophien für Geistesarbeiter zur Geistesphiloso-phie für Arbeiter? Man sollte sein religiöses Erstgeburtsrecht nicht für ein philosophisches Linsengericht verkaufen, sondern mit Claudius fragen, „ob die Philosophie ein Besen sei, den Unrat aus dem Tempel auszukehren ...". War Stalinismus ein Mißbrauch oder etwa die bestmögliche Realisierung des Sozialismus?

Philosophie als Kampfsport ist eine Form, für die Dauer des sportlichen Wettkampfs nicht nur den Ernst des Lebens, son-dern auch moralische Wertungen zu suspendieren. Sieg und Nie-derlage sind hier eher Schönheiten oder Flecken als Tugenden oder Laster. Der Sieger raubt dem Besiegten weder Leben noch Freiheit, Besitz oder Würde, er wird weder sein Unterdrücker noch Aus-beuter. Beide muten einander nicht mehr zu als die Bedingungen, unter denen sie ja freiwillig angetreten waren. Wer sich zu einer Kampfdisziplin meldet, willigt ungezwungen ein in die Spiel- und Fairneßregeln. Er kann nicht mehr gewinnen und verlieren als gute Laune und eine Blechmedaille. Ihr Wert beruht nur auf freier Übereinkunft von Publikum und Kandidaten. Kunst unterscheidet sich von der Hochleistungsgesellschaft durch ihre Freiwilligkeit, es geht nicht um Leib und Leben und Tod, sondern um Ruhm oder Vergessen. Wer antritt, will siegen um den Preis, auch verlieren zu können, und der Erste heute kann morgen der Letzte sein u. u. Künstler sind Artisten, und Kunst kommt von Können : Sie können die Kunststücke wirklich ausführen, von denen das Publikum nur träumen kann. Jede Aufführung soll Zuschauer und Zuhörer daran erinnern, daß sie diese Kunststücke auch können möchten, aber diesen Wunsch verdrängt halten müssen, um durch seine Unerfüll-barkeit nicht gedemütigt zu werden. Wer verliert, ist dazu verur-teilt, Publikum der Sieger zu sein.

Adorno kritisierte an Hegel jenen wahnhaften Subjekti-vismus, den Hegel an Schlegel und Novalis kritisiert hatte, aber verteidigte deshalb nicht die frühen Romantiker von 1800 gegen Hegel, sondern den vermeintlichen Realismus Schopenhauers und Nietzsches gegen Hegel und die Romantiker zugleich. Vor Marx und Adorno waren Hegel und Schlegel Brüder im romantischen Geiste. Die Mängel von Hegels Naturphilosophie waren nicht nur die Mängel der Naturwissenschaft seiner Zeit. Die antinomischen Widersprüche liegen nicht in der Vernunft selbst, sondern in der vom Romantiker-Philosophen Fichte zur Vernunft erhobenen „poetischen Einbildungskraft" (Maimon), die sich das immer abwesende Ganze möglicher Objekte als Objekt unter anderen vorstellt.

Der Kampf zwischen Friedrich Hegel und Friedrich Schlegel wurde viel weniger ernst genommen als der Kampf von Marx gegen Hegel, obwohl er den Kampf Adornos gegen Hegel viel mehr vorwegnahm, wenn auch Adorno in Schlegel eher den bösen Fichteaner abtat, als den negativen Dialektiker begrüßte. Adorno überließ es 1956 seinem Schüler H. Krüger, Nietzsches Fragmente gegen die vermeintlich affirmativen romantischen Fragmente auszuspielen. Die Sprache war von den Romantikern als Selbstoffenbarung Gottes und von Nietzsche als nominalistisch allzu menschliche Konvention gedeutet worden. Gegen Hegels System setzte Schlegel nicht anders als Adorno auf das individualistische Fragment, aber Schlegel habe dieses originelle Fragment nicht als Negation des großen Ganzen eingesetzt, sondern als Selbstüberschreitung des Endlichen ins Unendliche begriffen. In dieser ironischen Selbstnegation dieses romantischen Fragments witterte Adorno nur Restitution der zerbrochenen Totalität. Aber romantische Unendlichkeit ist so wenig Hegels Ganzheit, daß ein Hegel sie als schlechte Unendlichkeit des bloß additiv Endlosen anschwärzte. Für Kierkegaard hatten Hegels und Schlegels Dialektik nicht die romantische Subjektivität Fichtes gemeinsam wie für Adorno, sondern den Mangel an existenzieller Individualität. Kurz: Was Adorno von Schlegel trennte, verband Schlegel mit Fichte .

Wenn wir wissen wollen, unter welchen Gefahren unsere Vorfahren leben mußten, stellen wir uns die Gefahren vor, unter den wir leben müssen in den Augen unserer Nachfahren.

Nietzsches Machtwille erfüllte sich darin, den Machtwillen seiner Mitmenschen stilistisch gekonnt zu entlarven. Seine Freigeisterei bestand nur in einer Philosophie des Freigeists. Auch er dachte nur daran, *daß* mehr gedacht werden müsse, als gedacht werde. Wovor er warnte, das dürfte heute eher zu empfehlen sein.

35

Wir würden uns ja schon freuen, wenn wir selbstbewußten Analphabeten für die von ihm so verachteten 'Bildungsphilister' wenigstens noch gebildet genug wären. Und wer hat heute noch genug historisches Bewußtsein, um vor lauter überbewußter Vergangenheitsbewältigung an seiner Geistesgegenwart und Zukunftsperspektive gehindert zu werden?

Philosophische Quarks und Fraktale,
Elementarteilchen-Zoo der Fragmente:
Ironie (Wahrheit in der Maske der Unwahrheit o. u.)
Witz (Unbewußte Hemmungsaufwandsersparnis)
Witz (Vereinigung des Unvereinbaren, unio mystica)
Paradoxe Intervention (Unvereinbarkeit des Vereinigten)
Widerlegung eines Gedankensystems
durch absurde Schlußfolgerungen aus ihm.
Analogien und Vergleiche disparater Sinnebenen.
Sprachlogische Parodie der Sprachlogik.
Sprachpointen als Sachpointen.
Inkongruenz von Sinnlichkeit und Verstand.
Nichtidentität von Begriff und Objekt.
Watzlawick : Lösung zweiter Ordnung
(Sprung aus Widersprüchen auf Meta-Ebenen)
Pars pro toto
(Ergänzung eines Torsos zu widersprüchlichen Ganzheiten)
Metaphorische Übertragung
von Seins- auf Bewußtseinsebenen.

Manche bereuen nur ihre Schüchternheit und wollen mehr Überichs gegen ihr Überich. Gott in seiner Güte hinderte mich, meinen Existenzialismus zu praktizieren, indem er mich so gehemmt machte, daß ich keine Verbrechen zu bereuen habe.

Schon mancher floh aus der engen Schulstube in die freie Natur. Als er die Freiheit dann nicht im Freien der Mutter Natur fand, flüchtete er vor ihr zurück in die Studierstube und fand die Freiheit des Geistes von den Kerkern im Freien.

Mancher Mensch gibt sein geliebtes Rauchen auf, aber nicht aus Angst vor Lungenkrebs, sondern aus Angst vor der Angst eines geliebten Menschen um ihn.

Christus sagte : Am schnellsten geht der Teufel vorüber, wenn sich ihm niemand in den Weg stellt.

Aphoristische Paradoxe lassen sich auch buddhistisch als „Zen-Koans" verstehen, sofern sie geistige Selbstaufhebungen ins Nichts sind, also witziger Ausgleich von Ladungsgegensätzen in Geistesblitzen.

Kafka hatte ein schlechtes Gewissen über die Ungewißheit, für welche Vergehen er eines haben müßte. Die Strafe macht den Unschuldigen zum Verbrecher und folgt auf die Buße − und dann erst kommt die Untat. Der Leser sollte Kafkas Testament erfüllen: seine Bücher lesen und dann erst vernichten.

Niemand darf getötet werden. Ich bin niemand. Also darf ich getötet werden? Vollkommene Menschen sind unerträglich. Ich bin unerträglich ...

Geschichte ist ein Kontinuum von Diskontinuitäten nach dem anderen (o. u.) Autonomie heißt nicht, dem eigenen freien Willen freiwillig zu Willen sein. Von Gott erfaßt, die Welt zu erfassen, von Menschen erfaßt, Gott zu verpassen?

Aus jedem Ver-Standpunkt kann ein Schlußpunkt oder ein Doppelpunkt werden.

Ratlose rufen nach der Religion, aber wenn sie antwortet, nennt man sie Tyrannei. Ist sie tolerant, wird ihr Anpassung vorgeworfen, leistet sie Widerstand, wird ihr Intoleranz vorgeworfen, und das meist von denselben Leuten.

In „Gotteswende" spricht Zahrnt autoritär vom „autoritär-reaktionären Regiment des polnischen Papstes" und fordert Lehrautorität der Laien. Na, dann zur Probe : Evangelische Verleger, druckt mal Bücher religiöser Dilettanten auf Kirchensteuerkosten! Pfarrer sollten nicht leben *von* der Kirche, sondern *für* die Religion; sie sollten *von* einem Brotberuf leben und nicht *für* ihren Broterwerb.

Ist Kunst individualistischer Kollektivismus oder vergesellschaftete Asozialität? Geistige Systeme werden gesprengt von Kunstwerken, die selber stimmig zwingende Bezugssysteme sind.

Begriffe als Kunstgriffe: Ich denke nach, also bin ich vorn, und ich denke voraus, also bin ich zurückgeblieben. Ich denke an mich, also bin ich an sich. Ich denke (nur an das Eine), also bin ich (auch so einer)?

Um seine Neurose nicht aufgeben zu müssen, braucht er ihre heute mehr, als sie seine braucht, um ihre Neurose nicht aufzugeben. Einerseits will er ein Mann werden, wie sein Vater einer war, andererseits soll das Kind in ihm die Mutter vor diesem Wüterich gerade ritterlich beschützen. Ein Mann werden wie sein Vater hieße, seine Mutter in seiner Frau quälen, und seine Mutter vor ihm schützen hieße, sich selbst vor der Vaterrolle schützen. Seinen Vater sucht er im Weltkrieg und den Mann im Geschlechterkrieg mit seiner Frau?

Die meisten Gegner der biblischen Autorität verwechseln Selbstlosigkeit mit Unterwerfung unter die Bedingungen der Selbstverwirklichung und Emanzipation mit Befreiung von den notwendigen Emanzipationsvoraussetzungen.

Die „FAZ" ist zu lang in Dingen, die mich nicht interessieren, die „WELT" zu kurz auch in Sachen, die mich interessieren

Lieber leiden wir unter unseren Schwächen als unter den Stärken unserer Gegner. Nun ja, schließlich ist es leichter, vor uns und vor anderen, eigene Schwächen für Stärken auszugeben als die Stärken unserer Widersacher für Schwächen.

Ich lüge dir etwas vor, habe ein schlechtes Gewissen und gestehe dir die Lüge. Du glaubst daraufhin, ich wolle dich damit nur schonen und hältst meine Lüge nun erst recht für nackte Wahrheit. Hat mir mein Geständnis also genützt?

Die Verwandlung des Zufalls in Notwendigkeit, die für Roquentin in Sartres „La nausée" das Jazzlied leistet, vollbringt für mich der Aphorismus.

Nicht auf jedem beschriebenen Blatt vom Baum meines Lebens und meiner Erkenntnis steht ein Aphorismus.

Was wir Gegenstand nennen, ist eine im sicheren Abstand uns gegenüber erstarrte Flucht von Gegensätzen, ein Einstand von Im- und Explosion.

Wer ihn mit Raketen erobert, lebt auf dem Mond. Reisen ist Flucht vor Kultur. Die Welt samt Raum und Zeit wurde erschaffen, damit wir eine Stätte zur ruhigen Entfaltung unserer Irrtümer haben. Gott selbst will, daß wir wollen, was Er nicht will. Er läßt uns Zeit, ihn zu verlassen, und räumt uns dafür einen ganzen Weltraum ein. Auch unser A(nti)theismus dient diesem Zweck.

Arbeit ist die häufigste Form der Bewußtlosigkeit.

Ist mein Kopf eine Abweichung von der idealen Kugelform oder die Weltkugel umgekehrt eine Abweichung von der idealen Kopfform?

Kultur ist geistiger Wettlauf zu einem Ziel, von dem alle Menschen, wenn die Welt in Ordnung wäre, zu ihren je besonderen Zielen starten müßten. Brachte die Welt den Menschen hervor, um zu existieren, oder brachte umgekehrt der Mensch den Kosmos hervor, um zu existieren? Im Unzähligen zählt jedes.

Willst du etwas loswerden willst, dann behalt es für dich.

Wir altern, weil wir nur leben werden und nicht gelebt haben. Wie der Begriff seine Individuen und der Aphorismus eine Gedankenkette, so faßt Prousts „mémoire involontaire" in einem Moment alle Vergangenheit zusammen.

Wo Handschrift unleserlich ist, will Arroganz unverstanden bleiben. „Jede wahre Sprache ist unverständlich", schrieb B. Mattheus ganz verständlich. Jede wahre Sprache, das ist wahr, wird anfänglich nicht verstanden, aber genügt es denn, unverständlich zu sprechen, um die Wahrheit gesagt zu haben?

Die Zukunft war Sartres Haut, die Gegenwart sein Hemd, und die Vergangenheit sein als abgelegter Mantel verkleidetes Knochengerüst.

Ist Aphoristik ein Sprachspiel mit Wittgensteins „familienähnlichen" Sprachspielen? Die Sprache feiert metaphorisch jenseits ihres Arbeitsbereichs : Also Kampf gegen die *Verhexung* des Verstandes durch die Muttersprache. Der logische Atomismus des Aphorismus wich der 'Familienähnlichkeit' von Sprachspielen in Aphorismensammlungen. Die Sprache kann nicht sprechen über die Art, wie sie über Dinge spricht. Sie macht sich kein logisches Bild von dem logischen Bild, das sie sich von der Welt macht. Worüber man nicht reden kann, das muß man zeigen (auch verzeihen und zeugen). Wittgenstein bekämpfte Russells Typentheorie: „Das Unaussprechliche ist, unaussprechlich, im Ausgesprochenen enthalten!" Jedes Zeichen zeigt darauf, *daß* es auf seinen Gegenstand zeigt. Aber Gödel bewies : Was wahr ist, kann unbeweisbar sein, und was beweisbar ist, falsch sein. Was muß der Fall sein, damit Sätze nur über das sprechen, was der Fall ist? Der „Tractatus" sollte erst heißen „Der Satz". Sein Vorbild Karl Kraus sah im Satz die literarische Form überhaupt.

Die Gesellschaft oder ich, mindestens eins von beiden halte ich für verrückt. Wäre ich selbst wahnsinnig, hätte ich mit diesem Satz Recht, aber wenn ich damit Recht hätte, könnte ich nicht wahnsinnig sein. Also bin ich normal, und die Gesellschaft ist verrückt (sagt der Wahnsinnige?)

Wenn ich denke, daß du mich für verrückt hältst, dann bist du verrückt. Beweis: 1) Wenn ich normal bin, glaubst du, daß ich verrückt bin. Dann aber mußt du verrückt sein. 2) Wenn ich aber verrückt bin, glaubst du nicht, daß ich verrückt bin. Aber wenn du normal wärest, würdest du das glauben, q. e. d.

Ein Paradox: Mein Leser wird nie wissen, daß ich die Wahrheit schreibe. Wenn ich ein Lügner bin, wird dieser Satz nicht stimmen und der Leser wird doch wissen, daß ich kein Lügner bin. Wenn ich aber kein Lügner bin, wird mein Leser laut diesem Satz nie wissen, daß ich die Wahrheit schreibe, q. e. d.

Unverständlich aus Originalitätssucht und nur einmalig aus Verständlichkeitsangst? Früher wollte er partout nicht den Typen gleichen, die von seinen Idolen verhöhnt und verachtet zu werden pflegen. Heute wäre er schon froh, z.B. einem dieser Ruhmsüchtigen zu ähneln, die mehr sind als andere, weil sie mehr sein wollen als sie, die den Ruhm nicht einmal suchen. Manchem geht es nicht um die Sache, sondern um Ruhm und Erfolg, oder er interessiert sich nicht für tote Dinge, sondern für lebende Menschen.

Hellseher treffen selten ins Schwarze unterm Fingernagel. Blut blutet nicht, es läuft ja im Kreis. Der förmliche Antrag, Frauen nur noch sittliche Anträge zu machen, ist etwas unsittlich.

Ideen verhalten sich heute zur Wirklichkeit wie Schlagsahne zu Schlagworten. Wer errötet, steht Kopf, und weiß doch nicht immer, wo ihm dieser steht. Heute werden Kinder in den Jungbrunnen geworfen um abzutreiben. Lust diente früher der Arterhaltung und Frust der Einzigarterhaltung. Nur Liebestechnik macht die Natur zur guten Mutter.

Sprache 2000: Absprache von Autisten, die ihre Ansprüche anmelden, aber gibt es einen Solipsismus aller fünf Milliarden Solipsismen?

Wenn ich dir Gutes tue, das mich zu wenig kostet, um stolz auf mich sein zu können, bin ich dir böse.

Um Naturwissenschaft geht es, wenn Mutter Natur aus ihren Atomen hervorgeht, und um Naturphilosophie geht es, wenn diese Atome aus Mutter Natur hervorgehen.

Für die Notdurft ist es unbedingt notwendig, etwas Unnötiges zu benötigen.

Wenn wir den unterentwickelten Ländern bei der Industrialisierung helfen, helfen wir ihnen bei der Zerstörung ihrer eigenen Kulturen. Helfen wir ihnen nicht mit technischen Mitteln, helfen wir ihnen nur beim Verhungern.

Bald werden Arbeitslose leben von der 'Maschinensteuer', die das Kapital an den Staat zahlen muß, um sie nicht einstellen zu müssen.

Wer den sechsten Sinn sucht, hat nicht an den fünf Sinnen zu wenig, sondern schon zu viel.

Richtig und/oder gerecht? Verdächtig oft ist zu hören, die einzige Sicherheit und Gewißheit liege darin, daß alles zu ungewiß und unsicher sei, und die Wahrheit bestehe darin, daß jeder sich ihr nur beliebig weit nähern könne, ohne sie erreicht zu haben gewiß sein zu dürfen, aber mir scheint das einzig Wahre eher sich darin zu verstecken. Heuchelei, daß jeder von uns ja die volle Wahrheit über alles sehr wohl jederzeit wissen könne, aber nicht tun wolle. Man will das Richtige gar nicht so genau wissen (können), um das Rechte nicht so ganz tun zu müssen. Die vermeintliche Unerkennbarkeit der Wahrheit ist meist das bequeme Alibi derer, die nicht wahrhaftig leben wollen. Wer zu wissen glaubt, daß er das theoretisch Richtige nicht wissen kann, glaubt sich gerechtfertigt weil berechtigt, praktisch nicht ganz gerecht zu handeln. Nicht tun wir nicht das Rechte, weil und obwohl wir das Richtige nicht wissen, sondern müßten das annähernd Rechte umgekehrt in unendlicher Annäherung wollen, weil wir genau wissen, was richtig ist und was nicht. Die Gerechtigkeit ist ja unvollkommen bei vollkommener Richtigkeit unserer Urteile. Die vollkommene Unrichtigkeit unserer Urteile soll nur unsere vollkommene Ungerechtigkeit rechtfertigen, statt daß die vollkommene Richtigkeit der uns zugänglichen Weisheit unsere unvollkommene Gerechtigkeit nicht zur vollkommenen Ungerechtigkeit macht.

Die Frage nach links oder rechts stellt sich heute als Frage, wer die Wahrheit wissen will und wer sie fürchtet. Die „Achtundsechziger" forderten linke „Arbeiterkontrolle": War das ein genitivus subjectivus oder objectivus? Sollten Arbeiter nun Unternehmer kontrollieren oder sich von deren linken Kindern kontrollieren lassen? Diesen Rebellen hätte ich mich nie anvertraut.

Auf das Verschwiegene kommt alles an, ja, Canetti, aber um vieles zu verschweigen, genügt es, alles aufzuschreiben, was einem nur einfällt.

Der DIAMAT ist allerdings die Philosophie, durch deren Verwirklichung die Diktatur des Proletariats aufgehoben wird.

Sie sagen, Proleten seien zu gierig. Wohlan denn, werden wir neugierig! Früher wollte er etwas Besonderes sein, indem er die allgemeinen christlichen Normen aggressiv verletzte. Als er merkte, daß alle dagegen verstießen, wollte er etwas Besonderes sein, indem er diese wenigen Normen gegen ihre unzähligen Verächter aggressiv verteidigte : Böse sind alle, gut nur wenige.

Bei Nietzsche wird in der Kunst nicht wie bei Hegel der Sinn sinnlich, sondern die Sinnlichkeit selbst sinnvoll. Keine Idee erscheint, sondern der bloße Schein wird seine eigene Idee. Die Einheit von Geist und Ungeist ist Ungeist, nicht Hegels Weltgeist.

Bei G. Bataille ist es die Vernunft, welche trennt und ausgrenzt, während der Wahnsinn entgrenzt und vermischt. Aber diese *transgression* führt eben nicht zum 'Anderen', nur zur grenzenlosen Selbstausweitung, zur Schrankenlosigkeit der Beschränktheit, zur Verschwendungsorgiastik selbsterwählter Eliten, welche die Luxusgüter nicht erwirtschaftet haben, die sie 'verausgaben'. Ich empfange und teile Chocs aus, alle verloren die Fassung und die Verfassung sowieso in all den 'sakralen Opfern'. Hegels Geist bestritt

seine Entsublimierung als geistiges Geschäft, hier wird die Ent-
geisterung als Sublimation gefeiert.

Bei Hegel tun sich in der Liebe nicht zwei zusammen, die
unabhängig voneinander schon gewesen sind, was sie sind, sondern
die durch ihre Einheit erst als Individuen 'wiedergeboren' werden
aus der in ihrer Liebe wiederbelebten Mutter-Kind-Einheit.

Tritt die Vernunft gegen eine Religion an, die gegen den
Mythos antrat, kehrt sie dadurch zum Mythos zurück; Adorno hat
es gezeigt. Die stillschweigende Prämisse der Moderne ist der
Vernunftgewinn durch Religionskritik und Gottesdekonstruktion.
Aber was die Vernunft an Autoritärem störte, wird ihr nun selbst
vorgerechnet von einer neuheidnisch gnostischen Widervernunft,
gegen welche die Religion historisch ja erst entstanden war. Die
moderne Subjektivität gegen alle Autoritäten erscheint als autoritär
gegen präsubjektive Naturregungen (gegen deren Übermacht einst
das Überich dem Ich beisprang).

Bitte ich um einen Wegweiser aus einer Falle, um einen
vernünftigen und realistischen Fingerzeig, antwortet Gott selten
direkt, sondern tut und läßt etwas, was wie ein Hohn auf die Bitte
erscheinen muß. Im Nachhinein, wenn alles vorbei ist, entpuppt
sich zuweilen, durchaus nicht immer und völlig unberechenbar, als
Falle, was wie der Ausweg aussah, und die vermeintliche Falle
selbst als Ausweg. Das Wunder ist vernünftig und die Vernunft
zuweilen selbst das Wunder.

Hensel : „Wenn man über einen Gegenstand nichts weiß,
muß man über ihn ein Buch schreiben." „Autodidaktiker übertrei-
ben immer", übertrieb Autodidakt Fontane.

Das einzig Wahre ist beinahe schon das, was alle fürs Ge-
genteil halten, Glasperlenspiele im Elfenbeinturm, zweckfreies
Denken, abstrakte Theorien, leere Artistenvirtuosität, gelehrter
Formelkram, unverbindliche Spekulation, Degagement …

Biblische Schriften? Nichts unrealistischer als Realpolitik, aber es ist keine unmoralische Definition der Moral, sie für nichts als bloßen Realismus zu halten, für praktische Konsequenz aus dem Studium exakter Naturgesetze.

Sartre contre Sartre, qui dépassait tout le monde, est déjà dépassé.

Der Wissenschaft ist nicht vorzuhalten, daß sie das Subjekt vom Objekt trennt, sondern es umgekehrt zum Objekt macht.

Nietzsche sah sich wie Jesus und verachtete diesen vermeintlichen Neurastheniker wie sich selbst. Er bekämpfte sich selbst und seine Dekadenz in seinem (Zerr?-)Bild von Jesus, der das Böse weder tun noch bekämpfen und wie Sokrates das Unrecht lieber erleiden als selber tun wollte.

Ich war nie mehr Mystiker als zu der Zeit, als ich positivistischer Materialist war. Aufgeklärt und desillusioniert bin ich erst, seit ich die Revolution in der Religion und die Religion in der Revolution sehe.

Ewige Wiederkehr der gleichen Chance, die ewige Wiederkehr des Gleichen zu durchbrechen: Ist das der richtige Gebrauch Nietzsches?

Angst vor der Prüfung zum Lehrer, Kaufmann, Arzt, Ingenieur oder Anwalt hatte ich immer nur, weil ich Angst vor dem Leben als einer dieser Bürger hatte. Wer dort A sagt, muß nicht nur B sagen, sondern A & O und A bis Z. Meine neurotischen Examensphobien waren begründete Realängste vor dem bürgerlichen Leben. Wer als Bürger versagt, dem werden die bürgerlichen Lebensmittel versagt. Ich hatte stets mehr Angst davor, die Berufsexamina zu bestehen, als davor, sie nicht zu bestehen, weil ich mehr Angst hatte vor dem Leben, das diese Prüfungen mir eröffnen, als vor dem Leben, das sie mir verschließen.

Je (com)pense, je suis: vom 17. zum 18. Jahrhundert.

Wo die Herrscher Landesväter sind, werden die Familienväter als Herrscher beschimpft. Die Quelle der Hierarchie heute ist nicht die Familie, sondern die Fabrik, und die Quelle der Demokratie ist nicht der Beruf, sondern das Heim.

Gegen Kierkegaard spricht auch, daß der biblische Gott gerade nicht fordert, die Liebe zum anderen Geschlecht der Liebe zu Gott zu opfern. Beides widerspricht einander so wenig, daß es einander fordert, ohne einander zu vergötzen.

Wenn die kapitalistischen Errungenschaften des Bürgertums nach dessen Sturz sich nur retten lassen um den Preis eines 'real existierenden Sozialismus', ist das Kapital nicht wert, erarbeitet zu werden, sondern wird zur Fessel statt zur Basis der klassenlosen Gesellschaft. Wenn ich zwischen mich und die Natur Maschinen nur so schieben darf, daß ich mich samt Maschinen zwischen die Natur und meine Herren schieben lasse, möchte ich lieber wieder Sklave der Natur als der Herren sein, für die ich sie bearbeiten soll.

Pascal wollte die Demütigen erheben und die Hoffärtigen erniedrigen. Ich bin kein Pascal, ich attackiere die Philosophie in ihren Anhängern und verteidige sie gegen ihre Verächter (und gegen ihre Anhänger), wie ich Gott in den Frömmlern angreife und gegen die Ungläubigen und Gläubigen in Schutz nehme, wie ich die Familie gegen die Junggesellen preise und zugleich in den Eheleuten infrage stelle. Was es auch sei, ich verteidige es gegen seine Verächter und attackiere es in seinen Verfechtern, beschütze es gegen seine Fans, bekämpfe es in seinen Gegnern.

Von Ernst Mach bis Robert Musil wollten sie das liebe Ich zerschlagen, um selbst-los zu werden, nicht um Elemente zu gewinnen, aus denen ein besseres Ich zu bilden wäre, das diesen Namen verdiente.

Wenn es viele Solipsisten gibt, haben sie noch lange nicht den Solipsismus gemeinsam. Jeder hat ja seinen eigenen. Autisten gründen keinen Autisten-Club.

Wissenschaftler wissen immer mehr über immer weniger, heißt es. Heidegger wußte alles über das Nichts und gar nichts über das Weltall. Wir wissen alles, aber sonst nichts, denkt Sokrates. Sokrates weiß nichts, aber sonst alles, denken wir. Metrodoros von Chios wußte nicht einmal, ob er gar nichts weiß. Die übrigen Philosophen wissen nicht, was sie alles wissen sollten, und wir übrigen wollen davon nichts wissen.

Daß der intellektuelle Unterdrückte gedruckt wird, erdrückt seine Klassenfreunde mehr als seine Klassenfeinde..

Ein *Tagebuch* formt den Alltag und wird vom Kunstwerk in Form gebracht. Es ist Form vor dem Alltag und Rohstoff vor dem Werk.

Verrückte verhalten sich zu Rebellen wie Gedankenflucht zu Fluchtgedanken.

Empedokles, Plato und Demokrit gelten als jene Denker, welche den Statiker Parmenides und den Dynamiker Heraklit versöhnen wollten. Empedokles von Agrigent sah das Entstehen und Vergehen der Dinge als liebende Vereinigung und hassende Trennung zwischen den Ur-Teilen Erde, Wasser, Luft und jenem Feuer, an dem Heraklit seine Aphorismen zünden ließ. Aber sein Spiel von gespanntem 'Sphairos' und entspannter 'Akosmia', zwischen polemischer Eris und platonischem Eros, war noch kein aphoristisches „Begriffsspiel" (Fedler).

Die Ironie, welche Hegel überhaupt haßte, will es ja, daß seine platonische Dialektik von einem jener Fragmentaristen stammte, die er ebenso haßte. Und Heraklits Gegner, der Eleat Zenon, suchte dessen Lehre von der bewegenden Widersprüchlichkeit der Welt ausgerechnet dadurch zu widerlegen, daß er Widersprüche in ihr entdeckt zu haben glaubte. (Ähnlich polemisierte später Hegel ausgerechnet gegen das 'Nest von Widersprüchen' in Kants Ethik, in der er heuchelbare Maximen vorherrschen sah.).

Erkenntnis setzt ihr Objekt immer voraus, räumlich wie zeitlich : Es steht vor ihr und ist vor ihr da. Das Ereignis kann wohl seine Erkenntnis, nicht aber umgekehrt die Erkenntnis ihr Objekt verhindern und wird von Gott verboten. Die späte Erkenntnis, daß alle bisherige Erkenntnis gar keine war, ist die eigentliche seit Sokrates, aber die Erkenntnis, daß alle Erkenntnis immer zu spät kommt, kommt dann auch zu spät, um das Verhängnis noch aufzuhalten.

Wir fordern die Trennung von Staat und Religion nicht, um die Religion abzuschaffen oder zu einer Privatsache zu machen, sondern weil sie ihre Aufgabe, die Politik kritisch zu begleiten, nur erfüllen kann, wenn sie selbst keine politische Macht ist. Die arbeitsteilige Gleichheit aller Menschen vor dem göttlichen Gesetz, ihre gemeinsame Abstammung vom selben Urelternpaar, ist die religiöse Grundlage der Demokratie. Wenn die USA das historische Vorbild für demokratische Neugründungen in Nahost werden soll, muß an den biblischen Geist im Geist der amerikanischen Verfassung erinnert werden. Christentum wirkte als Macht ohne Geist statt als Geist ohne Macht. Der kleinste gemeinsame Nenner der drei Monotheismen ist ihre historische Arbeitsteilung.

Man kann vor dem Tode nur in dem Sinne nicht flüchten, wie man nicht leben kann, ohne sich ihm zu nähern, und man nähert sich ihm nur durch den Versuch, ihn zu ent-fernen.

Kafka war nach Brod unter den Gläubigen der Illusionsloseste und unter den Illusionslosen der Gläubigste.

Wer zwischen Streitenden Frieden schafft, erregt Neid gerade durch seine Kraft, Frieden zu stiften. Streithänse verbünden sich gegen Friedensstifter (die das meist nicht ertragen).

Prophetenworte gegen die weltlichen Institutionen wurden Teil der Institutionen. Bei Kafka wird der Löwe, der die Zeremonie immer neu stört, am Ende in die Zeremonie eingebaut.

Fürst Pückler oder Chateaubriand? Ehe Speisen nach Menschen benannt werden können, muß man Menschen mal zum Fressen gern haben.

Ich sage, ich wolle alles, damit niemand sagt, ich hätte nichts. Ich sage, ich habe alles, damit keiner sagt, ich wolle nichts. Ich sag, ich wolle nichts, damit keiner sagt, ich habe alles. Ich sag, ich habe nichts, damit keiner sagt, ich wolle alles.

Zur Freiheit prädestiniert
oder frei zum Prädestinationsglauben?

Unterhaltung wird erst unnötig, wenn der Kampf um den Unterhalt nicht mehr nötig ist. Der Mensch lebt nicht von Brot allein, er muß auch fernsehen.

Dialektik ist etwas mehr, als daß der liebe Gott sich als Teufel verkleidet oder dieser als jener auftritt, um seine Geschäfte zu besorgen, oder die Materie die Aufgaben des Geistes besser als dieser selbst erledigt, der sich als Naturbursche aufführt.

Christentum ist Monotheismus für Menschen, die lieber Schweinefleisch essen, als sich beschneiden zu lassen, und lieber ihren Nächsten lieben, als Gottes Grundgesetz zu erfüllen.

Im Denken umfassen wir das All, das uns körperlich verschlingt, sagte Pascal. Bei Descartes ist der allgemeine Begriffsumfang größer als die einzelnen Körper-Ausdehnungen; Denken umgreift körperliche Ausdehnung und begreift sie ausdehnungslos.

Ich und die Welt : Das Ganze hat kein Selbstbewußtsein, und ich selbst bin nicht ganz das Ganze.

Deutsche Dialektik : Augstein fürchtete keinen Bundeskanzler Strauß, sondern die dann sichere proletarische Revolution gegen Strauß und Augstein zugleich.

Ein „Linker", der nicht seine eigenen Vorrechte bekämpft, indem er sie dazu benutzt, um die Rechte anderer zu kämpfen, von denen er lebt, ist ein Rechter.

Autorität ist nicht vernünftig, weil sie autoritär ist, sondern Vernunft ist Autorität, wenn sie vernünftig ist.

Auch Adornos „negative Dialektik" ist nur eine „Fußnote zu Plato" (Whitehead), der Chorismos zwischen Idee und Individuum einmal nicht von der Idee, sondern vom Individuum aus betrachtet. Geist bestand vor Adorno darin, im Himmel geschiedene Dinge auf Erden zusammenzufügen, und seit Adorno darin, Dinge zu trennen, die nicht zu unterscheiden sind. Adorno postulierte den „Vorrang des Objekts", das er nicht mehr als menschliches Produkt, aber deshalb nicht als göttliche Schöpfung dachte.

Der „Abtreibungsparagraph" könnte ersatzlos gestrichen werden. Er ist im Mordparagraphen desselben Gesetzbuches ja bereits enthalten.

Die wenigsten und die mildesten Kriege führt, wer sie für sinnvoll hält, und wer ihre Notwendigkeit leugnet, macht sie noch notwendiger.

Wenn die Gesellschaft nicht wäre, dann wären wir alle kreative Individualisten, sagen die Unterdrückten. Die Gesellschaft bewahre ihnen ihre Illusionen.

1969 sagte *Sartre* in einem Interview, was er unter Freiheit verstehe, habe er vielleicht am besten 1952 in seinem Genet-Buch gesagt. Meinte Sartre also nur die künstlerische Freiheit, mit der ein Dieb und Päderast sich zum Dichter ernennt, wenn alle nur den Dieb und Päderasten im Dichter sehen?

In die Winterfrische fahre ich, um mich vor einen Kamin setzen zu können. Über einen Autor : Seine Texte sind es wert, überarbeitet zu werden.

„Integriert" werden kann Sex nur in ein Leben, von dessen Spannungen umgekehrt genug in die Sexualität „integriert" ist.

Auch Selbstzensur des Schriftstellers verfeinert den Stil: Wer Stil sucht, will Aristokrat sein. Ein Künstler ist Vater, Mutter und Kind seines Werkes zugleich. Um Geist zu haben, genügt es kaum, die Macht nicht zu wollen, und um die Macht zu ergreifen, genügt es nicht, das Wissen nicht zu ergreifen. Die Arbeiter sollten keine Arbeiten über die Arbeit schreiben. Überstunden : Sie sollten nicht sonntags noch schreiben, was sie werktags so treiben.

Man braucht nicht nur Distanz zum Objekt, um es erkennen zu können, sondern muß es objektiv erkennen, um es sich vom Leibe halten zu können. Das Selbstbewußtsein vieler Menschen besteht darin, für die Selbsterkenntnis Distanz zu sich selbst zu gewinnen. Diese bewußte Distanz zu sich schafft Selbstbewußtsein und hebt es zugleich auf, weil es Bewußtsein von der Welt ist, also auch Distanz zum Selbstbewußtsein (und zur Selbsterkenntnis). Das Eindringen in eine Sache ist eine Form der Distanz von ihr und der Abstand vom Gegenstand eine Form des Eindringens in ihn. Der Erkennende vergewissert sich, daß er sich selbst im Objekt weder verliert noch nur wiederfindet. *Nil admirari* oder starr vor Staunen? Aristoteles hielt Verwunderung statt Bewunderung für den Anfang der Weisheit. Nur aphoristische Pointen rufen heute noch jenes Staunen hervor, das Philosophien hervorruft – und das die Philosophen dann wissenschaftlich aufzuheben pflegen. Aber kann Philosophie als aphoristische Kunst zurückgewinnen, was sie als wissenschaftliche Methode verloren hat?

Ästhetik ist die Idee individueller Konstellation von Ideen.

Die *„Entspannungspolitiker"* der siebziger Jahre sind so dreist, sich durch die spätere Ostblockrevolution eher bestätigt als gründlich widerlegt zu sehen, obwohl sie doch Sowjetdiktatur und „DDR" immer eher geistig anerkennen als angreifen wollten. Der Wandel kam nicht durch Annäherung, wie es hieß, sondern umgekehrt kam die Annäherung erst durch grundlegenden Wandel, nicht durch Reformer, sondern durch Nestflüchter und Kanzler Kohl.

Versuch macht klug durch Sach- und nicht Dachschaden.

NN. sagte von mir, ich sei eben ein Theoretiker, er sei es nicht. So sagt er, er sei kein Theoretiker, um nicht als schlechter Theoretiker dazustehen und das Theoretische nicht ins Wesen des Menschen aufnehmen zu müssen. Ein guter Schriftsteller neigt dazu, alle Menschen zu geborenen Künstlern zu erklären, um sie dann als schlechte Künstler dastehen zu lassen.

Bei Watzlawick geraten die Meta-Sprünge aus dem Mechanismus einer Kommunikationsebene selbst eigentümlich mechanisch. Hat der Patient die Trickmechanik erst einmal durchschaut, dürfte er sich auf diese Weise kaum aus seinen Sackgassen mehr locken lassen. Die 'Umdeutungen' der Zwangssituationen setzen erst einmal wirkliche Deutungen voraus, z.B. psychoanalytische. Im Übrigen sind schon die Rationalisierungen des Patienten solche Metasprünge aus ihren unerträglichen Ursituationen, aber solche, die tiefer hineinführen als hinaushelfen. Die neurotische Sekundärbearbeitung ist ein gerade wieder analytisch rückgängig zu machendes Meta. Watzlawicks 'Symptomverschreibungen' sind symptomatisch : Die Neurose wird in Kürze an anderer Stelle wieder aufbrechen wie bei den Verhaltenstherapierten.

Ein Aphorismus ist verständlich als literarische Anwendung von Russells Typentheorie. Auf einer bestimmten logischen Ebene wird ein Widerspruch bis zum Paradox zugespitzt, und der Aphorismus ist ein einziger Satz auf eine Meta-Ebene, auf der der Widerspruch verschwindet um den Preis, verschoben zu sein auf den Gegensatz zwischen den Meta-Ebenen. Ein Aphorismus ist Widerspruch und Lösung in einem Satz (auf eine etwas originellere Meta-Ebene).

Schizophrene fühlen sich oft radioaktiven Strahlen ausgesetzt und hören Stimmen des Volkes, wie manche *Gift-Grünen*.

Rechts heißt links vom Verbotenen,
Links heißt rechts vom Unmöglichen?

Beruht die konstitutionelle Vieldeutigkeit von Kunst auf der Vielzahl gleichzeitiger logischer Kommunikationsebenen? Daß etwas anders gemeint, als es gesagt ist, wird ausgedrückt durch die Art, in der es gesagt wird, nicht durch einen zweiten Satz. Rhetorik heißt, Aussage und Ausdruck als zwei Meta-Ebenen in ein und dieselbe Aussage zu packen, wenn also der Ausdruck als Teil der Aussage dieser widerspricht.

Bei jedem Utopia ist zu fragen, ob es ein Teil der Systeme S(l) bis S(n) ist oder stets zu einem System S(n+1) gehört.

Wie, wenn die Geburt eines Menschen einen anderen auf der Welt tötet oder sein Sterben irgendwo ein anderes Paar zu-sammentreibt, ihn neu zu zeugen?

Womit soll sich einer beschäftigen, der das Berufsleben nicht weniger haßt als das Familienleben? Soll er, wenn er Schrift-steller ist, beschreiben, wie Kinder Eheleute werden und umge-kehrt? Er kann nur die schöne Natur besingen, Mathematik treiben oder zynische Gesellschaftskomödien verfassen. Nur gute Famili-enväter werden durch die abstraktesten Wissenschaften keine ko-mischen Käuze. Der Single wird als Logistiker oder Atomphysiker zum verrückten Sonderling. Nicht jedes Absonderliche von heute ist das Allgemeingültige von morgen oder umgekehrt. Der 'Indus-triebuddhist' leidet am Berufsleben so stark wie der Arbeitslose am Familienleben, um nicht unterzugehen. Der Single braucht oft den Job wie der Arbeitslose seine Familie.

Ein Gedanke taugt nichts, der nicht standhält in der Not? Aber ein Gedanke, welcher der Not standhält, überlebt sie meist nicht. Ist nur wahr, was eine schlaflose Nacht überstehen macht, ohne einschlafen zu lassen? Cioran fördert Denken in Situationen, die das Denken verhindern. Cioran ist einer, der „seine Bitterkeit feilhält, wie seine Gefährtinnen ihren Körper" ('Lehre vom Verfall', S. 100, „Philosophie und Prostitution", Stuttgart 1979). Er läßt kein Denken gelten, bei dem er nicht seinen Körper spürt, bei dem er also nicht körperlich krank ist. Er hält den Geist der Krankheit nicht für eine Geisteskrankheit. Wenn er sich entscheiden soll zwischen Kommandieren und Kommentieren, wählt er das Kommentieren als Kommandieren.

In Hegels „Phänomenologie des Geistes' (1807) kommt, ähnlich wie hinter den physikalischen Schriften des Aristoteles die metaphysischen, hinter dem philosophischen Abhandeln der französischen Revolution und ihrer napoleonischen 'Aufhebung' etwas, was viele gelehrte Leser irritiert hat wie eine Inkonsequenz: Kunst, Religion und Philosophie. Das ist nach der französischen Revolution aber genau das, was die Proletarier treiben müßten.

Vernunft sollte mehr sein als ein schöneres Wort für Gefügigkeit gegen Stärkere. Wunschdenken : Das Gebot der Vernunft folgt den Wünschen − der Schwächsten.

Zeitgenössische Literatur hatte ich gelesen, als ich neugierig auf meine Gegner war. Heute ist es mir allzu trübsinnig und langweilig, über mich selbst lesen zu müssen.

Die Fähigkeit, Autos zu bauen, hat das Rätsel der Bewegung nicht gelöst, aber umformuliert. Um die Menschheit bis zur Entwicklung des Penicillins zu bringen, mußten weit mehr Menschen sterben, als durch Penicillin je gerettet werden können.

Warum haben Kopf, Herz und Lunge so sehr verschiedene Rhythmen? Auf einmal Ein- und Ausatmen kommen im Ruhezustand etwa fünf Pulsschläge.

Natürliche Nahrung, Kleidung, Fortpflanzung und Körperpflege : natürliche Natur.

Karl Kraus hatte die Fähigkeit, Individualitäten nicht auseinanderhalten zu können; Adorno war fähig, ihre Gleichheit nicht (an)erkennen zu können.

Lassen in Utopia Sadisten sich von Masochisten quälen?

Gutes zu tun, ist genau so viel mehr als Böses zu unterlassen, wie Glück mehr ist als Abwendung von Unglück.

Hohe Schule der leidenschaftlichsten Faulheit : Ich kann nicht schreiben, weil ich das schlechte Gewissen habe, eigentlich für meinen Lebensunterhalt arbeiten zu müssen, und ich kann und will nicht in der Fabrik arbeiten, weil ich eigentlich zu Hause am Schreibtisch sitzen sollte.

Die Mittel von heute können die Bedürfnisse von gestern befriedigen, nicht die von heute oder von morgen. Aber sie können es nur, weil sie dabei unter der Hand selbst andere werden. Die Befriedigung der Wünsche von gestern schafft die Wünsche von heute und morgen. Der Mensch, der durch die Welt von heute zufriedengestellt wäre, existiert nicht, aber es hat ihn gegeben. Die Wünsche ändern sich durch den Versuch, sie zu erfüllen. Die Mittel, welche die Ungleichheit von gestern aufheben, schaffen neue Arten von Ungleichheit, die durch sie nicht mehr zu beseitigen sind. Die Ungleichheit des 19. Jahrhunderts ist heute zu beseitigen um den Preis ganz neuartiger Ungleichheiten des 21. Jahrhunderts, die längst vorbereitet werden.

Wovon würde der letzte kleine Scheißer mehr profitieren, von der Gleichheit auf niederstem Niveau der Naturbeherrschung oder von der Ungleichheit auf höchster Ebene der Effektivität?

Natur- und Geisteswissenschaft : Soll man das Verstehen erklären wollen oder das Erklären verstehen können?

Hans Henny Jahnn war kein Windbeutel, aber Alptraumtänzer auf vielen Hochzeiten. Was ist der kleinste gemeinsame Nenner eines Hormonforschers, Romanciers, Theaterschriftstellers und Orgelbauers? In der Pubertät glaubte ich kurz Verwandtes in ihm zu spüren, Hubert Fichtes 'Versuch über Pubertät' schien später Ähnliches anzumelden. Es faszinierten die Urweltrestauration mit den Mitteln des 20. Jahrhunderts, synthetische Archaik, raffinierte Naivität, Sprache in Orthographiestein gehauen, artifizielle Mysterien. Hier wurden Dinge aus Worten gemacht, und Worte

55

fielen wie Steine. Das Sein war Bewußtsein und umgekehrt, auf engstem Raum. Das stellte ich in die Reihe Baudelaire, Mallarmé, Valéry, Ponge. Später sah ich kunstgewerbliches Monolithikum in der Wortquaderwucht, die in Wortstein gehauene Verklemmtheit und verewigte Halbstarkenattitüde, die explosive Mischung von Homo- und Schizokult. Von der Trilogie 'Fluß ohne Ufer' beeindruckte nur der erste Teil: „Das Holzschiff".

Französische Schriftsteller setzen Descartes fort, indem sie ihn angreifen; deutsche Schriftsteller brechen mit Goethe, indem sie seine Epigonen werden.

Gerügt werden sollte die Selbstgenügsamkeit nicht des Geistes, sondern der Geistlosigkeit (und der Begeisterung dafür). Klassenfrage : Der mittelständische Systemsoziologe Niklas Luhmann sucht in der Zivilisation die „Komplexitätsreduktion", also simplificateurs terribles. Ein proletarischer Simplicissimus jedoch müßte umgekehrt lernen, komplexere Sachverhalte zu erfassen und seine Komplexitätstoleranz zu erhöhen.

Das Gegenteil einer Neigung ist nicht Pflicht, sondern Verneigung oder Erhebung.

Wissenschaft beschäftigt sich nicht zufällig mit dem zufällig Wesentlichen über dem wesentlich Zufälligen, die Philosophie hingegen mit dem nicht zufällig Unwesentlichen über dem zufällig Nichtzufälligen der Wissenschaft.

Früher wußte man über den Körper weniger als über Geist und Seele, heute ist es eher umgekehrt. Früher trübte der Leib die Selbsterkenntnis der Seele, heute ist es angeblich umgekehrt. Mathematik macht heute die Materie so durchsichtig, wie früher sich das Bewußtsein war? Für Spinoza hätte Materialismus geheißen, das Klare aus dem Verworrenen zu erklären. Der Mensch sei nicht frei zum Guten oder Bösen, sondern das Gute sei nichts als Freiheit zum Bösen und umgekehrt die Freiheit zum Guten das Böse selbst. Der Haß gegens Schlechte sei und mache schlecht, Vernunft sei *Amor Dei intellectualis*. Das Wichtige bei Spinoza ist nicht, daß der Affekt intellektuell ist, sondern daß umgekehrt die Vernunft wie bei Pascal eine Form der Liebe ist, um Begierden zu kultivieren. 'Körpererregungen' seien unklare Ideen, Ideen aber deutliche Leibessensationen. – Der Verstand richtet sich bei ihm auf den Affekt wie der Affekt auf seinen Gegenstand und schneidet ihn dadurch von ihm ab. Fichte und Sartre studierten beide Spinoza und konnten seinen Fatalismus nur ertragen, indem sie das 'Deus sive natura' mit ihrem 'absoluten Ich' identifizierten, wie Spinoza die Natur mit Gott identifiziert hatte: Das Sein sei undurchsichtig; nur das Bewußtsein durchschaue sich selbst.

Bolschewismus war die dialektische Synthese von Lumpenproletarisierung der Diktatur und Diktatur des Kontraletariats.

Der Aphoristiker kommt auf den Gegen-Satz oder auf den Hund. Wer stets einen Platz an der Sonne sucht, geht mit ihr unter.

Ich treffe ihn, ich begegne meinem Gegenüber, ich bin ihm über, dem Gegner? Ich treffe meinen Nächsten am besten dadurch, daß ich ihn übertreffe. Aber nicht in einer beliebigen Kampfart, die er zufällig gut beherrschen mag. Kunst kommt in der Tat von Können, und Können hängt potentiell zusammen mit der Potenz eines Potentaten. Kenner und Könner machen Kunststücke, in der Literatur z.B. Drahtseilakte auf Papierzeilenlinien. Niemand hat mehr verloren, als wer gar nicht erst antritt und nicht siegen will.

Der Kapitalist ist nicht zu bekämpfen, weil er den Wettkampf sucht, sondern weil er ihn meidet, indem er den Wettbewerb nur im Broterwerb sucht. Der Kapitalismus ist nicht zu viel Wettbewerb, sondern zu wenig, was nicht heißt, daß der Sozialismus mehr Agon enthält, sondern mehr Agonie. Was „biblische Linke" will, ist nicht Wettkampf auf Leben und Tod, sondern auf geistigen Sieg oder Niederlage. Das setzt die Sicherheit von Leib und Leben voraus, statt sie aufs Spiel zu setzen. Das Leben sollte Kampf sein um alles, nur nicht mehr ums Leben selbst, wenn es überhaupt einen Fortschritt in den vergangenen Jahrtausenden gegeben haben sollte. Fällig wären erst einmal Wettkämpfe um die höchste Wettkampfart selbst, gleichsam eine Olympiade zweiter Ordnung.

Ewiges Mißverständnis: Das Volk und sein Künstler haben nicht gemeinsam, revolutionär zu sein, sondern sentimental, laut und melodramatisch.

Daß heute nichts verpönter ist als die *Metaphysik,* hat seine metaphysischen Hintergründe. Angegriffen wird sie nicht nur von der Physik, sondern auch von den Gegnern mathematischer Naturwissenschaft. Einigen ist sie nämlich nicht handfest genug, anderen noch zu wenig spirituell. Metaphysik ist ja gegenüber dem spiritistischen Obskurantismus wohltuend rational – und gegen den naturwissenschaftlichen Positivismus eigentümlich spirituell gesonnen; vielleicht wird sie weniger bekämpft von den Physikern als von den Parapsychologen. Okkultisten und Geistheiler hassen die Metaphysik, weil sie ihnen zu rationalistisch ist, denn Irrationalismus ist empirisch unprüfbar gemachte Metaphysik. Wo der Augenschein augenscheinlich trügt, wo einem Hören und Sehen vergeht, fährt Metaphysik nicht übersinnliche Erfahrung auf, sondern erzrationales Denken. Metaphysik wird verachtet, weil sie Blick hinter die Fassaden ist. Sie schweift in Hinterwelten herum, weil sie Hintergründe sucht, und von diesen Hintermännern wird sie bekämpft. Nur Hinterweltler attackieren die metaphysische Hinterweltlerei. Alles in allem : Metaphysik ist Inbegriff dessen, was ein bißchen hinausgeht über das nur Physikalische und Physiologische, über das Natürliche und Selbstverständliche und über den natürlichen Drang der Erdenkinder zurück in den Schoß der Mutter Natur. Metaphysik lebt vom Prinzip Vater und von Gottvater, nicht von Mutter Kirche und den Big Brothers. Sie sucht die Einheit hinter aller Vielfalt, die eine immergleiche Ursache hinter den verwirrend vielgestaltigen Indizien und Symptomen, z.B. hinter den vielen postmodernen Maskeraden die immer-gleiche vorgestrige Prämoderne. Der Schein trügt, und man muß seinen Verstand gebrauchen, sagt der Metaphysiker: Die Unendlichkeit setzt menschlicher Beschränktheit gewisse Grenzen, und die Unsterblichkeit der Seele ist besser bei eigenen Kindern aufgehoben als bei der Verewigung des eigenen Körpers. Gegen materialistische Verstopfung bietet sie ein Laxativ, und die Gefahr einseitiger Verkopfung war immer verschwindend gering gegenüber der Gefahr, im Namen der Leibesertüchtigung vor ihrer Gefahr zu warnen.

58

Der überwiegende Teil dessen, was den Pluralismus der modernen Psycho-Szenen bildet, lebt von bloßer Abwehr Freuds, und die meisten psychotherapeutischen Sekten entstehen nur, um den revolutionären Konsequenzen der Psychoanalyse auszuweichen und dieses Ausweichen als Überwindung einer Einseitigkeit dastehen zu lassen auch und gerade dort, wo jede Beziehung auf Freud zu fehlen scheint. Freud wird so tödlich attackiert wie nach ihm jede Vaterfigur (es sich nur wünschen kann).

Früher hatte mich stets gewundert und geärgert, wie sehr die Philosophen das Konventionelle eher verteidigen als kritisieren. War Hegel nicht ein ebenso arger Philister wie Kant gewesen? Sie rechtfertigen Vernunft, Familie, Staat, Maß und Ordnung, Recht und Gesetz. Erst später sah ich, daß das Revolutionäre nicht darin besteht, das Chaos gegen die Ordnung zu verteidigen, sondern die Vernunft gegen das Natur- und Faustrecht des Dschungels. Ich sah, daß die Philosophen sogar die ewige Ordnung und den Heiligen Geist der menschlichen Bindungen eher zu wenig als zu viel verteidigen gegen die Zeitgeister, daß sie dem Zeitgeist eher zu viel als zu wenig Zugeständnisse zu machen geneigt sind, und wunderte mich über mich. Seither bereitet es mir ein diebisches Vergnügen, meinen aufgeklärten Zeitgenossen das vermeintlich Reaktionärste als das in Wahrheit Revolutionärste unter die Nase zu reiben und ihnen ihre vermeintlichen Revolten als finsterste Reaktionen entlarven zu können.

Das Revolutionärste wäre es, Gottes Grundgesetz zu restaurieren.

„Jede wahre Sprache ist unverständlich", aber dieser Satz von B. Mattheus wäre auf seine eigene Sprache anzuwenden, die nur allzu verständlich und unwahr ist. Und keine unverständliche Sprache ist deshalb schon wahr(haftig).

Früher war jemand Tyrann von Gottes Gnaden. Heute ist er Tyrann ohne Gottes Gnaden. Das heißt sich Fortschritt. Und natürlich haben wir keine Verfassung von Gottes Gnaden, sondern eine ohne Segen von oben, wenn es nach der vox populi geht.

Manchmal bin ich so müde, daß ich einen Kaffee brauche, um mich auch nur zu erinnern, daß ich einen Kaffee brauche.

Der Deutsche liest Heidegger, weil die Technik hier zu gut funktioniert, der Russe liest ihn, weil sie dort gar nicht funktioniert.

Die meisten sagen, sie seien eben keine Theoretiker, sondern Praktiker und sind weder das eine noch das andere. Um nicht als schlechte Theoretiker vor guten Theoretikern zu stehen, ziehen sie es vor, als bloße Praktiker vor bloßen Theoretikern zu stehen. Ich halte mich nicht für einen besseren Menschen, weil ich zufällig Theorien liebe, aber treibe umgekehrt gern Theorie, weil ich ein guter Mann werden möchte.

Proletarisches Klassenbewußtsein soll zur 'materiellen Gewalt' werden? Es wäre schon gut, wenn die materielle Gewalt, die der Proletarier alltäglich sich antun läßt, ihm erst einmal zum Selbstbewußtsein käme und dieses Bewußtsein dann zur immateriellen Gewalt eines Klassenkampfes gegen die eigene Schreib- und Leseschwäche würde. Kampf der bürgerlichen Privilegasthenie!

Jeder Einzelne fällt unter das allgemeingültige Gesetz, sein individuelles Gesetz zu finden oder zu erfinden, unter das nur er und kein anderer fällt. Gott schafft die Welt aus dem Nichts, der Mensch seine Welt aus allgemeinen Voraussetzungen. Der deutsche Existenzialist wie Heidegger entdeckt sein Wesensgesetz, der französische wie Sartre erzeugt und erfindet es.

Denkanstoßgebet : Der Ewige spricht eher durch Taten, als durch Worte zu (ver)handeln.

Ist Chirurgie das Gegenteil von Psychologie? Im einen Fall haben wir Angst, weil sich einer in unserem Inneren zu schaffen macht, im anderen Fall macht sich einer in unserem Inneren zu schaffen, weil wir Angst haben.

Gütig sein und darin dann der Beste sein zu wollen, ist ein moralisches Paradox.

Er hatte keine rechte Freude an sich, pflegte und konservierte sich aber in der Hoffnung, eines Tages wieder mehr mit sich selbst anfangen zu können. Morgens machte er die Augen nur auf, um zu sehen, daß er blind war, und er war taub genug, seine Ohren weit aufzusperren, sagte der Lahme.

Wenn wir mehr über den Denker wissen, verstehen wir auch seine Philosophie besser, ohne die wir den Menschen gar nicht begreifen? Umgekehrt klingt es nicht besser.

N. bekommt viel Applaus für geringen Aufwand, aber wer wenig Beifall findet, muß deshalb nicht mehr Mühe aufgewendet haben.

Viele Männer heute sind verheiratete Singles oder hagestolze Familienväter. Viele Frauen machen aus ihren Söhnen jene Männer, vor denen sie dann zu ihren Söhnen flüchten, aus ihren Männern aber auch jene Kinder, von denen sie dann keine Kinder wollen. Ist wahrer Geist seine eigene Anpassung ans Geistlose?

Der Kranke hat keine Welt-, nur eine Zimmeranschauung.

Mancher spielt den Vitalprotz, weil er für alle schon gestorben ist, und mancher gibt nur noch das Lebenszeichen von sich, sich tot zu stellen.

Daß Leben und Denken eins sein sollten, blieb ihm ein lebloser Gedanke: *Kierkegaard* forderte einen christlichen Glauben wider alle Vernunft und war vernünftig genug, nicht zu glauben. Kam er nicht darin Hegel wieder näher?

Distichon:
Viele kennst du, die leben ohne Körper vergeistigt?
Ich seh um mich herum geistlos Verkörperte nur.

Radikale Arbeitszeitverkürzung für alle ist nicht nur sinnvoll, um weniger lohnarbeiten zu müssen, sondern auch um mehr geistig arbeiten zu können.

Nur der ist die Arbeitszeitverkürzung wert, der die gewonnene Zeit dazu verwendet, freiwillig mehr zu leisten, als sein Zehnstundentag je geschafft hätte. Wer nicht in Fabrik und Büro weniger schuften will, um mehr lesen, dichten, malen und komponieren, sondern um mehr saufen, fernsehen, fressen und angeln zu können, der will mehr schuften, um nicht lesen und schreiben, zeichnen und modellieren zu müssen. Nun muß ich schon Bedürfnis nach Muße haben, um Bedürfnis nach Malerei zu haben, und gleichzeitig kann ich kein Bedürfnis haben nach weniger Maloche, ohne Bedürfnis nach Dichten zu haben. Die Katze muß sich erst in den Schwanz gebissen haben, um das irgendwann bleiben lassen zu können. Man muß nicht erst die klassenlose Gesellschaft erkämpfen, um dann Dichter zu werden. Man muß schon Dichter sein, um sie überhaupt erkämpfen zu wollen. Unterwegs wird einer allerdings manchmal Dichter, um sie nicht erkämpfen zu müssen, das muß man in Kauf nehmen; ein kleines Risiko gegenüber dem Risiko einer klassenlosen Gesellschaft ohne Dichter. Wer Versdichtungen herstellt, kann keine Fensterdichtungen herstellen wollen, und wer dieses tut, wird nicht jenes wollen können. Unfähigkeit, Computerprogramme zu schreiben, läßt sich allerdings nur rechtfertigen und entschuldigen durch die Fähigkeit, gute Essays zu schreiben und umgekehrt.

Mathematische Wahrheit hat das Gute, daß einer, der sie bestreitet, deshalb schon seine Ignoranz bewiesen hat, und man nur dadurch beweisen kann, sie verstanden zu haben, daß man ihr zustimmt. Bei den geisteswissenschaftlichen Wahrheiten ist es eher umgekehrt.

Kants 'Spontaneität des Verstandes' ist Reflex von Arbeit, die Logik ist Reflex des ökonomischen Äquivalententauschs, aber dadurch wird Maloche noch zu keiner besonders tiefsinnigen Philosophie wie bei Marxisten.

Soll der Autor, um gelesen zu werden, die Sorgen seiner Leser behandeln, die nicht die seinen sind, oder seine eigenen, die nicht die der Leser sind?

Einige begraben die Hoffnung auf das Proletariat, weil sie Hoffnung auf den Sozialismus begraben haben, und andere halten den Sozialismus für tot, weil das Proletariat tot sei. Die meisten wollen einen Sozialismus ohne Proletariat, ich will ein Proletariat ohne Sozialismus. Was war nun zuerst begraben, die Hoffnung auf Sozialismus oder auf Proletarität? Linke nennen sich Sozialisten, um die Arbeiter zu diskreditieren; Rechte schlagen den Sozialismus und meinen die Knechte. Der Sozialismus lebt nicht mehr von den Versäumnissen seiner Gegner, die Antiproletaristen leben von den Verbrechen des Sozialismus. Die Frage ist nicht neu : Waren die Verbrechen im Namen des Christentums keine Verbrechen des Christentums? Der Sozialismus ist nicht überflüssig geworden, weil der Monotheismus die soziale Frage wieder ernst nimmt.

Besteht Lebenskunst darin, jede Erfüllung als Wegzehrung zu einer anderen Erfüllung zu genießen oder jedes Zwischenstadium auf einem Wege als Ziel eines anderen Weges zu sehen?

In die Welt setzen wollte der Künstler keine Kinder, sondern etwas, das Kinder, die das Licht der Welt schon erblickt hatten, instand setzen würde, nun auch das Licht der Weltvernunft zu erblicken. Er hatte keine Geduld für die endlosen menschlichen Verwicklungen und Verstrickungen. Das Schlimmste war gerade gut genug, in einen gelungenen Satz einzugehen, und das Beste nicht gut genug, einen Absatz nicht noch verderben zu können. Die Kunst diente dem Leben; sie versetzte es in einen Zustand, wo es geeigneter wurde, künstlerischen Rohstoff abzugeben, Vorwand für geschickte Formulierungen. Der Künstler muß Abstand halten von der Welt, zu der er gehört, aber nicht so großen, daß er sie aus den Augen verliert, weil sie ihm zu klein und gering wird. Abstand verkleinert, Nähe ist ein Mikroskop. Durch zu große Distanz verliert Dichten und Denken seine Objekte, die es der Distanz verdankt. Er wollte seine Leser beschreiben und von seinen Romanfiguren gelesen werden. Er wollte sie lächerlich machen durch die Art, in der seine Schreibweise sie sehr ernst nahm. Erasmus von Rotterdam hat mit seinem ironischen 'Lob der Torheit' das Muster dafür gegeben.

Gibt es einen Einheits-Pluralismus von Pluralismen?

Thomas von Aquin fragte die ihm erschienene Jungfrau Maria, ob seine Werke wahr seien. Es ist, als hätte er gesagt: Wenn du mir recht gibst, erkenne ich deine Echtheit, sonst bist du die Vorspiegelung Satans.

Ich wäre als junger Mann gern der Autor der Bücher gewesen, die ich erst heut geschrieben habe. Heute nützt es mir nicht.

Schlimmer als die Vergewaltigung der Geliebten heute ist die Tendenz, die Gewalt selbst zu sexualisieren, um zu verhindern, daß man auf etwas anderes als auf Liebe jemals treffen kann.

Platon: Leibhaftig geboren, sind wir nun wohl doch etwas weniger gut und schön ausgefallen, als wir von Eltern geträumt worden waren bei ihrem Entschluß, sich zu vereinigen, um uns hervorzubringen. Erkenntnis sei Anamnese : pränatale Wiedererinnerung an das Bild, das unsere Eltern vor unserer Geburt von uns hatten, ein Wunschbild im Kopf, als die Ehe im Himmel geschlossen war. Die Eltern verfielen auf die 'Idee', mich in die Welt zu setzen.

Ein guter Aphorismus bringt Leser nicht gegen sich auf – Gedanken, sondern auf ihre Gedankenlosigkeit.

Die Leser, was ihnen ja nicht zu verdenken ist, verzeihen dem Aphoristiker nicht, daß sie ihm Gedanken verdanken, die er nie geäußert hat.

Wie Menschenhändler 2000 ihre Ware feilbieten würden? Als ebenso qualifizierte wie flexible Mitarbeiter, an die in sich ab. geschlossene Teilproblembereiche zur selbständigen Abwicklung delegiert werden können, als naturfroh waschechte Vollmenschen und kriegsfürchtig mündige, umweltbewußte Staatsbürger, also in Eigenverantwortung handelnde, genuß-, arbeits- und kritikfähige Persönlichkeiten, die nicht zu rigide einsozialisiert sind.

Wie soll ein Mensch erwachsen werden zwischen Mutter Kirche und Gottvater, Leihmüttern und Doktorvätern, Vatermördern und Schraubenmuttern, Mutter Natur, Familienvorstand und Landesvater, Nachtschichtvätern und Tagesmüttern, Papst, Muttersprache und Vaterland, Magna Mater und Väterchen Frost und Big Brother?

Objekte sind keine Hintergründe ihrer Hintergründe : Was ist der Hintergrund aller Versuche, den Hintergrund aller Objekte selber zum Objekt zu machen?

Wittgenstein heute? Die Unterwelt ist alles, was der Überfall ist, und die Bretter, die die Welt bedeuten, sind alles, was der Durchfall ist. Die Umwelt ist alles, was der Abfall ist, die Scheinwelt alles, was der Reinfall ist, und die „Hinterwelt" ist alles, was kein Fall für Philosophen mehr ist.

„Mir ist alles gleich, mir ist alles eins": Das Erlebnis der [4]unio mystica' kann auch eine bloße Depression sein.

Nach Einsteins allgemeiner Relativitätstheorie wird jede Masse umso träger, je mehr sie in Bewegung kommt. Würde sie sich mit der Geschwindigkeit des Lichtes der Vernunft bewegen, käme sie völlig zum Stillstand. Ein Penis, der sich so schnell bewegen könnte, würde unendlich kurz werden, aber das ist nicht der Grund für den Widerstand der Natur gegen die biblische ratio.

Optimisten fragen nach der Uhrzeit: „Wie früh ist es?"

Niemand macht sich heute wohl verdächtiger, verdächtig zu sein, als einer, der so herumläuft, als hätte er die Wahrheit gepachtet und in der Tasche. Anerkannt ist nur, wer ständig beteuert oder schon gar nicht mehr beteuern muß, daß er im Vollbesitz seiner Zweifel auf die alleinseligmachende Wahrheit verzichtet hat. Jeder ist stolz auf seine Ungewißheit und fürchtet, für einen Dogmatiker gehalten zu werden. Ich aber sage euch : Ich weiß die Wahrheit. Sie lautet schlicht und einfach : Jeder weiß sie und will sie nicht wahrhaben, um das einzig Wahre nicht auch noch tun zu müssen. Ratlosigkeit schützt vor rastlosem Handeln, wie Praxis vor Gedanken bewahrt. Der neueste Skeptizismus ist die falsche Bescheidenheit von faulen Heuchlern.

Man macht aus der Not, sich nicht amüsieren zu können, die Tugend, angesichts des Elends in der Dritten Welt sich solche Frivolität zu verbieten. In Wirklichkeit müssen wir gar nicht erst auf das Elend der Welt warten, um uns den Geschmack an geistreicher Salonkonversation unter Champagnerströmen verderben zu lassen, einen Geschmack, der nicht zu verderben ist, weil wir ihn nie hatten und dessen Fehlen auch weniger bedauert als begrüßt wird. Was uns hindert, im Wohlleben zu erschlaffen, ist nicht die Rücksicht auf afrikanischen Hungertod, sondern eine vegetative Monotonie, die es gar nicht erst zu einer solch delikaten Moralität bringt. Die Sehnsucht nach Feudalität lasse man sich nur von Leuten austreiben, die es zu solcher Sehnsucht wenigstens gebracht haben und denen es nicht zu leicht fällt, auf Konversationskunst à la Diderot, Fontenelle oder Galiani zu verzichten.

Früher sah man im Überwachungsstaat die wahre Volksherrschaft, heute sieht man in der volkszählenden Demokratie den wahren Überwachungsstaat.

Die meisten von uns haben, ohne es wahrhaben zu wollen, ihr Problem nicht darin, daß sie vor einem größeren Publikum ihre hörenswerten Wahrheiten nicht vertreten können, sondern daß sie vor diesem Publikum ihren hirnverbrannten Blödsinn nicht für sich behalten können. Das Problem ist seltener die Schüchternheit der Wahrheit als die selbstgefällige Hemmungslosigkeit des Quatsches, und das Recht auf eigene Meinung ist in der Regel nur das Recht auf eigene Dummdreistigkeit. Was ist die Moral der Moral?

Meine kleine Philosophiegeschichte rechnet europäischen Chefdenkern vor, Elite statt Demokraten, Staatsdiener statt Proletaristen, Junggesellen statt Familienväter und reaktionär antitheistisch statt bibelfest gewesen zu sein. Echo : silentium livoris?

Nach Plato sollte die Idee zur Welt, die Seele zum Leibe denselben elitären Abstand halten wie der große Einzelgänger zum Volk und die mathematische Formel zur wahrnehmbar unvollkommenen Realität. Für Plato verlor, für Hegel gewann die fixe Idee beim Übergang zu den Details der Wirklichkeit, ohne daß deshalb das viele Materielle hier und dort, heute und morgen zur fixen Idee würde. Die Idee aller platonischen Ideen macht aus diesen (nicht) vergängliche Dinge und das Ding nicht zum Urbild unserer Vorstellungen von ihm. Jede Idee ist ein imperfektes Abbild seiner Idee, und jedes Ding ist das objektive Vorbild für das subjektive Bild, das wir uns von ihm machen. Ob etwas gerade Begriff oder Individuum ist, hängt von der jeweiligen Perspektive und Situation ab?

Um nicht unter den Druck seines guten Rufes zu kommen, präsentierte er sich lieber als ganz gewöhnlicher Sterblicher oder gar als Tollpatsch, um noch angenehme Überraschungen bereiten zu können. Die Demut ist aber auch ein Erkenntnisinstrument, wenn sie sich klein macht, um aus unscheinbaren Dingen großartige Dinge zu machen. Die Vogelperspektive der Hoffart bagatellisiert die Dinge, die Froschperspektive sieht in kleinen Ladenmädchen mächtige Königinnen. Wer davon ausgeht, daß er das volle Erdenglück verdient hat, empfindet das kleinste Zahnweh als unverständliche Hiobsbotschaft Satans. Wer aber Leid und Grauen für die natürlichste Sache der sich selbst überlassenen Welt hält, wird jede Annehmlichkeit für ein unverdientes Hochzeitsgeschenk halten und den kleinsten Wollfaden vor dem Hintergrund des Nichts leuchten sehen und vor dem Abgrund der Verzweiflung als flammendes Fanal. Der Demütige macht aus Abfällen Schatzinseln, und der Depressive erfüllt sich den Wunsch, daß alles gleich groß und gleich klein wird, damit er nichts vorziehen und ablehnen muß, damit er vor dem lästigen Besucher die Tür zuschlagen und alle Handelsvertreter der Realität abwimmeln darf.

Klaus Mann : Was mit 15 Jahren Frühreife war, war mit 30 Jahren Infantilismus. Er wurde so groß wie die Welt, die so klein wurde wie er.

Daß er berühmt war, blieb unbekannt, und daß er unbekannt war, wurde berühmt, ohne ihn bekannter zu machen. Sein Scheitern scheiterte gescheit.

Ein *Aphorismus* sagt der Allgemeinheit nichts Neues, sondern was sie immer schon gewußt hat, um nichts davon wissen zu wollen, oder er sagt ihr, was sie sich längst klargemacht hätte, wenn sie aufrichtig wäre. Eigentlich nimmt er uns nicht die Unwissenheit, sondern dieser das gute Gewissen.

Sachverhalte solange aufdecken, bis sie sich erkälten und am Fieber sterben.

Die Denkungsart unserer Revolutionäre bringt selten eine Revolution unserer Denkungsart.

Die nachpriesterliche Rolle des freien Intellektuellen hat auch ihre undankbare Seite : Mit seiner ganzen Kunstfertigkeit rechtfertigt er entweder nur humane Selbstverständlichkeiten oder elitäre Barbareien. Entweder sagt er mit niegehörten Worten, was alle wissen, oder wirbt mit Allerweltsworten für seine Sonderprivilegien. *Tuis* machen es aber nur sowohl-als-auch- weder-noch.

Die einen verstehen seine Philosophie und halten sie für fortschrittlich. Die anderen verstehen sie nicht und halten sie für veraltet. Ich halte mich für den einzigen, der die Philosophie von *Brecht* versteht und glaubt, sie sei schon zur Zeit ihrer Entstehung veraltet gewesen.

Heute gilt Vernunft als Offenhalten für die Idee unendlichen Rückschreitens zum Ursprünglichen.

Philosophie läßt sich künstlerisch nicht darstellen, aber die Kunst philosophisch begreifen. In einem Roman kann der Held ein Philosoph und ein Philosoph der Held sein, weil das Individuum mehr enthält, als seine Philosophie erfaßt, und die Philosophie viel mehr, als der Mensch faßt.

Wer aus der Not, nicht erwachsen werden zu können, keine Tugend machen kann, macht daraus Kunst. Moderne Initiationskünstler machen aus menschlichen Entwicklungshemmungen Kunstwerke, statt sie zu lösen : Es ist das Kunststück, ewig in der Vorpubertät sich zu halten für unreife Kunden.

Erinnerungen daran, wie früher die Zukunft erträumt wurde, sind Prophezeiungen, wie einst die jüngste Vergangenheit gesehen werden wird.

Wenn er Frauen braucht, kann er sie nicht bezahlen, und wenn er sie sich leisten kann, braucht er sie schon nicht mehr.

Schreibe, das Leben sei am sinnlosesten ohne etwas so Sinnloses wie das Schreiben!

Kierkegaard wollte sich seine Schwermut verdienen, um die seines Vaters zu büßen. Er tat alles, um Gründe für sie zu haben, damit ihr wahrer Grund dunkel bliebe.

Was ich mir nicht träumen lasse, muß ich selbst erleben.

Erst kommt der Denker mit dem Inhalt, dann der Dichter mit der Form. Sie allein bewahrt die aphoristische Pointe vor der Beliebigkeit. Aphorismen entsprechen wohl noch am sichersten dem, was der junge Mann vor fünf Jahrzehnten in der Literatur und Philosophie heiß gesucht hatte, in der schön glutkalten Lyrik von Baudelaire, Mallarmé, George, Valéry, Diamanten aus geheimnisvoll geschliffenen Worten und geschliffenen Dunkelheiten. Aphorismen halten heute, was einst Gedichte nur versprachen. Hier ist die vieldeutige Rätselkürze der Verse mit der Originalität der Gedanken vereint, hier gibt es Streitgespräche in einem Satz, Zaubersprüche der Kunstreligion. Hier ist mathematische Logik der unversicherbaren E-Motionen und schlagfertige Wutkunst. Und warum las der 17jährige lieber George und Heidegger als Lichtenberg und Kraus? Die waren mir zu frivol, zu gesellig, zu hell. Ein Gedicht konnte mysteriöses Mysterienspiel und doch schlecht sein, ohne das zu verraten, aber ein Aphorismus zündet, oder er verrät sofort, wie schlecht er ist. Die Gefahr, meine aphoristische Impotenz zu zeigen, war zu groß, die Dinger waren zu kontrollierbar. Hinter schlechten Versen und unverständlichen Gedanken.

Ich lobe doch kein Buch, das für Leute wie mich zu verstehen ist.

Ich behaupte mich, indem ich etwas behaupte, was nichts mit mir zu tun hat. *Daß* es mit mir nicht zusammenhängt, *das* aber hängt mit mir zusammen. Ich schreibe im stillen Kämmerlein, um auf etwas zu stoßen, das anders ist als ich, ohne den Fuß vor die Tür zu setzen. In mir selbst will ich anderes und andere finden als mich selbst, statt in anderen immer nur mich selbst. *Ich denke, also bin ich ein anderer.* Immer wollte ich mich durch Dichten und Denken selbst überraschen aufs angenehmste. Meine Einfälle sollten mir zufallen und zustoßen, ich wollte zu ihnen kommen wie die Jungfrau zum Kinde, und sie sollten mehr wert sein als ich selbst. In ihnen wollte ich über mich hinausgehen, statt sie nur aus mir herauszuziehen. Halb Genius, halb Ingenieur meiner selbst, wollte ich angesichts meiner Kreation ausrufen : Das soll in mir gesteckt haben!? Noch vor fünf Minuten hätte ich nicht geglaubt, solche Schätze zu beherbergen. Dieses Buch war nicht in mir, aber ich bin jetzt in meinem Buch, und dort bin ich in Sicherheit?

In Valérys „Cahiers F" der schöne Ausdruck *'Misosophen'* .

Wer immer strebend sich bemüht, den können wir Streber nennen. Wie bleibt das Arbeiterkind auch nach der Schulzeit Klassenprimus? Es vertauscht die Schulklasse mit der Arbeiterklasse und wird Primus inter Parias, indem dieser Sohn des Volkes Geistesarbeiter wird, der als erster die Gemeinplätze von übermorgen (er)finden muß. Lehrer wurden Verleger, Schulkameraden wurden zum Lesepublikum, und der Lehrstoff war nicht mehr vorgegeben, sondern zu kreieren.

Ja, das ist das Schöne am Schreiben : Im günstigsten Fall gelingt dir mehr, als du dir selbst zugetraut hättest, fandest in dieser geglückten Passage kaum mehr deine Zweifel und Verzagtheit wieder und bist doch gezwungen, ungläubig dich als Urheber dieser kleinen Köstlichkeit anzuerkennen. Häufiger passiert natürlich das Gegenteil: du vergleichst das schmeichelhafte Bild, das du dir in müßigen Stunden von dir machst, mit dieser erbärmlichen Hervorbringung und brauchst nicht zu warten, was andere dazu sagen. Das geschriebene Buch : Ich ziehe aus mir selbst einen anderen als mich und darf mich wiedererkennen in dem, der mehr ist als ich.

Viele Trauergäste sind nur traurig darüber, daß ihr Herz nicht genug trauert. Hegel wurde sehr glücklich mit einer Frau, die er unglücklicher machte durch die briefliche Vermutung, durch eine Frau nicht glücklich werden zu können, als durch das Geständnis, mit seiner Haushälterin einen unehelichen Sohn zu haben, wie auch später Marx mit seiner Haushälterin Helene Demuth. Aber Hegel hatte dabei in Freund Niethammer keinen Engels.

Unter *Sozialisten* gibt es entschieden mehr Nutznießer als Opfer des Kapitalismus – und das ist weder beim Opfer noch beim Nutznießer das Zeichen 'notwendig falschen Bewußtseins'. Es stimmt, daß im Sozialismus die inneren Widersprüche und die antagonistischen Strukturen des Kapitalismus aufgehoben sind. Was seine Anhänger für den Hauptvorzug halten, zeugt aber im Gegenteil gegen den Sozialismus. Das ist ja gerade das Schlimme an ihm, daß er die Widersprüche eilig wieder zum Verschwinden bringt, die nur im demokratischen Kapitalismus aufbrechen dürfen. Was im Kapitalismus ausgeschlüpft ist, ruht im Sozialismus nicht einmal wie das Küken im Ei. Der Sozialismus stopft ins Ei zurück, was kapitalistisch bereits ausgebrütet war. Dieser Kapitalismus als Form des Bürgertums ist eine labile Synthese aus Demokratie und Industrie, die Unmöglichkeit der Einheit von Kapital und Arbeit, das ist richtig. Aber der Sozialist hindert uns mit Gewalt an dem Blick auf das, was der Kapitalist immerhin sehen läßt : Das Wesen von Demokratie und Industrialismus und ihre prinzipielle Unvereinbarkeit sowohl im Sozialismus wie im Kapitalismus selbst.

Doublebindungslosigkeit : Die Sucht nach Selbständigkeit wird Flucht vor Vereinigung, und die Sucht nach Vermischung wird Flucht vor Abnabelung, lieber Narziß.

Mit seiner „Kritik der zynischen Vernunft" wollte Peter Sloterdijk 1983 die akademische Philosophie durch „Aufheiterung" etwas topologisch „aufräumen". Meine Aphoristik folgt diesem Programm, ohne seiner regressiven Künstlerphilosophie zu folgen, die am Atmosphärenphänomenologen Hermann Schmitz anknüpft.

Daß alles gesellschaftlich und geschichtlich bedingt sei, ist selbst sozio-historisch bedingt, aber was folgt daraus? Die Bedingtheit einer Bedingtheit ist ein Absolutum oder bloß ein Regreß ad infinitum, nie beides zugleich.

Rückblickend ist das Leben kürzer als die erste Kindheit, und das ewige Leben ist wie eine zweite Kindheit gedacht. Leben und Erinnerung schlagen entgegengesetzte Richtungen ein. Dieser Minute habe ich entgegengefiebert, und so werde ich einmal gewesen sein. Erinnerung denkt von der Gegenwart in die Vergangenheit zurück, aber nur, um die Bewegung von der Vergangenheit in die Gegenwart als zweites Leben zu wiederholen. Ich erinnere mich an vergangene Zukunft und hoffe auf künftige Vergangenheit. Nur der Erwachsene sieht, daß sein Leben das Gegenteil seiner Kindheit ist. Heute sehe ich mich so klein, schwach, dumm und arm, wie ich als Kind wirklich gewesen war, aber als Kind sah ich mich so groß, stark, klug und reich, wie ich erst heute wirklich bin, wenigstens in guten Momenten.

Überflüssig bin ich weniger in einer Überflußgesellschaft als dort, wo nicht genug da ist für alle und Wenige den Vielen das Wenige auch noch wegnehmen. Wir müssen nicht arbeiten, weil wir gesündigt haben, sondern das Böse ist in der Welt, weil wir im Schweiße unseres Angesichts unser knappes Brot essen. Im Mittelalter galt das Böse als bloßer Mangel an Güte und an Sein, heute gilt es als Mangel an Gütern und materiellem Sein. Güte wird heute von uns erst gefordert, wenn unsere Forderung nach weltlichen Gütern erfüllt ist. Um Güter für alle erkämpfen zu können, muß einer die Güte haben, ohne Güter leben zu wollen. Nur Arme 'im Geiste' können die Armut bekämpfen, also die moderne Ursache des Bösen in der Welt. Nur freiwillige Armut kann gegen unfreiwillige Armut zu Felde ziehen, und Güte ist der Lohn der Armut, weil Armut der Preis der Güte ist. Die Güte der Güter nennt sich Qualität, der die Qual nicht mehr anzumerken ist, sie herzustellen. Proles non est moles.

Mater-ielle Interessen: Todestriebe zurück zu Mutter Erde?

Jetzt ist alles eins, mir ist alles gleich. Wissenschaftliche Allgemeingültigkeit und depressive Gleichgültigkeit nur Kehrseiten derselben Medaille? Wenn der Eine fehlt, der alles ist, ist alles egal und wie nichts. Nur durch Ihn hatte alles andere Wert und Bedeutung. Durch diesen Verlust ist alle Lust verschwunden. Nur durch den Einen, der weg ist, konnten die Unterschiede sonstiger Kleinigkeiten überhaupt wahr- und ernstgenommen werden. Melancholie als Weigerung und Unfähigkeit, Unterschiede zu machen zwischen Nichtigkeiten vorm Einen, der durch Abwesenheit glänzt

Das Produktionspotential hat die Reproduktionskapazität potentiell überrundet. Daß wir faktisch nicht tun, was wir potentiell sind, erzeugt Geschichtsutopien. Seit europäische Geschichte sich erheblich erhitzt und beschleunigt hat durch die mit der Industrialisierung einhergehende Aufklärung über Kulturbremsen des Industriefortschritts, entstand Geschichtsphilosophie, um industriell akkumulierte Güter zu verteilen, ohne menschliche Güte strapazieren zu müssen. Marx wollte, daß die Erde nicht einigen, sondern allen Menschen gehöre, aber die Bibel sagt, daß die Erde keinem Menschen, sondern ihrem Schöpfer gehört, dessen Pächter wir sind.

Wer in einem Satz alles Unwichtige wegläßt, nämlich das Wesentliche an der Sache, hat fast schon einen Aphorismus gefunden. Wer sagt, was möglich ist, indem er mehr sagt, als wirklich da ist, durch die Art, wie er weniger sagt, als unbedingt nötig wäre, ist fast schon ein Aphoristiker.

Da ihn nur der Ruhm interessierte, konnte er ihn nur erringen durch etwas, was ihn nicht genug interessierte, um jene dafür zu interessieren, die ihn rühmen sollten – also gar nicht.

Von der wissenschaftlichen Allgemeingültigkeit oder der sozialen Allgemeinheit geht es zur „Gemeinschaft" – über die existentielle *Entscheidung* und *Entschlossenheit* der *Jemeinigkeit*. Die Strukturähnlichkeiten zwischen Heidegger und Adorno sollten ebenso wenig unterbewertet werden wie ihre Differenzen. Adorno mußte nicht erst eine 'Kehre' vollziehen, um dem späten Heidegger sich anzunähern. Negativ besetzt sind bei beiden das 'Seiende im Ganzen' und was 'man' so tut, der 'Machtwille der neuzeitlichen Subjektivität', die Zweckrationalität des technologischen Zeitalters. Der eine nennt Individualität, was der andere 'jemeinige Eigentlichkeit' nennt, und beide pointieren das gegen das 'Man-selbst' der 'Allgemeinheit'. Beide wollen das Bewußtsein eher dem Sein unterwerfen, als das Sein vom Bewußtsein ganz überwältigen lassen. Adornos Versuch, sich von somateriellen Regungen überwältigen zu lassen, entspricht dem Versuch Heideggers, einem 'Seinsgeschick zu entsprechen'. Und wenn Adorno die angemessene Haltung zum Glück im Dank sieht, erkennt er diesen Dank nicht wieder in Heideggers Gedanken, Denken sei ein Danken. Für Adorno liegt alles Glück in der Erinnerung an mütterliche Geborgenheit, und Heideggers 'Lichtung des Seyns' meint nichts anderes als die bergende Leibeshöhle der Mutter Natur, die ihm in der frühgriechischen 'Physis' aufging.

Wenn Adorno 'sich dem Objekt überlassen' will, spricht Heidegger vom 'Seinlassen' und vom 'Willen zum Nichtwollen'. Beide fühlen sich verfolgt von einem technokratischen Machtwillen, der sein Opfer stellt und identifiziert, erkennungsdienstlich behandelt und ver(ge)walt(ig)en will. Adorno wirft Heidegger vor, im 'Seyn' stecke mehr Bewußtseiendes, als der Schwarzwäldler wahrhaben wolle, und Heidegger sieht in Adorno den vergeblichen Versuch, das Bewußtsein durch mehr Bewußtsein von sich selbst zu heilen, um das Sein zu erreichen als jungfräulich reine unberührte Mutter Natur. Aber Adornos Begriffsakrobatik und Heideggers Sprachklöppelei sind beide genau dieser Versuch, Begriffe durch mehr Begriffe handgreiflicher und begriffsstutziger zu machen. Beide wollen zurück zu Mutter Natur durch mehr zweite Natur der Kultur (durch den Sozialuterus der Sprache) statt durch mehr Realitätserfahrung zu einem 'groben Denken' (W. Benjamin).

74

Alles hat einen zureichenden Abgrund dafür, daß es nicht so ist wie gesollt, und wer jedem Boden, zu dem er geht, begründbar auf den Abgrund geht, ist Philosoph.

Das ist die göttliche Ironie : Man begreift die Vernunft und den Realismus des Gottesgesetzes leider erst, wenn es einem kaum noch etwas nützt und man zu alt ist, um es noch leben zu können.

Philosophen halten nicht mehr viel von ihrem Ahnherrn Plato, seit Denkbeamte auch aufs Materielle reflektieren.

Intellektuelle sind nur zu hemmen durch die Angst, ihre Wut könnte wirkungslos, also rhetorisch nicht gekonnt genügend sublimiert sein.

Das Wetter von morgen ist wie das von übermorgen; wir kennen es nicht so gut wie das Klima des nächsten Jahrzehnts.

Für die Möglichkeit der Revolution spricht nicht mehr wie bei Marx die Notwendigkeit, mit der der Kapitalismus kollabiert, sondern für die Notwendigkeit eines Proletarismus spricht eher die Möglichkeit, daß der Kapitalismus, überläßt man ihn sich selbst, *nicht* zusammenbricht und nur nicht funktioniert, wenn man ihn sozialistisch aufheben will. Marx setzte auf die Chance, daß ein revolutionärer Wille auf einen zusammenbrechenden Kapitalismus trifft, daß die Produzenten das weitgehend intakte Kapitalpotential für klassenlose Zwecke übernehmen könnten durch bloße Enteignung der Enteigner. Wenn die Profitrate aber tendenziell nicht tief oder schnell genug fällt, sondern das Kapital einen profitablen Teil seiner selbst in die Kaufkraft der Arbeiter und in den Sozialstaat verwandelt, um durch Nachfrage das Angebot zu erhöhen, dann wird die Revolution zur Revolution der materiell Saturierten und seelisch Verelendeten, der Luxus jener, die schon alles haben.

Die Spannung von Schulbegriff und Weltbegriff der Philosophie (Kant) gehört heute zur Schul- und nicht zur Weltweisheit.

Die Medien sagen etwas, aber nicht, um es zu sagen, sondern um anderes damit zu verschweigen. Jede Aussage maskiert
nur, daß sie tendenziell das Verschweigen einer anderen Aussage
maskiert. So redet die Öffentlichkeit über „multikulturelle Probleme", um nicht über Klassenkämpfe sprechen zu müssen : Man
schlägt die Religion und meint Arbeitssklaven und Lohndrücker.

Zeitgeistphilosophie ist museal, philosophia perennis allein
ist stets aktuell. Odo Marquard, Präsident der deutschen Gesellschaft für deutsche Philosophie, war 'Stuntman' für das gefahrlos
Ungefähre, der Experte doubelt den Dilettanten. Die 'lebensweltli-
che Selbstverständlichkeit', die durch Reflexion nicht wiederbe-
schafft werden kann, wird von den neuen sozialen Bewegungen zu-
rückerwartet. Die *Lebenswelt'* wird Objekt der Wissenschaft, seit
sie kaputt ist, und die 'Verwissenschaftlichung der Lebenswelt'
wird wissenschaftlich thematisiert, als würde die Wissenschaft den
Lebensweltuntergang verschulden und nicht bedauern.

Der Herr beweist sich seine Überlegenheit dadurch, daß er
sich weigert, das Innenleben seines Sklaven auch nur zur Kenntnis
und darauf mehr Rücksicht zu nehmen, als der pazifierende Sozialstaat gebietet. Auch der Geisteswissenschaftler versteht nichts von
dem elektrischen Strom, den er anknipst, und ist stolz darauf.

Seit ihnen die Versetzung in satten Ruhestand sicher ist,
wollen Philosophen nichts mehr wissen vom Ewigen und Immer-
während; Zeitgeistheiler sind sie geworden. Nietzsche hielt das
Oberflächliche für die Hinterwelt aller Hinterwelten, als würde das
Volk nicht immer noch durch Hintermänner auf Vordermann gebracht. Moderne Philosophie besagt, es gebe keine Hintergründe
und Hintermänner mehr und die Umwelt sei wirklich so, wie sie
uns vorkomme und vorgemacht werde. Baudrillard hält alles für
Theater, Spektakel und bloße Simulation, aber die Akteure, Simu-
lanten, Theaterregisseure und Autoren des gespielten Stücks verschweigt er. Wenigstens nennt er das ganze Theater eine einzige
große 'Herausforderung'. Rorty will Descartes durch Proust ersetzt
wissen, den Junggesellen durch den Homosexuellen. Adorno schalt
die Gleichschaltung in aller biblischen Gerechtigkeitslogik und die

76

Ungerechtigkeit in aller Gleichmacherei. Er brachte zwar nicht das sacrificium intellectus, aber der Kopfsprung ins Leben kostet Kopf und Leben. 'Dialektik der Aufklärung' : Die Aufklärer sind selbst die Irreführer, denen sie das Handwerk legen wollen.

Der Marxist ist wieder von den Füßen auf den Kopf zu stellen, aber es kann ja mal um den Kopf des Arbeiters statt Hegels gehen. Sein Sein (als ältester Sohn konvertierter Eltern) bestimmte auch das falsche Bewußtsein eines Karl Marx. Hegels Entwicklung der Logik muß zur Dekalogik der Entwicklung werden. Marx ist nur von Hand und Fuß des Arbeiters auf dessen Kopf zu stellen, statt diesen Kopf abzuschlagen durch berufsrevolutionäre Parteien und avantgardistische Anführer, die ausführende Mitläufer suchen.

Ein guter Künstler sollte auch ein guter Mensch sein können, aber er ist nur gut zu denen, die ihn gut finden, und es finden ihn nur die gut, zu denen er gut ist.

Plato : gieriger Bauch des Volkes, mutige Brust der Krieger und philosophischer Kopf des Tyrannen (tyrannische Faust des Philosophen) : Lehr-Nähr-Wehrstand.

Wir leben nicht mehr in einer Zeit, in der vor Schwarzweißmalerei zu warnen ist. Heute ist es umgekehrt eher so, daß Wahr und Falsch ständig so verwischt und vermischt werden, daß das Grau in Grau verhindert, Licht ins Dunkel zu bringen. Die Grauzone wird zur erogenen Zone und gibt den Grauton an, der das Grauen bringt : Feldgrau in Feldgrau.

Wenn wir eine Brücke betreten sollen, darf sie ruhig sicherer sein, als der Sozialismus eintreten wird, und weniger sicher, als das Reich Gottes anbrechen wird.

Der eine will von dem anerkannt werden, den er anerkennt, der andere erkennt lieber den an, von dem er anerkannt wird.

Warum predigt Moral immer Mittelmäßigkeit und keine Zweckmäßigkeit?

Kierkegaard glaubte (nicht), „denn das hat mein Vater mir gesagt". Er wollte seine Mitmenschen zum Eingeständnis bringen, daß sie in Wirklichkeit keine Christen seien. Er selbst war es auch nicht, aber er als einziger gab es zu, wie er glaubte. Er allein glaubte, nicht zu glauben, während alle um ihn herum nur zu glauben glaubten, wie er glaubte. Er tat mit dem christlichen Glauben, was Sokrates in aller Ironie mit dem philosophischen Wissen tat. Er war so christlich, sich keinen Christen zu nennen, andere waren so unchristlich, sich Christen zu nennen. Er machte ihnen nichts vor, auch nicht den Glauben; er machte ihnen einen Ungläubigen vor, der sich nicht für einen Gläubigen ausgibt. In der versiegelten Ordre seines Lebens las er nichts als das Wort „Aufschreiben!"

Wenn Jesus wirklich, wie Nietzsche unterstellt, ein so reizempfindlicher décadent gewesen ist, daß er nichts als seinen Seelenfrieden selbst um den Preis des Realitätsverlusts wollte, warum setzte er sich dann solchen Querelen und Gefahren aus, unterhielt aufreibende public relations zu Jüngern und Gegnern. Er hätte es billiger und bequemer haben können in dem Sinne, den Nietzsche meint : Er hätte es besser machen sollen wie der stille Genießer und Dulder Epikur oder der arm-selige Diogenes.

Meist bleibt unklar, ob der aufgeklärte Zeitgenosse an Christen nun kritisiert, daß sie Christen sind oder daß sie keine rechten Christen sind.

Wer sich Lebenslust nicht durch Kondome nehmen läßt, dem wird durch AIDS das Leben selbst genommen. AIDS nimmt das Leben, Kondom nur die Lust daran, und AIDS hindert Homosexuelle daran, die Geburtenbeschränker Nr. 1 zu werden.

Was mich betrifft, werfe ich Christen nicht vor, daß sie nicht zeitgemäß genug leben, sondern daß sie umgekehrt allzu sehr nach der Zeit gehen, daß sie also Heiden sind, die Jesus einen guten Menschen sein lassen, oder daß sie Christen sind, die sich nicht gehindert fühlen, wie alle Welt zu leben, also stolz darauf sind, Antichristen zu sein. Revolution, das ist die Erfüllung des Gesetzes, nicht seine Übertretung oder noch so dialektische 'Aufhebung'.

Und es kommt nicht darauf an, den toten Buchstaben des Gesetzes mit Leben und Geist zu erfüllen, sondern den Geist, dessen Kind jedermann zufällig ist, mit dem Buchstaben des Gesetzes zu erfüllen, d.h. einfach das Gesetz Gottes zu erfüllen.

Etwas 'fertigmachen' heißt, es vollenden und zerstören zugleich.

Wer sich untreu wird, der muß sich nicht weiterentwickelt haben, und umgekehrt.

Gute Romane dosieren einschleichend. Jeder einzelne Satz und Absatz sieht ganz harmlos aus, geht leicht runter und mutet dem Leser keine Überprüfung seiner Vorurteile zu, aber am Ende aller Sätze, man weiß nicht wie, ist alles anders geworden. Theoretische Abhandlungen verfahren meist umgekehrt : Jeder Satz kündigt ernste Schritte an, klingt wie ein Kündigungsschreiben, und das Ganze läßt alles wie vorher.

Kant hätte seine Ethik lieber begründen sollen durch die Angewiesenheit reiner Vernunft auf sinnliche Erfahrung als durch die Autonomie praktischer Vernunft ohne sinnliche Triebfedern. Bestimmt das Ich die Natur, von der es (nicht) bestimmt wird?

Von der Beseelung einer Sache bis zur Versachlichung der Seele ist es nur ein einziger Fortschritt. Hegel hat Recht, der Begriff ist Substanz : Er bleibt sich gleich im notwendigen Wechsel zufälliger Einzelfälle.

Wer im Leben scheitert, wird deshalb noch kein ehemaliges Wunderkind.

Vor der Tatsache, daß ein einziger Mord unendlich viel schlimmer ist als ein unterbliebener Mord, verschlägt es wenig, daß ein einziger Mord hundertmal weniger schlimm ist hundert Morde, aber nach der Bibel soll der Mensch Leben eher zeugen als zerstören und hat es nicht zerstört, indem er es nicht zeugt.

Das letzte Buch eines Autors ist die beste Rezension seiner vorigen Werke. Seine erfolgreichsten Bücher fielen bei ihm durch, gestand der stolze Autor.

Das Ebenbild Gottes soll sich ein Bild weder vom Schöpfer noch von dessen oder seinen Geschöpfen machen.

Wer ist ein Nichts und will dadurch etwas sein, daß er sich als Nichts bekennt? Abraham bekam seinen Sohn nur, weil er ihn opfern konnte.

Du nennst mich nicht Dummkopf, weil ich dümmer bin als du, sondern weil du klüger sein willst als ich, sagt der Dummkopf.

Bakterien sterben nicht an bakteriellen Infektionen.

Für den 17jährigen war Sartre das Urbild des Intellektuellen, der das Kunststück vormachte, eine gleichzeitig rasante und kristalline Philosophie zu machen aus den Ängsten, die ich hatte und er nicht hatte. Ich beeilte mich, zu jeder seiner Kursschwankungen die passenden Gefühle in mir zu erzeugen, deren Verarbeitung sein Denken war. Ohne Sartre hätte ich wohl den Sowjetsozialismus eher verabschiedet, aber „Der Mensch in der Revolte" von Camus war eben nicht so aufregend wie die „Kritik der dialektischen Vernunft", und Maurice Merleau-Ponty warf Sartre einen 'Ultrabolschewismus' nur vor, um selbst die stalinistischen Schauprozesse von 1936 zu rechtfertigen. André Glucksmann wurde mir das, was der Arbeiterjunge Camus in der politischen Einschätzung für mich hätte sollen, obwohl beide nicht solche *maitres penseurs* und Rechte sind wie dieser cartesianische Heideggerschüler.

„Alles Vollkommene in seiner Art muß über seine Art hinausgehen, es muß etwas anderes, Unvergleichliches werden." Goethe, als hätte er Adorno gelesen, der Vollkommenheit durch Individualität ersetzte, die sich selbst bestimmt.

Jeden letzten Schreihals lesen, als wäre er ein gestorbener Klassiker, und umgekehrt.

Die einzige Malerei, die er wirklich mochte und selbst versuchte, war gar keine, sondern so etwas wie Piktogrammkunst, stark vereinfachende und stilisierte Symbole zu erfinden für komplexe Dinge. Zum Beispiel wurden für Olympiaden zu jeder Sportart eine abstrakte graphische Formel gefunden, ein schematisches Bildchen. In der Schule fand er zur Veranschaulichung der Salzgewinnung eine Serie solcher graphischen Kürzel und Signale, eine Codeschablone, die eher konkrete Dinge durch abstrakte Zeichen versinnbildlichte als abstrakte Vorgänge durch konkrete Symbole.

Nietzsche will die mächtige Mutter Natur selbst sein, die er nicht bekommt. Heidegger bekämpft Nietzsches Wille zur Macht über Mutternaturs Übermacht übers Menschenkind und will Kind der Mutter Natur bleiben. Er will nichts von ihr wollen. Heidegger will, was Mutter Erde will: daß der Menschensohn sie nicht wollen soll. Gottvater ist tot, Heidegger will Väter weder sein noch haben, sondern im offenen Schoß der Mutter Natur geborgen sein. Schopenhauer will auch Mutter Natur ganz für sich durch Verzicht auf sie. Sein Nirwana ähnelt Heideggers 'Seyn' und 'Nichts'. Bloch will die Natur durch Arbeit zur Mutter machen und zusammen mit ihr gegen Gottvater und die Landesväter und Doktorväter kämpfen.

Auch Spinoza will im Schoß der Mutter Natur verschwinden. Kant hat nach Schopenhauer auch davon gesprochen, daß Adam seine Eva will, aber nicht ganz erkennen kann, was sie an sich ist, weil sie an sich hält und anerkannt werden muß als verbotene, an Gottvater schon vergebene Frucht. Hinter dem Kind steht Mutter Natur als Ursache. 'Ding an sich' heißt : Mutter Natur ist nicht nur Erkenntnisobjekt, sondern will ihrerseits das Subjekt erkennen. Adam kann nicht erkennen, daß Eva ihn will, aber am eigenen Leibe spüren. Jeder Wille erregt Widerwille und verfehlt sein Ziel. Der Wille zum anderen Geschlecht ist zu verneinen, weil er ständig verneint wird durch den Ödipuskomplex des Wollenden. Jeder Wille erregt den Unwillen des gleichgeschlechtlichen Elternteils im Wollenden selbst. In Hegel wehrt Schopenhauer den ab, der den Lebenswillen auch überall sieht, aber nicht vereitelt durch die bürgerliche Welt. Hegel sieht ihn bürgerlich befriedigt, Schopenhauer nicht einmal weltbürgerlich. Für Hegel ist jedes Menschenkind die Einheit von weiblicher Einheit und männlicher Differenz. Marx findet eine Watzlawick-Lösung zweiter Ordnung: Die Welt Schopenhauers und Hegels ist nur die bürgerliche, die sozialistisch verneint werden muß, während die ganze Welt christlich oder buddhistisch zu überwinden ist. Nach Freud vergißt Marx das kollektive Über-Ich, das die Erdensöhne daran hindert, den Vaterfiguren das Mater-ielle wegzunehmen. Papa ist tot, es lebe der Groß- und Übervater! Man könne die Väter entmachten, aber unbewußte Schuldängste würden die Väter übergroß wiederbeleben und den Genuß der Güter uns vergällen. Schopenhauer schüttet das Kind mit dem Bad aus und verzichtet auf Liebe zusammen mit dem Inzest. Da Mama ihm nicht zu Willen war, mag er gar nicht mehr. Descartes nabelt sich durch das Denken von Mutter Natur ab: Das ist es, was die modernen Anticartesianer ärgert, die heim ins Reich der Mütter wollen.

Ein rechter linker Geisteswissenschaftler schreibt über die gesellschaftliche Bedingtheit geistiger Gebilde, ohne die seines Buches darüber zu bemerken. Seine Soziogenität besteht ja darin, sich vom Staat aushaken zu lassen dafür, daß er den Staat begreift. Die soziale Konditioniertheit des Marxismus bestand im Versuch als eingeborener Sohn Gottes seine Väterreligion vergessen zu machen, und im Versuch eines Bürgersohnes, den Seinen mit Hilfe der Arbeiter eins auszuwischen und dadurch selbst davonzukommen, ohne aufzuhören, großbürgerliche Vorlieben zu kultivieren.

Was ein Freund meine Verspieltheit und meinen ewigen Unernst schimpfte, der sich bei nichts packen und ertappen lassen will, am wenigsten bei der Untadeligkeit, ist in Wirklichkeit so etwas wie die unablässige 'Beinarbeit' des Boxers, um Schläge vorzubereiten und Schlägen auszuweichen.

Etwas weit vor sich her werfen und sich dann selbst nicht wieder einholen! Der steht staunend vor seinem Produkt : Das soll in mir gewesen sein? Meine eigenen Sachen lese ich am liebsten, wenn ich sie gerade einem anderen zur Lektüre überlassen habe, und versuche, sie mit seinen Augen zu lesen: Was mag er wohl jetzt bei dieser Stelle denken? Manchmal spiele ich bei eigenen

Büchern meinen fremden Leser, manchmal beim Lesen fremder Bücher den Autor. Dann tue ich so, als würde ich das Buch beim Lesen mir schreiben oder beim Schreiben lesen.

Er bewunderte die Leute für seine Überlegenheit (frei nach Canetti). Er warf jedem vor, sich nicht so tief zu verachten, wie er sich verachtete. Niemand soll sich weniger beschimpfen dürfen, als er sich beschimpfte. Er schlug auf sich ein, setzte sich herab, brachte sich lebensgefährliche Wunden bei und wollte dafür Applaus und Bewunderung und das Geständnis anderer, sie würden sich weniger zumuten. Er schrieb nicht nur hochprozentige Wahrheiten auf oder was er dafür hielt. Er spielte nur Möglichkeiten durch, unbekümmert um deren Wahrheitsgehalt, den zu messen er anderen überließ. Das Wort ist Gottes, und der Schriftsteller nimmt eine große Verantwortung auf sich, wenn er mit Worten spielt. Dieser Verantwortung wird er sich zu selten bewußt. Er wollte bewundert werden für das schwindelerregend artistische Spiel mit unerhörten Möglichkeiten. Schreibt gefährlich, war seine Devise. Was daran war, sollte der Leser herausfinden, er übernahm keine Verantwortung dafür. Die Großen sagen die Wahrheit, die Kleinen spielen in ihrem Schatten Verstecken und stehlen den Menschen die Zeit. Oft übersetzte er nur in elegante Paradoxformeln, was Größere umständlicher gestammelt hatten. Durch kleine Widerhaken führte er das Große ad absurdum, um es klein zu kriegen, dieser Parasit der Wahrheiten. Er fuhr Achterbahn mit den Ideen, berief sich auf folgenlose Jugendstreiche, spielte den Leuten einen Schabernack und machte ernsten Menschen den Entertainer, um sie schwindlig zu machen und als Schwindler zu enttarnen.

Wer das Christentum modernisiert, will die Moderne nur nicht christianisieren, und Anhimmelung des Westens schützt nicht vor Verweltlichung des Himmels, aber viele schütten das demokratische Kind mit dem westlichen Dreckbad aus.

SLE : Nichts Neues unter der Sonne, als unter der Sonne nicht leben zu können.

Wenn jede Frage die Antwort auf eine Antwort ist, dann ist jede Antwort eine Frage nach einer Frage. Wo würde der landen, der mit dem Körper eines Babys geboren würde und mit dem Kopf eines Einstein, mit der Seele einer Katze und der Gestalt einer Blume? Er legte sich Worte in den Mund, die er nie gefunden hatte, und legte eigene Erfindungen großen Klassikern in den Mund, um sie zu verkleinern. Was er ernst nehmen sollte, machte ihn fassungslos : Er sprach über den Tod, um ihn nicht erleben zu müssen, er redete übers Leben, um es nicht führen zu müssen, und dachte über Frauen nach, um sie nicht lieben zu müssen. Wenn man schon sterben muß, will man nicht auch noch krank werden müssen. Tod oder Krankheit, beides ist zu viel. Er säuft Zukunftspläne und pinkelt Erinnerungen. Sie war eine Erostäuscherin.

Das Grobe ist genau besehen ebenso unendlich fein und zart, wie das Differenzierte sich als überraschend grobschlächtig erweisen kann: Adornos Filigranphilosophie befürwortet Regression bis zum Wahnsinn. Es gibt nur Intelligentes im All.

Was ist, wenn Mann und Frau eines Tages gemeinsam das Haus verlassen, um Zigaretten holen zu gehen, und nicht zurückkehren?

Ist Philosophie Klassenkampf in der Theorie (Althusser) oder Abteilung für Höhere Unwahrheiten? Nach Platons 'Sophistes' tobt die Gigantomachie zwischen denen, die unten mit ihren Körpern kämpfen, und denen, die sich vorsichtig aus dem Unsichtbaren verteidigen. (Die einen leiden an Verstopfung, die anderen an Durchfall.) Plato will nicht mit Mädchen zeugen, sondern Jünglinge überzeugen. Der geometrisch ideal proportionierte Männerkörper soll nicht wieder zurück in die Niederungen des bösen Mutterleibes der Mater-ie, aus der er kommt, aber seinen materiellen Ursprung kann er nicht mehr völlig abstreifen: Schwule Scham über weiblichen Ursprung.

Stelle dir einen Schriftsteller vor, der am Lebensende das Gefühl gewinnt, er habe sein Werk nur geschaffen, um etwas ganz anderes nicht schreiben zu müssen, das viel wichtiger gewesen wäre. Er sieht sein Werk als einzige Ausflucht vor etwas, das ungesagt bleiben sollte und deshalb hätte gesagt werden müssen. Läßt sich aus einem Werk dieses Schattenwerk erschließen?

Die Geheimnisse der Höheren Mathematik lassen sich zur streng vertraulichen Verschlußsache erklären. Sie werden aber ja doch nicht weitererzählt.

Verhaften Sie mich nicht, ich bin ein Gauner im Dienste der Polizei : Deshalb verhafte ich Sie ja, ich bin ein Polizist im Dienste der Gauner.

Haben wir uns nicht schon mal in Sansibar getroffen? –
Ich war nie in Sansibar. – Ich auch nicht.
Dann müssen das zwei ganz andere Leute gewesen sein.

Wollte Nietzsche Wagners Stelle bei Cosima einnehmen und/oder Cosimas Stelle bei Wagner, stand Wagner zwischen Cosima und Fritz oder Cosima zwischen Fritz und Richard? War Nietzsche der Schwächling, der Supermann sein wollte, oder gab er vor, Supermann sein zu wollen, um nicht zuzugeben, wie gern er der weibliche Mann gewesen wäre, wie gern er als der Softy sich gezeigt hätte, der er wirklich war? War die Gründerzeit so, daß er sich nicht leisten konnte, den Hysteriker mit den schwachen Nerven, den Verzärtelten zu spielen, der er ja tatsächlich war und gern auch öffentlich gewesen wäre? Mußte er den Weichmann spielen, der gern Supermann gewesen wäre, um nicht den harten Burschen zu spielen, der gern Softy gespielt hätte? Mußte er Supermann sein wollen, wo er gern die Schwuchtel und Tunte agiert hätte, die er im Innersten war? Wollte N. als Übermensch siegen oder unter dem Übermenschen liegen, den es ja um ihn herum als allgemeines Leitbild längst gab? Mußte er die Sehnsucht nach dem harten Burschen markieren, um nicht zu verraten, wie gern er der milde Jesus gewesen wäre? Spielte er den Antichristen und die blonde Bestie, und wollte selbst der Christ sein, den er zu verachten vorgab? Nach Hegel entsteht das Bedürfnis nach Philosophie, um die Zerrissenheit des Zeitgeistes zu heilen. Mobilisierte Hegel die geschichtliche Totalisierung gegen den drohenden schizoiden Zerfall auch seiner eigenen Person? Totalisierte Hegel gegen die Gefahr und Versuchung schizoider Desintegration durch Arbeitsteilung und mathematische Zergliederung der Welt ad infinitum? Die Mutter-Kind-Symbiose wird durch endlose Differenzierungen nicht bedroht, sondern bewährt. Stellt Philosophie das geistige Äquivalent her zum verlorenen Paradies der Ur-Symbiose von Menschenkind und Mutter Natur? Hegel sah Differenzieren und Integrieren als zwei Kehrseiten derselben Infinitesimalphilosophie. Er wollte Integrationalismus durch Fragmentierungen hindurch, nicht an ihnen vorbei. Totalitätswahn als paranoides Konstrukt, um den Zerfall in Partialtriebe zu verhindern? Dadurch antwortete Hegel sozialphilosophisch auf den industriellen Zeitgeist der endlosen Arbeitsteilung und Parzellierung der Realität in Atome.

Ein einziger Allgemeinbegriff ist ein Sammelbegriff, er steht für potentiell unendlich viele Objekte, die unter ihn fallen: Einer für alle, alle für einen? Der Begriff als Abkürzung für das *Hen Kai Pan* (Ein und alles)?

Hat Nietzsche nur eine Machometaphysik entwickelt aus Angst vor einer Tuntenphilosophie?

Die ältere Kultur ist Dünger der neueren. Nachts deute ich im Schlaf meine Tagträume. Auf W. kann man sich verlassen : Er ist garantiert unzuverlässig.

Eine herbhübsche Sprecherin stolperte mehrmals über den „Prostestantismus", eine Mischung aus ProtesTanten und Prostitution. Stehen kann ich nur auf einem Boden, auf den ich auch fallen kann (Blumenberg). Die 'Intentionalität des Bewußtseins' ist räumlich und zeitlich gemeint: Ich bin gespannt auf das, was mir bevorsteht bei dem Gegenstand, der vor mir steht und sich nie ganz und sofort erschließt. Subjekt ist das Unterworfene, Objekte leisten Wider-Stand und sind Gegen-Stände. Die Ausdrücke stammen aus der christlichen Scholastik: Der Herr der Natur ist Knecht Gottes, der Gegenstand wird Gegenüber. Das Unterworfene macht sich zum tragend Zugrundeliegenden, zum Fundament.

Rekordbesuch des Mozartfilms 'Amadeus': Nun sind alle erleichtert, daß das Genie sich erleichtern mußte wie sie. Als wäre das Besondere an ihm gewesen, daß er wie fast alle Menschen gelegentlich aufs Scheißhaus mußte, statt etwas mehr zu bauen als die allgemeine Scheiße.

Die jährliche Frankfurter Buchmesse ist die Klage über zu viele Bücher. Die Verfasser machen aus zu wenigen Gedanken zu dicke Bücher, statt auf weniger Seiten mehr Ideen unterzubringen. Romane sind heute schon wie Sachbücher die reine Unfähigkeit, sich kurz zu fassen für eilige Zeitgenossen, die noch zum Handeln kommen wollen, wenigstens zu anderen Büchern. Jeder Autor will seine Leser davon abhalten, selbst zu schreiben oder zur Konkurrenz abzuwandern.

Meine Aphoristik beerbte meine Begeisterung für Lyrik und für Physik zugleich, als ich merkte, daß mathematische Naturwissenschaft die moderne Herrschaft zwar des Menschen über die Welt ist, aber eben nicht des Menschen, der ich bin. Die aphoristischen Formeln wurden mir Kompromisse zwischen logischen Relationen und menschlichen Beziehungen, und literarische Essays traten an die Stelle von physikalischen Experimenten : Versuche waren es beide, ob nun mit der grünen Natur oder mit der menschlichen Natur selbst.

Einerseits unterschrieb Adorno Nietzsches Diktum, die Kunst sei mehr wert als Wahrheit und Wissenschaft. Andererseits machte er selbst eine ganze Philosophie daraus, daß Kunstwerke nicht in ihrer philosophischen (Be-)Deutung aufgehen. Einerseits sprenge das avancierte Kunstwerk seine begriffliche Einordnung, andererseits solle nur Philosophie den 'Wahrheitsgehalt' der Kunst retten können.

Was ist leichter zufriedenzustellen, natürliche Notdurft oder die Imagination? Trösten wir uns über Naturmängel mit der Einbildungskraft hinweg oder über die Unersättlichkeit der Phantasie mit Naturnotwendigem?

Idealismus heißt, daß nur Materielles die Materie bewegen und verdrängen kann, doch der Materialist ist ein Geist, der den Geist leugnet, sagt der reiche Realist.

Die mathematische Naturwissenschaft, der Feind des Familienlebens, ist im Besitz der Familienväter. Sie ernährt Familien, indem sie sie zerstört u. u. Junggesellen lesen Liebesromane, Familienväter berechnen Populationen, um ihre Familien zu erhalten. Mathematik war früher der Tummelplatz von Junggesellen wie Pythagoras, Cusanus, Leibniz, Descartes, Plato, Kant und Wittgenstein. Für Plato waren die geometrischen Körper Bindeglieder zwischen Ideen und sinnlichen Dingen.

Eine neue verfassungsgebende Versammlung soll nur das Grundgesetz der BRD suspendieren. Ein Kompromiß zwischen beiden deutschen Staaten würde die BRD um so viel undemokratischer machen, wie er die DDR demokratischer machte, aber der Vorschlag, von beidem das Beste zu nehmen, würde nur bedeuten, daß aus der DDR was wert wäre, bewahrt zu werden, und daß von der BRD-Verfassung etwas wert wäre, nicht bewahrt zu werden.

Sind nur die Anhänger der Kollektivschuld-These kollektiv schuldig?

Tarskis Redundanztheorem : Jede Aussage enthält die metatheoretische Aussage, sie sei wahr. Enthält jedes Ding metaphysisch, daß es ein Recht habe, da zu sein statt nicht zu sein?

Die Kohärenztheorie von Habermas/Apel hält die Übereinstimmung der Urteilenden miteinander schon für die Übereinstimmung mit der verhandelten Sache selbst.

Jaspers : Mutter Natur 'umgreift', wie der Begriff sein Objekt umgreift. Der Begriff weiß sich im Griff der Mutter Natur, geborgen und gefangen zugleich.

In einem Film von 1942 sagte eben ein Diener zu einem Schriftsteller : „Ohne Leid keine Kunst, ohne Kunst kein Glück."

Die arme Hausfrau des Arbeiters ist immun. Niemand ist gefährdeter durch den sogenannten Konsumterror der freien Marktwirtschaft als seine mittelständischen Kritiker, und niemand kritisiert ihn hysterischer als der ihm permanent Erliegende.

Schopenhauer. Sobald Kants Ding-an-sich, als allgemeiner Geschlechtswille gedeutet, selbst sinnliches Objekt wird, enthüllt es sich als Geschlechterfolge von Vorfahren und Nachkommen, als Sukzession von Individualitäten, die nur ein Ganzes bilden, um neue Individuen zu schaffen, ad infinitum. Raum und Zeit und Kausalität sind für Sch. die einzigen Formen des 'Auseinander': 1) Nebeneinander 2) Abstammung. Ein jedes steht nicht nur außerhalb des anderen, sondern entsteht aus dem anderen. Das Auseinander ist Gegeneinander und/oder Nacheinander. Daß ein Objekt die Ursache meiner Vorstellung von ihm ist, ist eine Wirkung meiner Vorstellungskraft. Das Ding an sich kann nicht die Ursache meiner Vorstellung von ihm sein, da Ursächlichkeit selbst subjektive Vor-Stellung ist. Die Projektion einer äußeren Ursache für meine Empfindungen durch Anschauung ist subjektive Vorstellung: Kausalität. Wir stellen uns den Lebenswillen vor zwischen getrennten Individuen, die geschlechtlich nebeneinander liegen und kausal generativ auseinander folgen und hervorgehen. Sukzession der Geschlechter, eins folgt auf das andere weil aus dem anderen. An sich ist Es raum- und zeitlos akausal. Wille stößt auf Widerwille, bis der Unwille lieber willenlos wird.

Die klassische deutsche Philosophie schlug zwei in einem Streich: Absolutismus und Aufklärung, Kirche und Industrialismus

Es gab noch keine 'Weltgesellschaft' und keine 'Weltphilosophie' (Karl Jaspers), aber schon zwei Weltkriege. Der Krieg war bisher der einzige Universalist der Modernisierungsschübe; die Revolution deckte nur Nachholbedarf Zurückgebliebener.

Links und rechts unterscheiden sich heute vor allem in dem, was sie unter Minderheitenschutz verstehen : den für besondere Talente oder den für besonders Untalentierte.

Worüber kann man überhaupt noch reden, wenn man nicht über Wirtschaft, Politik, Technik und ihren kulturellen Reflex redet? Was früher 'das Höhere' hieß, ist als bloß ideologischer Reflex dieser Basisdaten enttarnt und kein eigenes Reich für sich, in dem sich nach Herzenslust tummeln könnte, wer down to earth nur häßlich Rohgemeines sehen kann. Was kann der noch mit sich anfangen, der dort anfangen will, wo *Schopenhauer* aufhörte (ohne deshalb dort zu enden, wo Nietzsche begann?) Der Lebenswille ist verneint, indem ich darauf verzichte, mich und mit mir das Weltleiden fortzupflanzen, gut, aber was nun, wenn ich nicht das Glück habe, als reicher Kaufmannserbe in aller Ruhe meine Leibrente mit Leibgerichten zu verzehren? Schopenhauer ist etwas für ebenso reiche wie geistreiche Erben, die zu anspruchsvoll und zu depressiv sind, ihr Geld am Roulettisch auf den Bahamas zu verjubeln mit hübschen Mädchen. Schopenhauer auf proletarisch: Als armer Poet in einer Spitzwegmansarde witzig melancholische Geschichten und Aphorismen schreiben für die Schublade, während die arme Frau sein Süppchen kocht und die Hemden wäscht?

Ich habe geträumt, ich hätte Arbeit (Du siehst auch so erschöpft aus). Wie ich es mache, daß ich so weise bin? Ich denke mir irgendeinen Quatsch aus und sage dann genau das Gegenteil. Wenn das Fallgesetz nicht wäre, hätten wir keinen Boden unter den Füßen : Was haben die Menschen bloß gemacht, bevor sie dieses Gesetz erlassen hatten (oder Gott)?

Ich hasse Jasager und mag, wenn man mir widerspricht: Oft gehe ich nämlich zu weit mit meiner Selbstkritik.

Bei der Geburt sind wir wie tot, im Tode leben wir noch einmal auf. Und leben nicht schon bei der Geburt und sterben nicht erst im Tod.

Fichtes 'Geschlossener Handelsstaat' (1800) vernichtete Freiheit durch die Maßnahmen, die sie sichern sollten. Fichte und Schelling mißtrauten dem Staat als dem institutionalisierten Mißtrauen aller gegen alle : „Notstaat" to end all Notstaatlichkeit.

Man hat Sartre gefragt, warum er seine Autobiographie nie fortgesetzt habe, nachdem er in *Les Mots* seine ersten zwölf Lebensjahre analysiert hatte. Sartre antwortete, das sei ja nicht mehr interessant. Er hatte Recht: Er schrieb *Les Mots* nicht weiter, weil er nie älter geworden ist als diese zwölf ersten Jahre und sich über die Vorpubertät nie hinausentwickelte.

Kunst und Wissenschaft dienen dem Leben umso mehr, je mehr sich Künstler und Wissenschaftler in ihren Dienst stellen.

Phantasie entstammt der Realität, und man saugt sich die Wirklichkeit aus den Zeugefingern.

Für die Dienstreise ins Jenseits deckte er sich mit dem Buch der Natur ein, für die Urlaubsreise ins Diesseits mit dem Buch der Bücher. Er steht durch das, was ihm bevorsteht, und fällt über das, was er ist und hat. Wir sind wieder Metaphysiker : Früher sahen wir vor lauter Unabänderlichkeit nie das Veränderbare an der Natur, heute suchen wir schon das Unabänderliche in all der Veränderbarkeit.

Freud hielt nicht wie Adler den Machtwillen Nietzsches für einen Urtrieb, sondern für jene aggressive Komponente der Libido, welche die enttäuschte Liebe stets zu überwältigen droht. 2000 Jahre nach Aristoteles ist es erstaunlich, daß die einzigen, welche über nichts mehr staunen, die Berufsphilosophen sein sollen. Beschäftigt die Philosophie sich einmal mit dem Leben statt mit sich selbst, entsteht nur eine Lebensphilosophie, die weder sehr philosophisch noch sehr lebendig ist, oder heute eine Philosophie der 'Lebenswelt', in der niemand lebt als der Denkbeamte selbst.

Um den Kapitalismus abzuschaffen, darf der Marxismus nicht das Kapital abschaffen. Die real existierenden Arbeiter waren lieber religiöse Utopisten oder Maschinenstürmer..

Gegen schwache Tyrannen wird revoltiert, aber nicht, weil andere zu stark sind, sondern um sie durch starke Tyrannen zu ersetzen : Das ist die ganze Revolutionstheorie.

Oft bin ich lieber böse auf dich, weil du nicht dankbar genug bist für meine vergebliche Bemühung um dich, als etwas Gutes für dich zu tun, das mich zu wenig kostet, um stolz auf mich sein zu können.

Nimm ein Notizbuch, schreibe auf, was dir in den Kopf kommt, lege es abwechselnd den Figuren A, B, C in den Mund und nenne das Ganze einen postmodernen Roman, der sich emanzipiert habe von der traditionellen Erzählhaltung des 19. Jahrhunderts.

Artifizielle Intelligenz (AI) ist das Werk einer AI, die beweisen will, daß sie keine ist, sondern natürliche Gescheitheit. Läßt sich das auch umkehren?

Christen leiden unter ihren Dogmen mehr als ihre alten Feinde unter derem Einen Gesetz des Einen, aber freuen Christen sich mehr an ihrer Gnade als ihre Intimfeinde an ihren Werken?

Interdisziplinäre Forschung:
Vernetzung von forschen Disziplinierungsverfahren.

Was will ein Naturwissenschaftler von der Natur wissen? Er ist ein Mensch, der die Hand seiner Mutter nur losläßt, um Mutter Natur zu erforschen, und sich in die Arme der Mutter Natur wirft, um sich vom Rockzipfel der Mama zu lösen. So schlägt die 'Lösung' jedes Naturproblems zwei Fliegen mit einer Klappe.

Boswells Dr. Johnson und Eckermanns Goethe sind Goethes Eckermann und Johnsons Boswell. Sie sind möglicher Geleitschutz und Reiseführer durchs ganze Leben, andere können nur Verführer zu extravagant blauen Stunden sein. Große Künstler helfen auch in mittleren Stimmungen, mittelmäßige Autoren nur aus großartigen Momenten raus.

Muß man grüne oder andere Alternativen erst an die Macht lassen, um zu beweisen, daß sie die Demokratie abschaffen werden, die sie an die Macht brachte? Um zu erfahren, daß sie keine Wahl lassen werden, müssten sie nicht erst gewählt werden.

Demut hat das Mikroskop erfunden, um zum Riesenwesen geringfügiger Dinge aufschauen zu können. Neid ist ein Makroskop, es schraubt das unerträglich Großartige an anderen auf ein allgemeinmenschliches Maß herunter, es sieht den Zwerg im Riesen, oder der Zwerg macht den Riesen zum Zwerg und den Zwerg zum Riesen.

Verbirgt sich hinter jeder Lautverschiebung der Sprache eine Völkerwanderung?

Argwohn, die Kultivierung sei eine bloße Form(ulier)ung eines Sachverhalts, der selbst nur Form(ulierung) ist. In der Puppe in der Puppe in der Puppe ist aber rein gar nichts. Wenn die Gestalt der Gehalt eines Gehalts ist, ist der Inhalt nur die Form einer Form, geformtes Nichts. Stoffhülle betont die Form (Kleidermode).

Wer nichts als seine Blindheit sieht,
wird blind dafür, daß er sieht.

Man kann sich über die richtige Einstellung zur Industriegesellschaft nicht einigen. Nur über eins ist man sich einig : Der „Maschinenstürmer" ist ein Reaktionär. Aber das sagen nur Reaktionäre. Heute wäre er tatsächlich nur ein lächerlicher Terrorist, aber gestern war er der einzige mit dem richtigen Instinkt gewesen. Vor zwei Jahrhunderten hat er alles vorausgeahnt. Mehr Segen als Fluch bringt die Industrie nur denen, die nicht in ihr arbeiten, und sogar das scheint heute nicht mehr ganz sicher. Die körperliche Arbeit mag leichter geworden sein, aber was der Arbeiter heute aus sich machen muß, um sich nützlich zu machen und leben zu können, schneidet tiefer in die menschliche Natur als alles, was der griechische Sklave sich einst abverlangen mußte. Der Mensch wird eine Ware. Dieser Satz von Marx hat auch noch einen anderen Sinn: Industriell produziert werden nicht nur Waren, sondern vor allem Produzenten. Der Arbeitssklave von gestern diente, so wie er war; der von heute muß sich zu einem anderen Menschentyp züchten lassen, Nietzsche hat es vorausgesehen. Wer heute überleben und gebraucht werden will, muß sich zu dem machen, der vom jeweils letzten Entwicklungsstand der Technik auch verlangt wird.

Um ein Werkzeug zur Herstellung von Mikrochips zu sein, darf ich kein Mikrochip sein, aber auch nicht gerade ein Intellektueller.

Gerechtigkeit verhindert nicht die Naturunterschiede, sondern daß sie zu sozialen Rangstufen denaturieren.

Logisch steht das Besondere zwischen Allgemeinheit und Individualität. Eliten halten sich für etwas ganz Besonderes, weil sie keine Einzelnen (werden) wollen und Allgemeinwohl verhüten.

Bei manchem revoltiert das Es, bei anderen das Über-Ich selbst. Mancher verbietet sich die Servilität und verlangt von sich die Revolte wie eine Pflicht ohne Vergnügen. Es gibt Musterschüler der Revolution und trotzige Dienstwilligkeit.

Übers Proletariat ist solange zu reden, wie darauf gereizt reagiert wird. Als veraltet gilt immer nur das Verdrängte, und was ist aus dem Bewußtsein verdrängter als jene, die nicht nur aus dem Bewußtsein verdrängt sind? Es geht um Deindustrialisierung des proletarischen Bewußtseins, nicht um die Frage, ob der Kleinbürger mehr von Proletarisierung bedroht ist als der Arbeiter von Verbürgerlichung.

Geist ist kein Reflex materieller Dinge, sondern des finanziellen Ergebnisses ihrer menschlichen Bearbeitung.

Greise verfallen, um nicht zu verphallen, (auf) Mädchen.

Die meist reaktionäre Klage, die Technik laufe ihrer moralischen Bewältigung weg, ist anders wahr, als sie gemeint ist. Die Realisierung der Menschheitsutopien wird heute politisch- ideologisch umso unmöglicher gemacht, je möglicher sie technisch ist.

Kant wird verehrt, Kantianer werden verlacht. Das hat sein minderes Pendant : Kaputtheitsapostel Bukowsky lebte gut von seinen Büchern, nach deren Anweisungen seine unbegabten Fans zugrunde gehen.

Nicht Interpretationen sind zu interpretieren, sondern die Interpreten, sagen Texte.

Heine ist sich selbst so oft in den Arm gefallen, daß er nicht gesund bleiben konnte. Seine Gedichte bauen romantische Stimmungen nur auf, um sie ironisch zu zerstören, und er zerstört sie nur, um ihnen tiefer nachtrauern zu können. Gefühle kann er nicht ausdrücken, ohne sich über sie lustig zu machen, und er verhöhnt sie nicht, ohne sie wirklich zu teilen. Er teilt Gefühle, indem er sie spielt, und er posiert sie, indem er sie hat. Am Ende gab sein Rückgrat nach.

Kam der Diamat Adornos aus seiner geistigen Abhängigkeit von Benjamin oder kam der Vulgärmarxismus Benjamins aus seiner materiellen Abhängigkeit von Adorno?

„Keine Volksrente – Die Rente muß sich nach der Arbeitsleistung richten." Diese Zeitungsüberschrift ist ein Aufruf zur sozialen Revolution.

Ist es leichter, den Monotheismus zu demokratisieren, ohne ihn aufzuheben, als unsere Demokratie monotheistisch zu fundieren, ohne sie aufzuheben?

Geht es um wirklich wichtige Dinge, sind die Mächtigen klug genug, sich dumm nicht nur zu stellen.

Zwei Dinge machten Sozialismus unmöglich : der Glaube, daß er sicher nie eintritt, und der Glaube, daß er sicher eintritt.

Der britische Kosmologe *Stephan Hawking* meint in seiner 'Kurzen Geschichte der Zeit', daß Menschen nicht überleben könnten in einem kontrahierenden Universum, das immer mehr Unordnung in Ordnung zurückverwandeln würde. Das explodierende Weltall nach dem 'Big Bang' folge dem 2. Hauptsatz der Thermodynamik wie jeder Mensch im Streben von der unwahrscheinlichen Ordnung zur wahrscheinlicheren Unordnung. Aber hatte Sartre nicht gerade gezeigt, daß der Mensch von der Zukunft in die Vergangenheit lebt statt umgekehrt? Mache ich nicht stets die Vergangenheit zum Mittel, um die Zukunft zu bewirken, und muß ich nicht stets die gewünschte Wirkung *vor* der sie hervorrufenden Ursache entwerfen? Mache ich also nicht aus jeder Ordnung eine Unordnung, um aus ihr eine neue Ordnung zu schaffen? Schaffe ich nicht stets Unordnung, die ich Ordnung nenne, aus einer Ordnung, die ich deshalb Unordnung nenne?

Rhetorik ist in Deutschland nicht zu verteidigen, weil Rhetorikprofessoren wie *Walter Jens* sie pflegen, sondern obwohl so schlechte Rhetoren wie Jens sie propagieren. Seinem gräzisierenden Schwulst ist nicht vorzuhalten, daß er uns mit guter Rednergabe von etwas überzeugt, was wir ohne seine Eloquenz nicht eingesehen hätten, sondern ihm ist zu danken, daß er das objektiv Schlechte mit subjektiv schlechten Mitteln verteidigt und gerade damit Erfolg hat. Er drückt nicht Gutes schlecht oder Schlimmes gut aus, sondern kann weder zum Bösen überreden noch vom Besseren überzeugen, weil er eben weder reden noch schreiben kann.

Ein kleiner Junge schrieb auf Schulheftpapier eine Filmgeschichte, in der ein Kinoheld mit dem Revolver eine Schöne aus den Händen von Gangstern befreite. Ein Vierteljahrhundert später sah ich, daß der Revolver im Grunde aus der geschliffenen Treffsicherheit der Sätze bestand, mit dem ich ihn beschrieben hatte.

Früher machte ein Künstler seine Magd zu seiner Frau, heute macht er seine Frau zu seiner Magd.

Heute fachsimpeln Männer nur noch über das Gegenteil von Fachidiotie.

„Liebes, ich schau dir in die Augen", sagt Bogart in „Casablanca" zu Ingrid Bergmann. Das fiel mir deshalb eigens auf, weil zugleich immer auffällt, wie selten Männer Frauen in die Augen sehen (wenn sie auf sie einreden und ihnen etwas aufschwatzen). Sie reden und reden und blicken dabei in irgendeine weite Expertenferne, während die totgeredeten Frauen neben ihnen vergeblich die Blicke der Männer aufzufangen suchen, und sei es auch

nur, um ihre Zustimmung zu signalisieren, welche meist weniger dem Gesagten gilt als der Tatsache, einer männlichen Rede gewürdigt zu werden. Wagen die Herren ihren Müttern in ihren Frauen nicht ins Auge zu sehen oder der Tatsache, daß sie ihre Mütter in ihren Frauen sehen, ohne die Frauen selbst anzusehen? Sie wagen ihren Frauen so wenig ins Gesicht zu sagen wie ihren Chefs.

Irrationalisten sind daran zu erkennen, daß sie immer alles wissen, Rationalisten daran, daß sie nicht einmal wissen, nichts zu wissen.

Das Wesen eines Gegenstandes läßt ihn noch nicht existieren, aber seine Existenz ändert ihn ganz wesentlich.

„Das Leben ist wie das KZ" (Adorno) Es soll inzwischen Leute geben, die Berichte aus diesen Lagern nur lesen, um ihre schlimmsten Probleme als Bagatellen vor dem Grauen des KZ genießen zu können, wenn der Arzt nicht gerade Krebs feststellte.

Denken wie ein Jesus mit Krankenversicherung und leben wie ein Schopenhauer ohne Leibrente.

Gelegentlich frage ich am Arbeitsplatz Kollegen irgendeinen fachbezogenen Blödsinn, der mich gar nicht interessiert, von dem ich aber weiß, daß sie es wissen. Indem ich ihnen Gelegenheit gebe, ihr Wissen an den Mann zu bringen, hoffe ich, sie mir günstig zu stimmen, eine menschlichere Atmosphäre ins Zimmer zu bringen, an der ich mich wärme, der doch im Team ihnen so wenig nützt. Wenn es nicht klappt und der befragte Kollege nicht freudig überrascht antwortet oder wenigstens freundlich bereitwillig, dann bin ich unglücklich und einsam und versuche es in einer Stunde bestimmt noch einmal.

Wenn ich schon Linker sein will, dann linker als alle Linken zusammen, also im Grunde der einzige Linke unter Linken, die 'eigentlich' getarnte Rechte sind und als solche zu entlarven. Daß Philosophie keine Erwartungen enttäuscht, enttäuscht alle nicht-philosophischen Erwartungen und umgekehrt.

Erkennen heißt klassisch, den Tod geistig vorwegnehmen, d.h. den Geist durch jene Abstraktion von den Körpern zu gewinnen, die später einmal der Tod vollziehen wird. Tod und Wahrheit haben für die Lebenslügner gemeinsam, das Leibliche wegfallen zu lassen, um das Wahre übrigzubehalten, was aber nicht heißt, daß es genügt, die Körper von Geist und Seele zu emanzipieren, um dem Irrtum und Irrsinn zu entgehen.

Meinungen werden gar nicht bezweifelt, weil sie Dogmen geworden sind, sondern werden nur Dogmen, weil sie angezweifelt werden.

Die Bürger Marx und Engels betonten die Unentbehrlichkeit der bürgerlichen Gesellschaft (samt ihrer Kritik daran) für eine nichtbürgerliche Gesellschaft, die nicht hinter sie zurückfällt. Das kapitalistisch akkumulierte Potential aufgespeicherten Mehrwerts sollte der nachbürgerlichen Epoche nicht verloren gehen, die Opfer dafür sollen nicht umsonst gewesen sein. Dann kann aber die proletarische Revolution nie zu spät kommen. Warum dann nicht noch die dritte und vierte industrielle Revolution und postindustrielle Mehrwertschöpfung abwarten und mitnehmen, um klassenloser Gesellschaft noch mehr technisch-organisatorisches 'Know-how' in die Wiege zu legen? Ist die klassenlose Gesellschaft einmal da, wird es dafür zu spät sein: Sie kann nur noch verteilen und konsumieren, nur produzieren ohne zu akkumulieren und nie über die Reproduktion des Erreichten hinaus Neues schaffen können. Sie wird in keiner Sklavenkaste mehr ein Werkzeug haben, mehr zu schaffen, als sie verzehren will. (Oder werden Maschinen eines Tages auch die Mehrwertschöpfungen übernehmen, wie sie selbstlernend schon sind?) Warum nicht weitere Sklavengenerationen bis dahin einem noch höheren Anfangsniveau der klassenlosen Gesellschaft opfern? Das Paradies ist gleich nebenan.

Das Leben ist so einfach, daß es jede Verwicklung enthält, und es ist so kompliziert, daß es alles Elementare enthält. Um subtil und kompliziert zu sein, genügt es, einfach nur gut sein zu wollen, aber um gut zu sein, genügt es nicht, kompliziert und verfeinert zu sein.

Eines Tages entdeckte er beschämt und vergnügt, daß seine eigenen Eltern genauso bewundernswert waren, wie er sie immer verächtlich behandelt hatte, daß er sie hätte nachahmen und übertreffen sollen, daß es aber nun zu spät für sie war, Vorbilder für ihn abzugeben, und er ging ohne rechte Überzeugung den Weg weiter, der ihn immer weiter von ihnen wegführte. Am Ende war er so weit hinter ihnen zurückgeblieben, wie er über sie hinausgelangt zu sein glaubte, der Schelm.

Adorno wollte die Dinge vor ihren Theorien bewahren – durch Theorie. Nur Theorie schütze Dinge vor Theorien. Adorno dachte das Ding an sich als Jenseits der Theorie, daß das Jenseits der Theorie vor ihr bewahrt werden müsse. Ist es besser, Fakten vor Theorien als Theorien vor Fakten zu bewahren? Schütze Fakten durch Theorien vor Theorien und Theorien durch Fakten vor Fakten! Der Begriff von der Begriffsstutzigkeit aller Begriffe sollte das Begriffsstutzige am Begriff von der Begriffsstutzigkeit begreiflich machen.

Unter den allgemeinen Bedingungen des Universums ist der Erdball offenkundig etwas ganz Besonderes, und unter den allgemeinen Bedingungen, die diese Erde für das Leben bereithält, ist der Mensch noch einmal etwas ganz Besonderes, und unter den allgemein menschlichen Voraussetzungen auf Erden sollte der Mensch unter Pflanzen und Tieren sich noch einmal als etwas ganz Besonderes sehen und jeder Mensch noch einmal unter allen Sterblichen als eine unaustauschbare Individualität bilden zwischen den Gluthöllen und Eiswüsten des unendlich Großen und infinitesimal Kleinen.

Hegel 2000. Proletarische Intellektuelle erweitern die dialektische Trinität von alttestamentarischem Gesetzgeber, neutestamentarischem Weltenrichter und quoranischer Exekutive um die 4. Gewalt des 4. Standes, die die Macht kritisch begleiten soll. § 218: Wenn das Verfassungsgericht die Übereinstimmung von Abtreibungsgesetz und Grundgesetz bestätigt, so ist es durch Gottes Gesetz zu kritisieren. Hegel kannte den Rechtsstaat, aber fürchtete im Volk zu Recht den Gesetzgeber, der auch gegen das Gottesgesetz entscheiden kann. Wer schützt eine demokratische Mehrheit vor 'sozialen Bewegungen', die sie 'überstimmen'?

Jedes veröffentlichte Buch sollte der Reklameklappentext für das nächste sein, ein Appetizer. Was der Autor mit seinem Erstlingswerk geben soll, ist die Einstiegsdroge, die den Leser süchtig machen soll nach weiterem Stoff vom selben Dealer. Der Lesestoff, aus dem die Träume sind? Ich träume nie, und mich langweilen fremde Träume, im Leben wie in Büchern. Ich träume den Traum von der künstlerischen Gestaltung unrealisierbarer Träume. Die Realisierung meiner Träume im Leben ist gelungen, wenn die literarische Gestaltung ihrer Unrealisierbarkeit gelungen ist: Träume realisieren sich in Büchern, die von ihrer Unrealisierbarkeit im Leben Zeugnis ablegen.

Da die Rhetorik der glänzenden Lüge und das Stottern der nackten Wahrheit gleich unbefriedigend sind, gibt die triviale Wahrheit, um Aufmerksamkeit zu erregen, sich in kopfstehenden Paradoxen den Anschein der glänzenden Lüge.

Warum hat Gott ihn geschaffen, wenn Er ihn keine Kinder aufziehen ließ und ihm keinen nützlicheren Brotberuf gab? Lebte der Vater seine 30 Jahre nur, um ihn in die Welt zu setzen? Die Lebenslust hat Gott ihm geschenkt. *Er* machte ihn zum guten Bruder seiner viel jüngeren Schwester, zum guten Onkel seiner Nichte, zum Jugendgefährten mehrerer Schulkameraden, zum Bruderersatz von K., zum Freund von A. und W. und M, zum „Lebenselixier" seiner seelisch labilen Frau, zum Autor merkwürdiger Gedanken und verwirrender Geschichten, die kaum jemand liest. Für ihn war es genug, aber ist es genug für Ihn? Machte Er ihn nur klug genug, damit ihm die Zeit nicht lang wird oder damit er der Welt geistige Nüsse zu knacken gibt? Wenn er stirbt, dann stirbt er aus. Von ihm wollte Gott noch etwas, von seinem Haus nichts mehr. Ob du es nun aushältst, dich hält dein geistiges System gerade noch aus.

Kunstgeschichte. Flauberts „Madame Bovary" war so groß wie ihr Vergehen und ist heute umso größer, je kleiner ihr Vergehen wird.

Adorno ist weniger von Hegel als von Schlegel aus ebenso neu zu bestimmen wie umgekehrt die frühe Jenaer Romantik von der Kritischen Theorie aus. Das Bindeglied ist Walter Benjamins Schrift über romantische Kunstkritik. Wurde Schlegel von Hegel *und* von Adorno nur gemieden, weil er Katholik war? Der gute Lutheraner Hegel begriff den Fortschritt von Moses zu Jesus, nicht aber den von Christus zum letzten Propheten, der die mit dem Absoluten schon versöhnte Idee des Irdischen auch abwiesen hatte.

Man kann sich nicht einmal darauf einigen, was Einheit und Einigung ist, denn es versteht sich nicht von selbst, Selbstverständliches selbst herzustellen. Nichts schafft mehr Kontroversen und Konflikte als der Anspruch, alle zu beenden, und nichts beendet sie leichter, als sie gar nicht beenden zu wollen. Wissenschaft entsteht durch den Versuch, sich zu beenden, und ist am Ende, wenn sie ihre Vollendung nicht will oder für unmöglich hält. Philosophen sind Menschen, die es sich leisten können, bis zum Lebensende keine Antwort auf ihre Fragen zu finden. Wissenschaften haben die Grundlagenkrisen, die sie nicht sind; Philosophie ist die Grundlagenkrise, die sie nicht hat, aber darum nicht die Letztbegründung der Bedingungen aller Letztbegründungen. Die Freude an schönen Rasen ist durch laute Rasenmäher immer aufgehoben.

Ein Fetischist ist ein Mann, der aus Angst, eine Frau werden zu können, an ihr nur das einzige lieben kann, was sie nie hat.

Schopenhauer sei der einzige Philosoph, der ihn nicht interessiere, sagte Heidegger aus Nähe zu ihm, denn sein später buddhistischer „Wille zum Nichtwollen" wollte nichts davon wissen, daß er nur Verneinung des Geschlechtstriebes war.

Blochs jungfräuliche Magna Mater fühlte sich stets guter Hoffnung, war aber eine Kopfgeburt, die nur Fehlgeburten hatte.

Frauen sind Egoisten, wenn sie Verantwortung übernehmen; Männer nehmen Anteil, indem sie sich durchsetzen. Sie versteht nicht, warum ihre Selbständigkeit auf Kosten ihrer Beziehungen gehen soll; er versteht nicht, warum Beziehungen mit Unselbständigkeit bezahlt werden müssen. (Sie fürchtet, daß ihre Selbstbehauptung ihre Bindungen und diese Bindungen seine Unabhängigkeit gefährden. Gandhi leistete mit Gewalt den Frauen Widerstand, die seinem passiven Widerstand widerstanden.) Was verbindet zwei Menschen, wo einer nichts leistet, und wozu soll einer etwas leisten ohne Beziehung zum anderen? Die Frau hat ein eigenes Bedürfnis, eigene Bedürfnisse zu opfern, und der Mann sieht im allgemeinen Egoismus das einzige Mittel, das Gemeinwohl zu befördern. Er kann nichts leisten ohne Beziehungen, aus denen er sich löst, und sie kann keine Beziehungen aufbauen ohne Leistungen, auf die sie verzichtet. Weibliches Selbstvertrauen hängt ab von einer vertrauten Umgebung, und männliches Selbstbewußtsein bestimmt sein Umweltbewußtsein. Sie erbringt gute Leistungen, wenn ihre Beziehung gut ist zu einem Mann, der sich gute Beziehungen nur leistet, wenn seine Leistungen gut sind. Er hat menschliche Beziehungen nur zu den Leistungen anderer Leute, und sie macht Beziehungsarbeit zum anerkannten Hochleistungssport. Sie sucht ihre Integrität durch Intimität, gegen die er seine Indentität findet etc.

Das größte Unglück ist immer, daß man es hätte vermeiden können, das größte Glück aber, es sich nicht verdienen zu müssen.

Mancher kann so wenig in die Zukunft schauen, daß er den zweiten nicht mehr weiß, wenn er den ersten Teil eines Satzes ausgesprochen hat. Die Gegenwart ist immer jenseits des gemeinsamen Nenners aus den Memoiren von Futurologen und den Prophezeiungen unserer Vorfahren.

Luthers Zweiweltenlehre gilt nicht nur für böses Fleisch und guten Geist, sondern auch für Gottesreich und Weltreich. Manches Christenleben entschädigt sich reichlich für die geringe Entschädigung, die das Jenseits ihm bieten soll.

Jedes Buch von mir will wie ein Warenhaus sein, in dessen Stockwerklabyrinthen jeder Kunde alles findet, ohne für auch nur einen Artikel die Konkurrenz aufsuchen zu müssen, und das er nur verläßt, um seine Beute nach Hause zu tragen.

König Salomo schenkte jener Frau das Leben, welche sich als die Mutter bewies, indem sie, um das Leben ihres Kindes zu retten, sich als Mutter verleugnete.

In der naturwissenschaftlichen Objektivität steckt zu viel subjektiver Machtwille, aber nach Adorno ist der „Vorrang des Objekts" nur durch mehr „Gehirnakrobatik" zu bewahren. Wenn mehr Objektivität mehr Sophistik und Skepsis, Romantik und Mystik, Idealismus und Existentialismus bedeutet, dann bedeutet mehr Positivismus und Logik, Ontologie und Metaphysik, Struktur und Formel eben umgekehrt auch mehr Subjektivismus. Als mit dem klassischen deutschen Idealismus seit Kant etwas pietistisch Subjektives ins Denken kam, war es eher die begriffliche Allgemeingültigkeit des intelligiblen Ich als die individuelle Originalität des empirischen Ich, also eher die Gesellschaft als der Einzelne. Erst der romantische Rationalismus des magischen Idealismus mobilisierte das 'Originalgenie' gegen den Zeitgeist, denn der Geist trennt die Individuen, die er verbindet. Rachel Varnhagen sprach dem romantischen Zeitgeist eine „unendliche Tiefe der Leere" zu, was jener Fürst Metternich, der Friedrich Schlegel nobilitierte, eine „wahrhaft genialische Inspiration" nannte.
A(uto)nomie *und* A(nti)nomie?

Gödel bewies 1931, daß kein System seine eigene Widerspruchsfreiheit beweisen könne. Mit den Mitteln des Systems lasse sich nicht entscheiden, ob es widersprüchlich sei. Also braucht es „Metaphorismen", um dem System seine mögliche Aporetik vorzurechnen, die erst in einem Metasystem verschwindet. Kein Bezugssystem kann selbst entscheiden, ob es Paradoxien enthält und welche. Erst Metaphorismen enthüllen seine Antinomien, Sätze, die ihre eigenen Gegensätze implizieren und sich selbst verwerfen, sobald sie behauptet werden. „Wie heißt dieses Buch?" ist der Titel eines Buches von R. Smullyan. Die Frage kann nur durch sich selbst beantwortet werden, denn es handelt sich um ein wirkliches Buch. Aber wie ist es mit diesem Beispiel: *Wie lautet dieser Aphorismus?* Auch diese Frage fragt nach sich selbst, und die Antwort auf die Frage ist die Frage selbst, die zur Antwort auf die Antwort wird usw. Nun läßt sich die Frage aber auch beantworten durch eine ganz andere Gegenfrage: *„Welcher Aphorismus?"* Schließlich ist die Frage gar kein Aphorismus. Das ist wahr, bezahlt aber seine Frage mit der Tatsache, keine Antwort auf die gestellte Frage zu sein. Der Aphorismus enthält in einem einzigen Spruch mindestens zwei Sprüche, die einander widersprechen, also Gegensätze in *einem* Satz. Wenn es wahr ist, daß ein Aphorismus verschiedene Sätze in einen Satz zusammenfaßt, dann faßt er sie auch mit sich selbst zusammen und damit, *daß* er sie alle mit sich selbst zusammenfaßt ...

Schön ist nach Kant, was ohne Allgemeinbegriff allgemein gefällt, aber aphoristisch ist, was dem Allgemeinbegriff am Allgemeinbegriff mißfällt.

Larochefoucauld dachte schon mit dem cartesianischen Ego cogito gegen das cartesianische Zwangssystem von Versailles. Den Egoismus des neuzeitlichen Ego cogito entdeckte er dort, wo er sich versteckte, im katholischen Universalismus und im absolutistischen Cartesianismus von Ludwig XIV. zugleich.

Es gibt keine Koalition eines rekatholisierten Europas und reislamisierten Orients gegen die 'Neue Weltordnung' von Ost und West.

Wer „amusisch" sagt, muß auch „B-Musik" sagen. Der Teufel läßt dich noch im Himmel glauben, du seist in der Hölle, aber wer seine Nase in Gottes Angelegenheiten steckt, ist noch kein Christ, der kein Interesse hat an seinen Interessen, und sein Wunsch ist ihm Befehl, den er verweigert.

Über sich wissen Philosophen nichts, über Selbsterkenntnistheorien alles. Ich kann mich nicht erkennen, ich stehe zwischen mir und mir selbst.

Das Mittelalter verbot die Lust, um sie zu fördern. Permissive Gesellschaften fordern sie von uns, um sie uns zu verleiden, und erlauben keine Verbote. Nur Asketen könnten für eine hedonistische Welt kämpfen, und die Abschaffung der Leistungsgesellschaft ist zum politischen Hochleistungssport geworden.

Bin ich schon Mystiker, wenn ich nicht weiß, daß ich keiner bin? Bist du kein Mystiker mehr, wenn du rational weißt, warum du einer bist? Es gibt einen Grund dafür, daß ein Baum wächst, aber er „hat" keinen Grund zu wachsen.

Keine Symmetrie. Warum hört man ebenso häufig von rationaler Selbstkritik der Ratio wie selten von irrationaler Selbstkritik der Irrationalisten?

Genesis 4. Einerseits tötet Bauer Kain seinen nomadischen Bruder, andererseits soll erst Jabal, ein späterer Nachkomme Kains, Stammvater der Nomaden sein? Kants „Mutmaßlicher Anfang der Menschengeschichte" (1786), eine philosophische Exegese von 1. Mose 2-6, gibt zwar zu, daß nur der Nomade allein Gott als seinen Herrn anerkenne, daß aber trotzdem sein Feind, der seßhafte Ackerbauer, die Kultur der Vernunft vorangetrieben habe, über die „rohe Natur" hinaus.

Aphorismen sind jene „synthetischen Urteile aposteriori", die „synthetische Urteile apriori" nicht bestätigen, sondern aufheben, sind also jene Ausnahmen aposteriori, welche die metaphysische Regel bestätigen, daß synthetische Urteile apriori vor aller Erfahrung diese Erfahrung erst möglich machen. Ist der Weg von Kant zu Fichte und Hegel der Schritt von Schillers Vernunftidealen zu Schlegels aphoristischen Ideen? Die Frage nach der Metaphysik ist für Kant die Frage : „Wie sind synthetische Urteile apriori möglich?". Hegel bestimmt solche Urteile als „ursprüngliche Verbindung Entgegengesetzter" (Enzyklopädie l, § 40), also als Synthese von Widersprüchen, wie sie nicht nur in Vernunftideen vorkommen, sondern in jedem Gegenstand, sofern er eine Ganzheit seiner potentiell unendlich vielen Aspekte ebenso ist, wie die ganze Natur eine Einheit potentiell unendlich vieler Erfahrungsgegenstände ist. Hegels Dialektik der ursprünglichen Einheit des Entgegengesetzten hat aber ihren psychologischen Ursprung in der Mutter-Kind-Symbiose, einer ur-geteilten Synthese a priori, „von früher", die eine „Erkenntnis" der Mutter Natur ist, welche *vor* aller Erfahrung spätere erotische „Erfahrung" erst ermöglicht. Daß diese abstrakten Termini eine sexuelle Zweideutigkeit enthalten, soll zufällig sein? Im Kampf der Geister ist jeder Aphorismus ein Unentschieden zwischen Entscheidung und Unentschiedenheit.

Mancher glaubt seine Feinde schon dadurch zu lieben, daß er seine Freunde haßt.

concipio ergo sumo. Der Wille muß, um frei zu sein, so allgemeingültig sein wie das Denken, um wahr zu sein.

Wenn er von seiner Mutter geliebt werden wollte, mußte er wie sein toter leiblicher Vater werden, den sie allen anderen Männern vorgezogen hatte – ruhig, klug und zuverlässig, einfühlsamer und verständnisvoller als andere. Sein Stiefvater sah früh, daß dieses Kind gern las und schrieb, er wollte es ablenken auf das Leben und auf die sogenannte Realität : „Was soll das? Alles Wesentliche ist doch längst gesagt. Man kann doch nur aus anderen Büchern abschreiben und daraus ein neues Buch machen." Von Naturwissenschaften abgesehen, hatte er natürlich völlig recht, aber sein vernichtendes Urteil, das er sicher längst vergessen hat, wurde dem Kind zum Ansporn, seine künftigen Bücher, koste es, was es wolle, mit eigenen neuen Gedanken und nicht mit alten fremden Ideen zu füllen. Nun war er erwachsen und wußte nicht, ob seine 'Meisterwerke' seinen Vater widerlegen konnten, war ihm aber dankbar für seine Skepsis, die den literarischen Ehrgeiz nur anfeuerte, den sie hatte entmutigen wollen. Interessieren würde es den Vater längst nicht mehr, und die Mutter, die damit gar nichts anfangen konnte, war längst gestorben. Was den erzproletarischen Vater widerlegte, konnte er gar nicht verstehen, und was er verstehen könnte, das hätte ihn nicht überzeugt. Geht die Vorsehung auf so krummen Wegen vor, um einen Schriftsteller zu erzeugen?

Wer nie eine Wahl hatte, also nur wählen durfte zwischen diesem Menschen und lebenslanger Einsamkeit, wird glücklicher als einer, der jede Wahl hat: Hörigkeit aus Angst, nie wieder einen zweiten Sexualpartner zu finden, verbindet mehr als das Gegenteil, jeden Sexualpartner zu erreichen.

Schillers „ästhetischer Zustand": Schöpfe aus der übervollen Leere, die das MU des ZEN bedeutet : Nichts Bestimmtes sein müssen, aber alles Bestimmte können.

Wir werden nicht irregehen, wenn wir von Aphorismen „mit logischer Fassade annehmen, daß sie das wirklich meinen, was sie mit absichtlich fehlerhafter Begründung behaupten. Erst diese Verwendung des Sophismas zur versteckten Darstellung der Wahrheit verleiht ihm den Charakter des Witzes ...", sagt Freud. Aphoristiker stellen sophistische Fehl-, Fang- und Trugschlüsse in den Dienst der Philosophie. Ihr Beweis ist nicht apagogisch: Etwas widerlegt zu haben, beweist nicht dessen Gegenteil, denn die Gegensätze sind beide falsch. „Hast du deine Hörner verloren?"
Weder Ja noch Nein sind da sinnvoll.

Das *Hysteron proteron* kehrt die natürliche Ordnung um, wie die Reihenfolge von Aphorismen umkehrbar ist. Das Begründete ist der Grund des Grundes, wie der geplante Zweck früher als er selbst und die Ursache dafür ist, daß die Mittel die Ursachen für seine spätere Verwirklichung sind.

Der *circulus vitiosus* ist als 'hermeneutischer Zirkel' längst rehabilitiert. Beispiel : Ich bin nur durch die Gesellschaft zu verstehen, die doch umgekehrt nur durch mich zu verstehen ist.

Der Zirkelschluß verschärft die *Petitio principii,* die Beweise ad absurdum führt: Zum Beweis wird gerade etwas erst noch zu Beweisendes benutzt. Der Aphorismus ist seine eigene Begründung, die zur These komprimiert ist.

Ignoratio elenchi : Statt des zu Beweisenden wird unbemerkt etwas ganz anderes bewiesen, aber auch ungewolltes Wissen vermehrt die Weisheit.

Das *Proton pseudos* beweist etwas ganz richtig aus einer falschen Prämisse. Und entlarvt damit jede Prämisse als einen nur vorletzten Beweisgrund. Aphoristischer Logikkalkül ex falso quodlibet et verum ex quolibet.

Quaternio terminorum (Begriffsvervierfachung): Der Mittelbegriff eines logischen Schlusses wird amphibolisch doppelsinnig gebraucht (fallacia ambiguitatis). Vieldeutigkeit aber ist das unverkürzte Wesen jeder ganzen S(pr)ache.

Unendliches Urteil : Der Sinn eines Satzes verneint, was seine Form bejaht. (z.B. „Das Kleid ist nicht weiß" bedeutet nicht, das Kleid sei schwarz.) Das tertium datur des Urteils ist die Alternative zu falschen Alternativen.

Für Goethe war „jedes Existierende ein Analogon alles Existierenden; daher erscheint uns das Dasein immer zu gleicher Zeit als gesondert und verknüpft. Folgt man der Analogie zu sehr, so fällt alles identisch zusammen; meidet man sie, so zerstreut sich alles ins Unendliche." *Analogie* hat „den Vorteil, daß sie nicht abschließt und eigentlich nichts Letztes will ..." (Goethe, Maximen und Reflexionen, Nr. 554,532).

Identifizierung des Unvereinbaren, mystische coincidentia oppositorum.

Vertauschung von Seinsebenen (z.B. etwa Logisches und Psychologisches).

Überkühne *Katachresen,* die uneigentliche Wortbedeutungen mißbrauchen.

Wahrheit im Irrtum des *Wunschdenkens* (Idolatrielehre des Lord Bacon) *Aphoristik ist Metaphysik,* sofern sie unwahrscheinliche Wahrheit hinter Fassadenphänomenen rational begreift. Wenn letzte Gründe des Seins Hintergründe werden, werden Aphorismen unbegründbare Hinter-Grundsätze. Hic Rhodus, hic salta, sed natura non facit saltus: Also wirken Aphorismen unnatürlich. Sie sind jene Thesen, die durch Falsifizierung erst ihren Wert bekommen. Diese unbeweisbaren Weisheiten sind weder Axiome noch daraus ableitbare Lehrsätze; sie folgen aus nichts, und nichts folgt aus ihnen. Sie wollen und können nicht begründet werden, und nichts läßt sich auf sie zurückführen. Unter ihnen gibt es synthetische Urteile a priori, a posteriori, a fortiori. Sie sind unauflösliches „Alyta", ihre *zetetische Elenktik* überführt den Leser. Jeder ist ein *„Enthymem",* ein unvollständiger Syllogismus, bei dem mindestens eine Prämisse fehlt, die vom ratenden Leser „in Gedanken" zu ergänzen ist. – „Alles kommt in der Wissenschaft auf das an, was man ein Aperçu nennt, auf das Gewahrwerden dessen, was eigentlich den Erscheinungen zum Grunde liegt." (Goethe, Geschichte der Farbenlehre). „Der witzige Kopf erfindet, der scharfsinnige entdeckt, der tiefsinnige erforscht. Der erste kombiniert, der zweite zergliedert, der dritte begründet. Witz blendet, Scharfsinn klärt auf, Tiefsinn erleuchtet. Witz überredet, Scharfsinn belehrt, Tiefsinn überzeugt." (Dirksen) Thema dieses Werkes ist ein bestimmter Blick und was er der Welt entlockt, zu der er so gehört, daß er der Auseinandersetzung mit ihr entstammt. Was die Vorstellungskraft der Leser übersteigt, nennen sie verstiegen, und wer hochgespannte Erwartungen weckt, gilt als überspannt und verschroben.

Aphoristische Fragmente sind das, was von Hegels Dialektik übrigbleibt, sobald sie ihren Wissenschaftsanspruch als enzyklopädisches System an den entdialektisierten Positivismus abgegeben hat. Nach seinem Tod zerfiel Hegels System in aphoristische Dialektik und undialektischen Empirismus, ohne deren Synthese gewesen zu sein. Die Systematisierung übernahm wie im 17. Jh. die Mathematik.

Aphoristische *Metaphysik* macht den Denkfehler der „Metabasis eis allo genos", den Übergang zu fremden Gattungen, zum Denkprinzip der Analogieschlüsse durch analogia entis. Sie ist begriffliche Kritik der Grundbegriffe jeder Einzelwissenschaft und ihres Gegenstandsbereichs. Aphorismen haben guten Grund, ihre Gründe zu verschweigen; in den letzten erkennen sie nur vorletzte Gründe oder Abgründe und in 'ersten Prinzipien' oft nur die erstbesten Prinzipale. Der 'Sinn des Seins' ist nur möglich als Sinn im Unsinn und im Widersinn. „Denken ist Zusammenfassen des Mannigfaltigen in der Einheit", sagt Hegel, und das ist laut Kant Menschenwitz als „Vereinigung heterogener Vorstellungen". Sobald „Mannigfaltigkeiten" nicht nur innere Differenzierungen, sondern widersprüchliche Differenzen sind, wird Sachwissen zum Witz an der Sache. Der 'Grund des Seins' ist ein Abgrund von Selbstwiderspruch vor dem Absoluten, und aphoristische *Theologie* bildet Ideen des Absoluten als dialektische Selbstaufhebungen jeder begrenzten Position und ihrer sprachlichen Fixierung. Sie geht an sich selbst 'zum Grunde', den der Aphorismus erraten läßt. Sobald ich spreche, wird mir widersprochen, weil ich mir selbst widerspreche und nur so weiterkomme.

Aphoristische *Sprachphilosophie,* soweit ihre Sachpointen Sprachpointen sind und umgekehrt, ist sprachliche Sprachkritik. Aphoristische *Psychologie* ist ein Sieg des Ich über Es und falsches Überich. Freud nannte sie die sozialste aller Lustgewinne. Ihre Maximen sind psychoanalytische Blitzdiagnosen, die latente hinter manifesten Motiven entlarven. Kants praktische Vernunft hat im Kategorischen Imperativ eine *Maximen-Ethik :* Handle so, daß die Maximen deines Willens Anspruch auf Allgemeingültigkeit haben können. Ästhetisch gute Aphorismen können gute oder böse Moral-Maximen sein. Aphoristische *Anthropologie* bietet seit der Sophistik den Menschenwitz skeptischer Lebenserfahrung und zeigt den Menschen in seinem Widerspruch. Jeder Aphorismus generiert seinen eigenen Kontext und erfindet die Stellung des Philosophen im Kosmos neu. Aphoristische *Kosmologie* knüpft an bei der medizinisch-naturwissenschaftlichen Herkunft jeglicher „Gnome". Sie wendet sich bei Bacon induktiv gegen scholastische Zwangssysteme und dann lebenserfahren gegen wissenschaftstotalitäre Klassifikationsabschlüsse. Aphoristische *Logik* ist logische Kritik der Logik: aphorismos fit per genus alien(issum)um et contradictionem specificam. Aphorismen meinen wirklich das, was sie mit absichtlich fehlerhafter Logik begründen (Freud). Aphoristische *Phänomenologie* ist ein Ruf zurück zum Witz an der Sache selbst. Sie beschränkt sich aufs Unwesentliche und rehabilitiert die individuelle Subjektivität zugleich.

Der Neophänomenologe H. Schmitz würde Aphoristiker als „Epikritiker" bezeichnen, die durch spitze, helle und schneidend scharfe Urteile den Leser urplötzlich aus dem „protopathisch" weichen und stumpfdumpfen vegetativen Dahinleben reißen und durch einen individualisierenden Schreck in die jähe „Situation" „leiblicher Enge" und „affektiven Betroffenseins" treiben, aus der gestalteten Welt ihrer Sachverhalte, Programme und Probleme in eine „primitive Gegenwart" stürzen − und den Leser aus dieser „personalen Regression" durch die ästhetische Form zugleich auf ein hohes „Niveau personaler Emanzipation" heben. Aber Schmitz will nicht die Gefühlsambivalenzen in Aphorismuslesern sehen.

Philosophie ist Liebe zum Witz an der Sache. Sie geht immer aufs Ganze, ins Detail gehen nur die Fragmente ihrer Vor- und Nachsokratiker. Philosophen fragmentieren, wenn sie aufs Ganze gehen; das Ganze sehen sie nur in jedem Bruchstück ganz.

Der „Wille zur Macht" versteckt sich heute im Vermögen, ihn an anderen gekonnt zu desavouieren. Das „System der Philosophie" von Hermann Schmitz ist sein Wille zur Macht, diesen allgemeinen Willen zu entmächtigen. Hier haben wir einmal ein waschechtes System, und was tun meine Aphorismen : Sie lassen sich davon definieren, statt es zu sprengen − um es zu sprengen?

Jean Paul war nicht zufällig Großmeister der Kleinformen Idyll und Aphorismus zugleich. Auch Gnome sind oft idyllische Lustorte. Eidyllion, das Abbildchen großer Ideen, gibt „Vollglück in der Beschränktheit", unnaive Vollkommenheit im Kleinen. In dieser mikrologischen Kulturlandschaft sind große Fragen stillgestellt, sind Naturform und Ideal in idyllischem Einklang oder in satirischem Widerstreit. Mörikes „holdes Bescheiden" in diesen Schmerzgrenzen ruhiger Nischenräume war auch Jean Pauls „Andacht im Kleinen". „Clavis Fichteana" (1800) : Seine „Verknüpfungstechnik", in der Fricke eine Pseudo-Aphoristik ausmachen will, leitet über zu frühromantischen Fragmenten. „Sentenzen sprudelt er von sich, und Fragmente würgt er heraus..." (Kotzebue, Die deutschen Kleinbürger).

Aphoristik ist tendenziöses l'art pour l'art, kein Engagement für sich selbst. Die konkreten Zeitanlässe schimmern durch den Schliff nur noch so hindurch, daß dieser Band zu keiner anderen Zeit als der Jahrtausendwende geschrieben sein und doch zu jeder Zeit verstanden werden könnte. Das phänomenologisch Wesentliche an der Sache steckt hier nicht in ausgewogenen Summen, sondern hochpotenzierten Quintessenzen. Aphorismen sind ja nur so gut, wie sie die reflexions schrauben, weiterdrehen als alle ihre Konkurrenten. Hinter dem elaborierten Reflexionsgrad des frühromantischen Fragments darf so wenig zurückgefallen werden wie hinter Stanislaw Lecs weitere Verkürzung der ohnehin schon kurzgefaßten französischen Maximen, die in diese nachsokratischen

111

Fragmente hineinkomponiert sind, um die widerstreitenden Formen zu vereinen. Es wird so viel Zeitbedingtes auf Zeitloses hin abgeklopft wie ewige Binsenwahrheit an Zeitgeistern gebrochen. Die gewählte Form ist zu ungewohnt, um keine Rechtfertigung zu brauchen, aber mit dem Inhalt zu identisch, um sich nicht selbst zu rechtfertigen. Für ein Skizzen-, Notiz- und Tagebuch sind viele Fragmente zu geschliffen ausformuliert, aber für einen Aphorismenband wieder nicht isoliert genug, um keine „symbolischen Bezirke" zu bilden.

Der Autor mag aus dem Labyrinth, das entstanden ist, nicht wieder herausfinden in das Labyrinth, das er geplant hatte, aber hoffentlich hat sich, wo durch den Witz spielerischer Identifikationen aus den Trümmern der Zeit eine neue Welt entstanden ist, für den Leser ein fast „unerschöpflicher Gegenstand" (Hermann Schmitz) gestaltet. Leser und Autor als Dichter und Denker in einer Person: Der eine gibt dem anderen ein „Meinungssystem" (Lichtenberg) – auf. Gabriel Laub sagt: „Die Zukunft der Literatur liegt im Aphorismus. Den kann man nicht verfilmen", aber mehrfachbelichtete Video-Clips versuchen es.

„Es ist eine tiefe Magie, das Entgegengesetzte hervorlocken zu können, nachdem man den Punkt der Vereinigung gefunden hat. Aristoteles hat wohl etwas Derartiges gedacht, als er die Privation (steresis), mit welcher eine bestimmte Anlage verbunden ist, als Urheberin und Mutter der Form setzte." (Giordano Bruno: „Über die Ursache, das Prinzip und das Eine", 1584)

Die Philosophie denkt vor allem für den Menschen, über den sie nachdenkt. Existenzphilosophen bedenken das Wesen der menschlichen Existenz. Ich hätte es lieber, wenn vom menschlichen Denken wesentlich mehr existieren würde.

Hegels Dialektik begreift jeden Gegenstand als ein Paradoxon, d.h. als eine coincidentia oppositorum. Adorno kritisiert daran nicht, daß in einer antagonistischen Gesellschaft jede These ihre Antithese an sich habe, sondern daß sie schon Synthese dieser Antithesen sein soll. Die Aufgabe der Philosophie sieht Hegel darin, Paradoxien in Wohlgefallen aufzulösen und die Zerrissenheit des Zeitgeistes zu heilen, Adorno hingegen in der Verschärfung der Paradoxien, in die jedes Paradigma sich systematisch verstricke. In jeder wissenschaftlichen (Hypo-)These sei die bis zur Antinomie verschärfte Antithetik hervorzutreiben, deren positivistisch geglättete Synthese sie darstelle. Hegels System erlaubte es aber überhaupt erst, daß Kierkegaard die christlichen, Marx die kapitalistischen und Sartre die existenzialistisehen Aporien formulieren konnten. „Das Christentum, der erste Erfinder der Paradoxa" besiege Hegels „Spekulation, die sich das Paradoxe ausredet", sagt Kierkegaard in der „Krankheit zum Tode" und schreibt in „Furcht und Zittern": „Das Paradoxon des Glaubens ist somit dies, daß der Einzelne höher ist als das Allgemeine... daß die Innerlichkeit höher ist als die Äußerlichkeit ... und die ungerade Zahl vollkommener ist als die gerade." „Dies Paradoxon läßt sich nicht mediieren ..." „Diese Liebe zu Isaak ist es ja, die durch ihren paradoxen Gegensatz zu seiner Liebe zu Gott Abrahams Liebe zu einem Opfer macht." „Sobald der Einzelne in das Paradoxon hineingekommen ist, kommt er nicht zur Idee der Kirche ..." Melancholiker Kierkegaard muß „entweder im dämonischen Paradoxon verdammt oder im göttlichen erlöst werden" „Das Lindernde der Sprache ist, daß sie mich ins Allgemeine überträgt", aber Kierkegaard will „das Paradoxon, das sich nicht verständlich machen kann".

„Er handelt kraft des Absurden, ... daß er als der Einzelne höher ist als das Allgemeine." Mit Tertullians credo quia absurdum geht er hinter Hegel auf Kants Antinomien zurück und hält es für paradox, Seele und Gott und die Welt zu Gegenständen der Spekulation oder der Ästhetik zu machen. Er versteht es als Widerspruch, Widersprüche zu verstehen. Kierkegaards aphoristische Pointe besteht darin, mit einem einzigen „Satz" ins Paradox des Glaubens zu springen. Der Schöpfer aller Geschöpfe werde in Christus sein eigenes Geschöpf, ohne aufzuhören, dessen Schöpfer zu sein, und bleibe Schöpfer, ohne aufzuhören, sein eigenes Geschöpf zu sein. Kierkegaard tut so, als bestehe das Gesetz Gottes paradox darin, sich christlich aufzuheben, und seine christliche Aufhebung sei die einzige Form, es zu erfüllen. Christus erlöse alle Menschen, also auch sich selbst, also auch den, der alle Menschen erlöst. Sokrates weiß, daß er nichts weiß, doch der Christ wisse, daß er sündig sei. Was bei Hegel unvernünftig „faule Existenz" heißt, die mit sich und ihrem Begriff zerfallen sei, wird bei Kierkegaard zur menschlichen Existenz selbst.

Der entlaufene Katholik Heidegger ist erst vom Protestanten Kierkegaard begeistert, bevor er ihn als bloß „religiösen Schriftsteller" abtut. Er säkularisiert das christliche Paradox Kierkegaards reaktionär. Sein Entwurf einer Welt ist in diese Welt geworfen. Er entwirft nur seine Geworfenheit in die Welt und ist ins Entwerfen einer neuen Welt geworfen. Er entwirft alles außer der Tatsache, alles zu entwerfen. Also entwirft er nur, daß er gar nichts Neues entwerfen kann. Er widerspricht sich nicht mehr, sobald er „dem Seyn entspricht". Sein Schüler Sartre mystifiziert die existenzialistische Mystik weiter: Der Mensch, „zur Freiheit verurteilt", ist nicht das, was er ist, und ist das, was er nicht ist.

Für Marx liegt das Paradox in der privaten Aneignung des gesellschaftlich Erarbeiteten. Die menschliche Selbstentfremdung liege nicht schon in der Selbstvergegenständlichung des Geistes, sondern erst in der Enteignung seiner objektiven Entäußerungen. Das materielle Leben setze erst den Geist, von dem es paradox gesetzt werde. Wenn der Kapitalismus die Negation des Feudalismus war und der Sozialismus die Negation des Kapitalismus, dann hat der Sozialismus als Negation dieser Negation sich heute wieder als synthetischer Feudalismus hoch zwei entpuppt. Vom Begriff aus ist das Wirkliche vernünftig und die nackte Existenz paradox.

Ohne die sogenannten „Sekundärtugenden" Reinlichkeit, Sparsamkeit und Ehrgeiz würden die sogenannten Primärtugenden vielleicht ganz einfache Tertiärlaster sein.

Die Verallgemeinerung, *daß* jede gefährlich ist, ist am gefährlichsten. *Daß* begriffliche Erkenntnis ihre Objekte vergewaltigt, soll nach Adorno die höchste begriffliche Erkenntnis sein.

Ein link(isch)er Dummkopf steht jedem Gegenstand fern genug, um ihn nur zu fürchten, und nah genug, um mit der Nase an ihm zu kleben.

Schwüler Sommertag. Der „Neue Phänomenologe" Hermann Schmitz (*1928) aus Kiel spricht vom Leib in „umhüllen-

114

den", „einbettenden und umgreifenden atmosphärischen Ganzheiten" und meint damit, ohne das wahrhaben zu wollen, frühe Mutter-Kind-Symbiosen, die er philosophisch nur übersublimiert. Das „chaotische Verhältnis" zwischen beiden sei noch „Unentschiedenheit zwischen Identität und Verschiedenheit". Wie in Blochs „Materie" sei nicht nur noch nicht subjektiv bekannt, sondern auch objektiv noch nicht ausgemacht, was alles darin stecke im Einzelnen. H. Weyl: „Das Kontinuum als Medium freien Werdens". Die „personale Situation" schwanke zwischen Emanzipation von und Regression zu diesen chaotischen Ursymbiosen. Schmitz ersetzt Cantors überabzählbar unendliche Menge des Kontinuums durch die Unbestimmtheit der „chaotischen Mannigfaltigkeit". Was unterscheidet dieses „Chaos" von Hegels Widerspruch?

Laut Freud muß ich nicht im Schweiße meines Angesichts schuften, weil ich mich aus dem Paradies vertrieben habe, sondern um mich nicht umbringen zu müssen.

Die Quelle deiner Moral liegt darin, deine Freunde vor deiner Feindseligkeit nicht mehr zu schützen als deine Feinde vor deiner Freundlichkeit.

Wo es Tradition wird, Traditionen allgemein zu verhöhnen, muß man sie einfach nur erfüllen, um originell zu sein. Um Leistungsgesellschaften zu ändern, braucht es Hochleistungsspezialisten.

Um die ganze Wahrheit übers Ganze zu erfassen, müßten mehr Bücher-Chips vollgeschrieben werden, als das Weltall faßt.

Alle Kulturanstrengungen, um Kriege zu verhüten, sind Kriegsursachen, und Kriege werden erst überflüssig, wenn niemand mehr da ist, der sie bekämpft.

Gott kommt uns nie vor die Augen, denn er versteckt sich hinter unseren fünf Sinnen, die er geschaffen hat. Der Glaube, der ihnen Sinn gibt, lindert keine Leiden, aber vertreibt oft alle Bauchschmerzen durch Kopfschmerzen.

„Unnützes Erinnern". Goethes berühmte Anschaulichkeit war Geisteraustreibung, sein Objektivismus war Exorzismus, seine Geistesgegenwart Abwehr infantiler Vergangenheiten. Olympier Goethe war so wenig Apoll wie Nietzsche Dionysos. Goethes Werk war mehr als Verdrängung von Eisslers psychoanalytischer Studie. Wenn ich Bilder von Hopper u. a. sehe, denke ich: Manche klassischen Gemälde der Moderne wirken heute wie vorweggeahnte 'virtual reality in Cyberspace'. Hermann Schmitz: Ein Denker des Diffusen denkt nicht diffus.

Die heute vielgesuchte Vielschichtigkeit kommt dadurch ganz von selbst herein : Ein Künstler ist ein Einzelner, der verschiedene Menschen mit verschiedenen Stimmen einander widersprechen lassen kann, ohne Recht zu bekommen.

Wer das Pech hat, erst mit 50 statt mit 15 Jahren seine Pubertät zu erleben, hat das Glück, diese Probleme nicht mehr lösen zu müssen, sondern sie mit den überlegenen Mitteln eines Erwachsenen in Romanen beschreiben zu wollen.
Wer vorher nachgedacht hätte, brauchte später keine Widerstandsbewegungen, die so beliebt und unterlegen sind, um nicht rechtzeitig überlegen zu müssen.

(Jesaja 23,29) Der Aphorismus ist der Monolith gegen unsere Versteinerungen. Jeder muß es wert sein, in Stein gehauen zu werden, den er zerschmettert.

Schopenhauer war es gleichgültig, ob er seinen Willen bekam oder nicht. Er erklärte sich für nicht zufriedenzustellen. Seine Lust lag darin, zusammen mit ihr das ewige Leid aufheben zu können, aber Nietzsche wollte die ewige Lust, alle Lust und Leiden überschreiten zu können.

Um sich zu erhöhen, leiden Kantianer und machen Nietzscheaner andere leiden. Wer andere unterdrückt, muß nicht sich selbst unterdrücken und umgekehrt. Handle so, daß du jede Minute deines Lebens immer zurückwünschen könntest? Nietzsche wollte eine andere Moral, Lenin etwas anderes als Moral.

Nicht das Gute, das wir tun, wird bestraft, sondern unser Stolz darauf, und nicht das Böse, das wir tun, wird belohnt, sondern unser schlechtes Gewissen dabei und die Uneigennützigkeit, mit der wir es tun.

Ein Christ ist nicht nur stolz darauf, nicht stolz zu sein, hat nicht nur Lust daran, keine zu haben, und seinen Genuß darin, sich jeden zu versagen, aber wirklich nützen kann ihm nur seine eigene Uneigennützigkeit.

Gleich unter Gleichen sein heißt, fremd noch unter Fremden sein. Heimweh, das uns gerade in der Heimat überfällt, ist Fernweh nach Fernweh.

Kunst als überbietende Retourkutsche. Wer schreibt, weist anderen Menschen und der Stelle, die sie ihm in ihrem System anweisen, eine Stelle in seinem eigenen System zu. Der 'essayistische Roman' beginnt nicht bei Musils ungeeigneten Männern, sondern mit besten Eigenschaften von Gotthelfs Mannlis.

Kein Ausgleich. Das seltene Huhn im Topf schmeckt dem Armen besser als dem Reichen die häufige Fasanenbrust?

Die vernünftigsten Argumente gegen den Krieg sind es, wegen derer er überhaupt geführt wird. Nur Kriege, die zugelassen werden, werden manchmal unterlassen. Wenn unser Neid auf den Künstler den Genuss an seinen Werken weit übertrifft, wächst die Kriegssehnsucht. Moderne Künstler, die vom Krieg träumen, haben Erfolg, und ihre Utopien von heute werden in den Kriegen von morgen realisiert werden.

Gotthelf war schon damals linker als noch heute seine linken Kritiker. Adolf Muschg beschäftigte sich mit Keller wie Walter Muschg mit Gotthelf. Albert Bitzius' Bauernchristen betonen nicht, was gegen Demokratie spricht, sondern was sie bedroht. Wer sonst hat schon vor 1848 gesehen, daß der galoppierende Atheismus den Demokratierungsprozeß nicht zu Ende, sondern ad absurdum führt? Er hat den empirischen Bauern nicht idealisiert, sondern mit dem frommen Idealbauern einen vorindustriellen Kritiker nicht nur des real existierenden Bauern, sondern des ganzen Zeitgeistes bis heute erfunden. In einer Zeit, die den Wahrheitsverlust mit Freiheitskämpfen kompensierte und den adligen Atheismus demokratisierte, demokratisierte G. nur sein alttestamentarisches Christentum. Im Katholiken Eichendorff und Lutheraner Mörike besiegte die Literatur die Religion, in Claudius und Gotthelf nur selten der Pfarrer den Schriftsteller. 1848 siegte Keller über Gotthelf, heute zappeln die Erben von Kellers Feuerbach im Netz der 'schwarzen Spinne'. „Wo der Wille ist, da kann man dem Verstand immer nachhelfen, mit Manier, versteht sich." „Eine halbe Köchin sollte jeder Arzt sein. Eben das sei das Kommodeste, daß unser Herrgott die Welt nicht an einen Menschen gehängt hat." „Die Welt drückte so lange auf mich, bis sie Bücher mir aus dem Kopf drückte, um sie ihr an den Kopf zu werfen." Dem Schweizer Jesaja gehört die Zukunft.

Wenn der Messias bei Jesaja genau jene volle Erkenntnis verheißt, die in der Genesis nur die Paradiesschlange verspricht, dann muß er etwas mit ihr zu tun und etwas von ihr haben. Hatten die sektiererischen „Ophiten" Recht, die in Christus die wiedergekehrte Paradiesschlange verehrten?

Undialektische Widersprüche. Adorno suchte das „nichtidentische Fragment", aber dessen Witz an der Sache ist gerade eine Identifizierung schreiender Unvereinbarkeiten. Der Dramatiker Botho Strauß gilt als Adorno-Schüler und seit dem „Anschwellenden Bocksgesang" zugleich als Reaktionär.

Wer die Elendsprobleme der Welt nicht verdrängt, verdrängt nur seine eigenen, und wer sein ureigenes Elend verdrängt, muß das der Welt nicht verdrängen, sagen manche.

Die sicherste Art, im Leben nie wieder nur Zweiter zu werden, besteht darin, nie wieder zu einem Wettbewerb anzutreten.

Er fühlt sich von seiner Frau verkannt: Seine stolze Selbstdiagnose, die auf Narzißmus lautet, mag sich in ihrer egoistischen Anklage, die auf Egoismus lautet, partout nicht wiedererkennen.

Ausgleichende Ungerechtigkeit? Sie nahm sich das Leben. Seine Mutter soll ein verwöhntes Einzelkind armer Leute gewesen sein; also verwöhnte ihr Sohn leider nicht sie, sondern seine nie verwöhnte Frau, das achte Kind reicherer Leute.

Sind manche Menschen für Engel zu klug, dann sind andere für Teufel zu dumm. Gefühle gelten heute als gesund, doch Schuldgefühle als Neurosen. Schuld wird in unserer verkehrten Welt heute versteckt hinter vermeintlich viel schwererer Schuld an bösen „Schuldzuweisungen".

Der Aphorismus ist so lange legitim, wie noch keine komplexitätsreduzierende Systemtheorie existiert, die ihn − begründet − zurückweisen könnte.

1650. In Descartes wird heute nicht nur einer der ersten Naturwissenschaftstheoretiker angegriffen, sondern einer der letzten katholischen Philosophen. Auch und gerade Heidegger war ein Anti-Cartesianer.

Begriffe erfassen Allgemeinplätze so präzise wie Details nur diffus.

Logik ist nicht ihre eigene Genese, aber es gibt eine Logik der Genese aller Logiken. In jeder Erfahrung stecken Begriffe, die Erfahrungen beinhalten, und jede Theorie enthält Anschauungen, die Theorien implizieren.

Wieweit unterscheidet sich ein Gottvertrauen, das Mangel an Nestwärme kompensieren soll, von einem, das sich eines „Urvertrauens" bedienen kann? Gott wird auch die Einheit dieser Verschiedenheit sein.

Weil die schlimmsten Dinge die besten Gründe für sich haben, deshalb müssen gute Dinge noch nicht die schlechtesten Gründe suchen.

Früher war das Erzählen nicht in Prosa, sondern nur in Versepen erträglich, heute umgekehrt das Lyrische nicht im Gedicht, sondern nur im Roman, der alle epischen Geschichten und dramatischen Handlungen an die Trivialliteratur verloren hat und nur noch Befindlichkeiten und pure Leibgefühle evoziert Virginia Woolfs „Wellen", Prousts „mémoire involontaire", Musils „anderer Zustand", Becketts tonlose Stimmen : Der Roman wird lyrisch.

Nennenswerten *esprit de finesse* hat heute nur noch der *esprit de géometrie*, die Geisteswissenschaftler mystifizieren nur noch ihre Krypto-Banalitäten.

Entweder gibt es Gott oder einen progressus und regressus in infinitum. Die Seele ist der Ort, an dem Reflexe und Reflexionen aufeinander wirken können, und unsterblich ist sie nur, um noch zu Lohn und Strafe zu kommen.

Er stritt mit Heidegger, Sartre und Genet gegen die göttliche Welt, aber Gott, den er leugnete, verleugnete ihn nicht und bewahrte ihn vor dem Sieg. Gerecht ist Gott, wenn unsere Pläne zufällig seine sind; barmherzig sei er, wenn sie es ebenso zufällig nicht sind.

Wenn der „Arbeitsfriede" schon „Produktionsschlacht" ist, dann ist auch die Kriegsfront eine Arbeitsfront. Viele wünschen Krieg, die durch häuslichen oder Arbeitsfrieden überfordert sind: Krieg schützt vor Geschlechterkrieg. Wir tun so, als müßten wir vor bürgerlichem Kulturdruck auf die Bäume oder Schlachtfelder flüchten; warum flüchten wir nicht aus dem bürgerlichen Dschungel in die Wissenschaften und Künste? Kultur ist das Paradies der Triebverzichtler, Krieg ist die Hölle der Triebtäter. Nicht Überzivilisierte träumen vom Urwald, sondern nur überforderte Kulturheuchler.

Es ist Fortschritt, wenn der Urmensch in dir dem Aristokraten aus Neandertal ähnelt. Der Tyrann unterdrückt die Masse außerhalb von sich, Kant unterdrückt die Masse in sich, und der Unfreie unterdrückt sich selbst in der Masse und durch sie.

Aphoristiker Adorno war durch Schopenhauer und Nietzsche beeinflußt, die Aphoristiker Schopenhauer und Nietzsche waren durch Lichtenberg und die Französischen Moralisten beeinflußt, aber warum war Adorno weder durch Lichtenberg noch durch die Moralisten beeinflußt, auch nicht über Valéry, obwohl er doch wie Nietzsche mit dem Adel kokettierte? Die Moralisten befruchteten sowohl den Naturforscher Lichtenberg wie die romantischen Subjektivisten, die keine Nachfolger hatten. Hegel übernahm weder Heraklits Aphorismen noch Platos Dialoge, als er beide in dialektisches System brachte. Larochefoucauld war beeinflußt vom Jesuiten Gracian wie vom Anti-Jesuiten Pascal, als er wie Montaigne religiöse Gegenstände in einer antiken Rhetorik verhandelte. Chemiker Canetti hatte Wurzeln sowohl beim Physiker Lichtenberg wie bei den chinesischen Taoisten, die zu aphoristischen ZEN-„Koans" führten. Für Kierkegaard waren Romantiker Schlegel und Antiromantiker Hegel Dialektiker. Lichtenberg war von Leibniz, Spinoza, Bacon, Locke und den Moralisten angeregt. Marx und Adorno warfen Hegel genau jenen Subjektivismus vor, den Hegel den Romantikern vorgeworfen hatte, aber das Objektive, das Hegel und Schlegel zugleich fehlt, steckt weniger in Schelling, Marx und Bloch als in der Bibel. Trieb Adorno den Teufel mit Beelzebub aus, als er Hegels geschlossenes Wahnsystem allein dadurch 'somaterialistisch' aufbrach, daß er es reflexiv überbot? A ist „schuld" an B, weil es zureichender Grund für B ist: Unvernetzte Fragmente durchbrechen den Begründungs- und Schuldzusammenhang aller Dinge.

Die Segnungen des Industrialismus hängen an seiner Inhumanität. Humanisiere ihn, und er lohnt nicht mehr. Das sicherste Kernkraftwerk kommt teurer als das unrentabelste Kohlekraftwerk.

Um geistreich zu sein, braucht man eine Zensur. Wenn keine Zensur herrscht, mußt du dir im Kopf deine eigenen Tabus schaffen, welche die Form erzwingen.

(Y)our (br)others. Wenn uns Musik-Hören und Fern-Sehen endlich vergehn, werden Augen nur noch Augen sehen. Ängstliche Menschen haben zu wenig Neugier, neugierige zu wenig Angst.

Der Mensch ist Herr seines Alltags und Werkzeug von Revolutionen. Naturgemäß leben heißt, auf Revolutionen zu warten, und die Natur ist etwas für ganze Weltalter.

Wir verlangen ja gar nicht mehr, daß eine Philosophie objektiv sei bis zur Einheit von Sein und Bewußtsein, aber das Sein des Denkers sollte übereinstimmen mit dem Denken an sein Sein.

Die praktische steckt schon ganz in Kants reiner Vernunft: Transzendentale Bedingung möglicher Erfahrung ist schon Freiheit von den Erscheinungen. Was bei Simmel noch spontane Tathandlung des Verstandes ist, wird bei Lukacs Verstandes-Arbeit: Datenmaterialformung, Blechstanze und Werkstoffprägung. Wissen ist Macht, aber Unwissenheit ist an der Macht. Die Welt mit den Augen Gottes sehen, das ist Metaphysik als Sprung in eine Metasprache, um die ganze Realität von außen beurteilen zu können. Adornos Kritische Theorie war Typentheorie, und Russell erkannte die 'Nichtidentität' von Individuen und Klassen. Bateson und Watzlawick flohen vor den Widersprüchen der Individuen in den davon freien Begriff, Adorno umgekehrt vor dem Begriff zu den Individuen. Brauche ich „Weltwissen" für meine „Selbstbeschreibung" oder Selbsterkenntnis für meine Weltorientierung, und wie ist beides denn möglich ohne „Gottesaugensicht"?

Erst unter den reaktionären Angriffen seines geistigen Sohnes Jung erkannte Antipatriarch Freud, daß er seine Religion unvollkommen ins Psychologische übersetzt hatte.

A ist B = A ist A und Nicht-A. Ein Mensch ist kein Mensch, sondern ein animal rationale, der Mensch kein gesellschaftliches Lebewesen, sondern ein Mensch.

Das idealistische Kunstwerk war kunstvoller Idealismus. Die Philosophie hatte ein ästhetisches Ideal, weil Kunstwerke autarke Systeme waren, sagt Adorno, aber dem Kunstwerk war Schellings Philosophie nicht nachgebildet, weil es ganz systematisch, sondern inmitten des Idealismus gerade anti-idealistisch vorgeht. Die romantischen Fragmente Schlegels sprengten mit dem idealistischen System auch das autonome klassische Kunstwerk, dem es nachgebildet war : Sie vertraten Marxens „Praxis", Kierkegaards „Existenz", Schellings „unvordenkliches Seyn" und „unvernünftiges Daß der Vernunft" inmitten des systematischen Idealismus selbst.

War Adornos grobe Verteidigung von Zärtlichkeiten nur ein zarter Angriff auf harte Grobiane? Kreativität / Kunstwerk = Produktivkraft / Warenform? Kunstwerke sah Adorno als kommunikationslose Sozialprodukte, sein abtrünniger Schüler Habermas umgekehrt als unproduktive Kommunikationsformen.

Was Adorno über Kunst sagt, gesellschaftliche Gesellschaftskritik zu sein, gilt doch nur für Kenner, die zugleich Könner sind. Etwas ganz Besonderes sind schließlich nicht die Rätsellöser, sondern die Rätselerfinder. In der Tat drückt jedes Kunstwerk an Stelle der erbitterten Konsumenten aus, was ihnen versagt ist: dieses Kunststück auch vollbringen zu können.

Hohe Kunst wird von Individuen für Individuen geschaffen, mag sein, aber was *für* Massen hergestellt wird, wird nicht *von* Massen hergestellt.

Gut kapitalistisch an Kunstwerken wie an Künstlern ist nicht ihre gemeinsame Warenform, sondern ihr vernichtender Konkurrenzkampf gegeneinander.

Kunst entsteht aus subjektivem Bedürfnis nach einem Ende objektiven Bedarfs.

Ist mein „Teste" der unerträgliche Roman eines erträglichen Menschen oder der erträgliche Roman eines unerträglichen Menschen? Ideen sind Kunstwerkmaterialien, nicht umgekehrt.

Das „Allgemeine Brouillon" von Novalis faßt alle Naturphilosophie zusammen : „Manche Menschen hängen wohl darum so an der Natur, weil sie als verzogene Kinder sich vor dem Vater fürchten und zu der Mutter ihre Zuflucht nehmen."

Ist Herrschaft über Naturbeherrschung zur zweiten Natur uns geworden? Abhängig vom Menschen heute ist nicht die Natur, sondern ihre Unabhängigkeit von ihm.

Ihre Liebhaber sind blind : Natur, das ist Affe und Kamel, Blöken und Heulen, Erdbeben und Sturmfluten, Aasgeier und Esel, Rindvieh und Schweinehund.

Seit das „Noch-nicht-Sein" nicht mehr die sozialistische Bewußtlosigkeit bestimmt, wird das therapierte Unterbewußtsein wieder zur materiellen Gewalt des Überbaus.

Würde. Ist der intelligible Charakter von heute der empirische von morgen? Objektivität heißt nicht, subjektive Autonomie in Objekten zu automatisieren. Ohnmacht ist nicht zu verwechseln mit der Stärke, diese nicht zu gebrauchen.

Gottes Gnade besteht darin, dem Menschen die verbotene Erkenntnis zu schenken, aber die nomadische Wahrheit von Eden ist eine andere als die sesshafte der Schlange.

Wer seinen Glauben nicht versteht, glaubt damit noch nicht an seinen Verstand, und wer an dem zweifelt, hat noch nicht seine Aberglaubensbrüder verstanden.

Ist Hegels System geschlossen, weil seine Vernunft ein logischer Schluß ist? Heideggers Entschlossenheit genügt nicht, um das Schloß logischer Schlüsse zu sprengen. Schlegel sah in Hegels dialektischen Synthesen gute Witze und Hegel im Witz nur ein Werk des trennenden Verstandes.

Depressionen sind Abstraktionen u. u. Wer generalisiert, dem ist alles gleich gültig, und wem alle gleich sind, der hat schon von jedem abstrahiert.

Ich wechsle noch nicht den Begriff, wenn ich dessen Objekte wechsle, und wenn ich den Begriff wechsle, habe ich noch nicht dessen Objekte gewechselt.

Was ihn von den meisten Menschen trennt, ist mehr, als sie voneinander trennt: Wenn zwei sich streiten, freut sich der dritte nicht darüber, wie schnell sich beide gegen ihn einig würden.

Paradoxe bestehen logisch darin, daß Widersprüche Wahrheiten implizieren, die aber selbst keine Widersprüche implizieren, ex falso quodlibet. Verneinungen selbstbezüglicher Sätze sind nicht wieder selbstbezüglich, aber die Verneinungen unselbstbezüglicher Sätze müssen auch nicht selbstbezüglich sein.

„Primitive Gesellschaften" sind so klug, daß Primitive und Kluge dieselben anerkannten Daseinstechniken benutzen müssen. Sind Gesellschaften modern, wenn sich aus der findigen Klugheit eine Macht über Dümmere ableiten läßt?

Einst nutzten die Herren den Herrgott und heute die Gottlosigkeit.

Die Werke der Nächstenliebe sind oft nur der Tribut des Egoismus an den Egoismus anderer, um den größeren Rest ruhigeren Gewissens genießen zu können.

Jeder, der sich seiner Stellung und Verdienste rühmt, indem er andere Menschen unverdient begünstigt, wird verachtet von denen, die gern diese Positionen und Meriten hätten, um davon schweigen zu können.

Du kannst dir nicht die Gnade verdienen, zu Verdiensten verurteilt zu werden, denn es ist Gnade, sich Verdienste erwerben zu dürfen um einen gnädigen Gott.

Bemisst sich der moralische Wert einer Handlung oder Unterlassung an dem Opfer, das der Handelnde, oder an der Wohltat, die er dem Adressaten bringt? Sind Taten unmoralisch, weil sie dem Täter Lust oder dem Opfer Unlust bringen? Was dem einen Unlust verschafft, bringt dem anderen noch keine Lust u. u. Die Absichten der Kunst sind so moralisch wie die Erfolge der Moral artistisch. Hatte der Schenkende und Zeugende mehr Spaß als der Gezeugte und Beschenkte? Muß ich mich beschenken und zeugen lassen, um damit Freude zu machen? Überlebt die Schöpferkraft die Zeugungskraft, weil sie später einsetzt? (Gott hat mir keine Kinder, aber den Trost geschenkt, keine zu wollen.)

125

Meine Werke sind nicht so gut, daß sie ein Verbrechen, aber nicht so schlecht, daß sie überhaupt keine Rücksichtslosigkeit rechtfertigen.

Die Alten bewiesen aus sich die Existenz Gottes, aber wir beweisen aus uns nicht einmal die Existenz der Außenwelt oder auch nur einer Illusion. Descartes hatte wie Sokrates nur die subjektive Gewißheit von der Möglichkeit, kein objektives Wissen zu haben. Das Selbstbewußtsein ist auch nur subjektiv oder ein Bewußtsein von gar nichts. Ich zweifle, daß ich alles bezweifle und daß ich es bin, der alles bezweifelt. Descartes war sich unerschütterlich gewiß, daß er keiner Sache gewiß sein konnte, aber ich bezweifle, daß ich eine Gewißheit habe. Der Skeptiker kann alles bezweifeln, aber selbst nicht beweisen, daß nichts zu beweisen ist, und nicht erkennen, daß die Wahrheit unerkennbar ist. Er braucht schon die Logik, um ihre Logik zu bestimmen. Auch die Wahrheit der Erkenntnis muß erkannt werden und die Erkenntnis der Wahrheit nicht wahr sein. Skepsis heißt die Gewißheit, daß die guten Gründe jedes Dogmatikers sich gegen ihn selbst kehren. Der Skeptiker kann argumentativ niemanden zum Skeptizismus nötigen, aber auch von niemandem zum Dogmatismus genötigt werden. Er hat nicht nur seinen Grund zum Zweifel an allen Gründen, sondern auch Zweifel an seinen Gründen zum Zweifel. Den Konventionen folgt er nicht, weil er sie bezweifelt, sondern weil er bezweifelt, ihre Änderungsgründe nicht beweisen zu können. Er ist sicher, daß man seiner Sache sicher sein kann, aber er bezweifelt, daß man nicht an ihr zweifeln kann – und schon genug an ihr gezweifelt hat.

Ist Wahrheit ein Konsens des Subjekts mit einem Objekt gegen ein anderes Subjekt oder mit einem anderen Subjekt über dieses Objekt? Früher war die Wahrheit der Grund eines Konsenses, heute soll ein Konsens der Grund der Wahrheit sein, will man Habermas und Apel und ihrem Paradigma glauben.

Adorno spielte weder den Schöpfer noch die Erfahrung gegen die Erkenntnis aus, sondern die Unerschöpflichkeit der Schöpfung gegen ihre begriffliche Ausschöpfung, das noch nie Erfahrene gegen das durch Verfahren Erfahrbare. Philosophieren heißt wissen, daß und was man noch nicht weiß, wenn man alles

weiß. Das menschliche Dasein ist so darzustellen, daß seine Aporetik durch Lösung philosophischer Probleme weniger aufgehoben
als bestätigt wird.

Das Ich ist sowohl frei als auch unfrei, die Welt ist raum-
zeitlich weder endlich noch unendlich (teilbar und erweiterbar),
weil sie eher Idee als Erfahrungsobjekt ist. Ist das Ding-an-sich nur
das nicht erscheinende Ganze möglicher Erscheinungen?

Kants „Synthesis der transzendentalen Apperzeption", „das
'Ich denke', das alle meine Vorstellungen muß begleiten können",
nicht nur die verschiedenen Vorstellungen von ein und demselben
Gegenstand, ist auch ein Egoismus co-gito, der alle Fragmente
eines Aphoristikers begleiten muß. Die verschiedenen Maximen
desselben Autors hängen nicht enger zusammen als die Bewußt-
seinsinhalte und properties in einem Individuum oder die Mitglie-
der in einer Gesellschaft. Weder die Aphorismen eines Bandes
noch die Satzteile jedes Einzelaphorismus sind deduktiv verknüpft.
Sie folgen aufeinander und nicht auseinander. Nicht sie selbst, aber
ihre Unabhängigkeiten voneinander sind voneinander abhängig.
Nicht sie selbst, aber doch ihre Unmittelbarkeiten sind durcheinander vermittelt und durch das Ganze.

Maimon sah im „Streben nach Totalität" kein Monopol der
Vernunft, sondern ein „Streben nach Vollkommenheit" aller
menschlichen Vermögen, die unendliche Annäherung an Wahrheit,
Schönheit, Güte und Heiligkeit in der Einbildung.

Aphorismus: Lösung zweiter Ordnung / Reflexion / Apo-
rie-Paradoxie-Antinomie / Dialektik / „Daumenschraube" (Gracian) / sprachlogische Parodie der Sprachlogik / Essenz von Systemen / Magischer Idealismus / Analogieschluß / Sprachpointe als
Sachpointe / spekulativer Satz / Differenz vom System / Analyse /
esprit de finesse + géometrie / romantische Ironie / Monade / Differential / Entlarvungspsychologie / ars combinatoria inveniendi /
Umwertung aller Werte / Diamant / rationale Selbstkritik der ratio /
Metaphorismus ....

Die technisch-industrielle Entwicklung geht nicht zu schnell, sondern stets zu langsam, denn gerechtfertigt ist sie nicht durch sich selbst, sondern nur durch ihr Ziel, sich selbst so schnell wie möglich überflüssig zu machen.

Wem das Fell über die Ohren gezogen wird, der ist noch nicht aus der Haut gefahren, aber der Aggressive fährt gleich in die Haut anderer.

Wenn ich eine Stimme vom Himmel höre, die von sich behauptet, Gott zu gehören, dann kann ich das glauben oder bleiben lassen. Wer sagt mir, ob es die Stimme Gottes ist, fragte Sartre. Nie werde ich wissen, ob es nicht die Stimme des Teufels oder meiner Einbildung ist. Woher wußte Abraham, daß Gott es war und nicht seine eigene Schizophrenie, die ihm erst befahl, Isaak zu töten, und ihm dann befahl, seinem Sohn das Leben zu schenken? Die existentialistische Lesart Kierkegaards besagt, daß Abraham es nicht aus Fakten logisch erschließen, sondern nur auf eigene Faust beschließen konnte, Gottes Stimme gehört haben zu wollen und keine andere. Was ist, wenn eine Stimme vom Himmel spricht: „Du weißt, daß ich der Teufel bin." Angenommen, es ist die Stimme Gottes. Dann sagt sie aber, daß sie dem Teufel gehört. Also gehört sie dem Teufel, denn Gott lügt nicht. Wenn ich aber weiß, daß da der Teufel spricht, dann hat die Stimme die Wahrheit gesagt und kann nicht vom Teufel, sondern muß von Gott kommen. − Also ist der Teufel selber der liebe Gott? Nimm an, du hörst folgende Stimme: „Du wirst nie wissen, daß ich Gott bin." Wenn da der Teufel spricht, dann ist dieser Satz gelogen wie alles vom Teufel. Dann werde ich also doch eines Tages wissen können, daß ich es mit Gott zu tun habe, und wenn ich es wirklich weiß, dann habe ich es wirklich mit Ihm zu tun. Ich weiß also, daß es Gott ist, der da spricht, und wenn es Gott ist, dann hat er Recht und ich werde nie wissen, daß Er es ist. Also muß die Stimme vom Teufel stammen. Also spricht da sowohl der Teufel als auch Gott? Wenn er der Teufel ist, dann ist er Gott. Also ist er Gott. Wenn er Gott ist, dann ist er der Teufel. Also ist er der Teufel, q. e. d. - Ist das die Logik der Mystik im Herzen der Logik und nicht jenseits von ihr?

Dialektische Logik : Wenn die Nullklasse aller sich selbst widersprechenden und also nicht existierenden Dinge in jeder Klasse enthalten ist, dann umfaßt jede Klasse A sich selbst und zugleich ihr eigenes Gegenteil -A (allerdings als Unterklassen und nicht als Elemente).

Menschen sind Vernunftwesen, wenn ich beweisen kann, daß sie irrational sind. Daraus folgt, daß der Mensch vernünftig und irrational zugleich ist. – Wenn ich sicher weiß, daß ich fest determiniert bin, dann bin ich frei. Also bin ich frei und unfrei zugleich. Nach Freud will ich etwas, wenn ich mir bewußt bin, daß ich es nicht will, oder wenn ich mir nicht bewußt bin, daß ich es will. Daraus folgt, daß ich es zugleich will und auch nicht will.

Dies ist eine einzige falsche Aussage : Nichts existiert. (Wir haben es hier mit zwei falschen Aussagen zu tun : Gott existiert. Gott existiert nicht.)

Wenn Intellektuelle heute das „mechanische" Denken der Naturwissenschaft angreifen, von der sie überhaupt nichts verstehen, dann meinen sie die seelenlose Mechanik ihrer eigenen Verdrängungen, von der sie ebenso wenig verstehen.

Erst geht es mit Gewaltlosigkeit gegen die *Gewalt der Vernunft* und dann mit Unvernunft gegen die *Vernunft der Gewalt*.

Gewöhnliche Sterbliche machen mindestens einen Fehler mehr als Philosophen : Sie glauben, daß sie weniger Fehler machen als die Philosophen. Philosophie : Lieber immer nur an das Eine denken als gar nicht denken!

„Wir wollen nur, daß du endlich auf eigenen Füßen stehst." „Aber wenn ich selbständig werde, dann habe ich ja wieder nur gemacht, was ihr von mir erwartet." „Also bist du nur so frei, dich nicht von uns zu befreien?"
Religion ist permanente Kritik aller sinnlich bedingten Dinge durch Einen bedingungslosen Sinn, Aufklärung wurde Kapitulation des Bedingungslosen.

Will man der Religion glauben, ist nichts sinnloser als die Sinnlosigkeit von allem, oder alles sinnlos zu finden, für Atheisten noch viel zu sinnvoll.

Paulus an die Römer 9, 31. Hat Gott die Hebräer gestraft, weil sie nicht nach Seinem Gesetz lebten oder weil sie werktreu danach leben wollten, und gab Gott Gesetze nur, um Sünder zu machen, die dann auf Seine Gnade angewiesen sind? Darf Seiner Gnade sicher sein, wer Gottes Gesetz nicht erfüllen kann? Um die Gnade, es erfüllen zu können, kann er nicht arbeiten, sondern nur beten, oder kann er sich um die Gnade bemühen, sich für die Gesetztreue bemühen zu dürfen?

Von Kant zum Protestanten Hegel oder zum Katholiken Schlegel : Bei Schlegel rebellieren Sinnlichkeitsfragmente nicht sporadisch gegen Kants Verstandeseinheit, sondern Verstandesfragmente systematisch gegen Hegels Vernunftsystem. (Schlegel und Schopenhauer warfen Kants Sittengesetz vor, was Kant dem alttestamentarischen Gesetz vorwarf : es sei kein rechtes Gewissen, sondern Staatsrecht.)

Seit die ersten drei Lebensmonate des Menschen 'rechtsfreie Räume' sind, überleben nur noch Kinder von Anhängern des 'Abtreibungsparagraphen'.

Im Universum ist die Erde etwas ganz Besonderes. Auf der Erde ist der Mensch etwas ganz Besonderes (d.h. für jeden Einzelnen ist die Erde das allgemeine Fundament). Unter den Menschen ist jeder etwas ganz Besonderes, aber innerhalb des Menschen ist nicht wieder jedes Molekül etwas ganz Besonderes.

Christus 2000. Spielt der moderne Mensch Gott, wird Gott zum alten Adam.

„Fleisch" nennt die Bibel nicht die Sinnlichkeit, sondern was am Menschen psychoanalysierbaren Widerstand leistet gegen die verdrängte Wahrheit.

ER ahndet die Sünden der Väter an den Kindern bis ins 1000. Glied: Das ist nicht 'Sippenhaft', sondern das Naturgesetz von der Generationen-Fortpflanzung der Verstöße gegen Entwicklungsgesetze der menschlichen Natur.

Die Lektüre seines Buches soll Leser zum widerwilligen und möglichst lauten Eingeständnis bringen, daß er ihnen gerade auf ihrem ureigensten Felde heillos überlegen sei, aber sie werden den Autor dann durch Ignorieren beschimpfen.

Hätte S. Maimon Religion, Frau und Kind nicht verlassen, wäre er dem ewigen Jüngling Kant vielleicht überlegen gewesen.

Keine Allgemeingültigkeit von Gesetzen ohne Kants Paradoxien des *Unendlichen* : Dieses Weltall ist nie komplett gegeben, sondern eine unabschließbare Aufgabe der Forscher.

Ein Individuum ist ein zu komplexer Bestandteil einer zu einfachen Welt. Erstaunlich ist nicht, in wie viele, sondern in wie wenige Monaden das Universum von Leibniz zerfällt.

Wissenschaftliche Objektivität ist die einzige Möglichkeit der Egoisten zur Selbstlosigkeit. Fundamentalistisch wird eine Religion erst, wenn sie kein Fundament mehr hat und ist.

Wer sich zu Untätigkeiten und Tatenlosigkeiten hinreißen läßt, ist deshalb noch kein Philosoph. (Aber das hat ja auch niemand behauptet, nicht wahr?) Viele meiner Aphorismen widerlegen etwas, was niemand behauptet hat, und unterstellen damit, manche würden es denken und nur nicht zu sagen wagen.

Für einen Stein ist es ein Leichtes, ein Stein zu bleiben gegen die Gefahr, eine Pflanze zu werden oder etwas anderes, aber für ein menschliches Individuum ist nichts schwerer, als dieses Ich zu bleiben und sich nicht zu verwechseln mit dem, was ihm in jeder Sekunde durch den Kopf geht.

Wann werden Frauen endlich merken, daß nicht der Feminismus, sondern nur das biblische Patriarchat dumme Jungen zu Männern macht, mit denen Frauen etwas anfangen könnten, die weder kleine Mädchen noch Amazonen sind? Das Patriarchat unterdrückt keine Frauen, sondern nur die zu ihren Müttern rückgewandte Sehnsucht dummer Jungen, die Frauen unterdrücken aus Angst, von Müttern erdrückt zu werden.

Der Grund dafür, daß der in Deutschland heute übliche Stil, Aufsätze und Abhandlungen abzufassen, einen Tiefstand erreicht ist, ist der gleiche, aus dem die antiken Klassiker nicht mehr gelesen werden (müssen). Der schwammige Brei konturloser Sätze und mit ihm die Langeweile wälzt sich über Endlospapierrollen, seit niemand mehr den prägnanten Lapidarstil der Alten beherrscht. Noch Nietzsches Dithyramben hatten die Würzkürze Senecas.

Niemand kann sich selbst hassen, ohne auch den zu hassen, der sich selbst haßt, und *Pascal* konnte sich nicht lieben, ohne in seinem Nächsten den zu lieben, der sich selbst haßt, und den zu hassen, der sich selbst liebt. – Wenn Plato die Erkenntnis wie Freud als 'Anamnesis' bestimmte, dann muß die platonische Liebe zur Idee 'verdrängt' gewesen sein. Auch Hegel wollte weg von der Magna Mater, aber ohne Dialog mit homophilen Zahlenmystikern.

Ist Erlösung ihr eigenes Haupthindernis? Adornos Hegelkritik liest sich von Hegel aus paradox so, daß der Menschensohn an der erlösenden Rückkehr zum himmlischen Vater gehindert wird, bis alle Menschen erlöst sein werden.

Nichts heute ist konventioneller, als Konventionen aufzuheben, und es gibt weniger Konventionen als Leute, die sie durchbrechen. Als erstes müßte also die Konvention durchbrochen werden, alle Konventionen zu durchbrechen, ohne deshalb zu ihnen zurückzukehren. Natürlich ist nur die konventionelle Art der Konventionsbrüche zu durchbrechen, d.h. die Konvention auf unkonventionelle Weise einzuhalten.

Christliche Dreifaltigkeit : Vater - Sohn - Heiliger Geist.
Kant : Legislative - Exekutive - Judikative.
Hegel : Begriff - Realität - Ideelle Versöhnung.

Fünf handwerklich technische Innovationstips für Denker:
Erschließe der Philosophie neue Bereiche
(z.B. 'Stimmungen' durch Heidegger).
Mache Peripheres zum Zentrum
und marginalisiere bisher Zentrales.
Bilde fremde Codes auf philosophische ab
(z.B. den psychoanalytischen).
Denke nie immanent im alten Paradigma,
sondern meta-meta-physisch.
Wende eine Philosophie auf sich selbst und auf ihren Philosophen an.

Eher ist das Ganze ein Teil jedes Individuums als umgekehrt. Jedes Teilchen besteht aus allen anderen Teilchen des Universums und ist nur eine Anweisung, all jene Teilchen zu erzeugen, von denen es erzeugt wird. Die Kausalität herrscht nur zwischen Nachbarn, Statistik zwischen Teil und Ganzem. Mystiker kennen nur die Wurzel, Physiker nur die Zweige vom Baum der Erkenntnis, sagt Fr. Capra. Wurzel und Zweige sind für uns nicht auseinander ableitbar, aber Physiker suchen die „Einheitliche Feldtheorie", Mystiker aber nicht die Vielfalt der Welt und den demokratischen Pluralismus. War der Marxismus praktischer Taoismus und Hegel ein deutscher Zen-Buddhist?

Auch ein Paradox: Jemand will seine Väter schlagen durch ein großes Buch über die Gründe, aus denen er sie nie schlagen konnte, aber so wenig man schon Geld hat, nur weil man keinen Geist hat, so wenig genügt es, den Geldadel zu verachten, um schon den Geistesadel gepachtet zu haben.

Iß, wenn du müde bist, schlaf, wenn du hungrig bist, und schreib, wenn du lesen willst. Wenn ich Zen-Koans löse, habe ich bewiesen, daß sie nicht paradox und gut genug sind.

Bei Weizsäcker verhält sich Physik zu Metaphysik wie Heisenberg zu Heidegger. Moderne Philosophen fragen: Warum noch *wozu?* und wozu noch *warum?* fragen?

Verändern kann ich ein System nur, indem ich wegsterbe. Ein System ist der beste Fragmentfabrikant und die Fragmentsammlung allemal das bessere System. Lieber Fortschritt durch Mitläufer als Rückwärtsgang durch Sitzenbleiber.

Die verstiegenste natürliche Lösung eines Rätsels ist besser als die einfachste übernatürliche, denn sie ist selbst das Wunder, das der übersinnlichen Erklärung selbstverständlich wird.

Wem die zehn Gebote Gottes zu wenig sind und zu viel werden, der braucht 1000 Seiten neuen katholischen Katechismus, evangelisches Gewissen oder novellierbaren BGB-Umfang.

Nach der „Blendung" konnte Elias Canetti keinen Roman mehr schreiben, weil der Intellektuelle die Intellektuellen am Leben (einer Haushälterin) hatte scheitern lassen. Gegen alle Bücher und Büchernarren kann man, ohne zu verstummen, nur ein einziges Buch schreiben und in Flammen aufgehen lassen.

Nach Schopenhauer ist nur unerkennbar, daß es bei Kant „an sich" um die Allgemeinheit gehe, wo ich wähne, Mutter Natur sei allein „für mich" da. Ist hinter allen „Phänomenen" der Welt unerkennbar, daß Adam und Eva einander nur erkennen wollen, um unfreiwillig der Gattung zu dienen?

Die augenfällige Gleichheit von zwei Dingen in einem Punkt verführt zur probeweisen Vermutung einer verblüffenden Ähnlichkeit auch in anderen Punkten. Gefährlicher ist die aphoristische Technik, Sprachpointen zu Sachpointen zu machen. Homonymie in der Bezeichnung muß keine Identität in der Sache bedeuten, aber der Aphorismus suggeriert solche und muß den zufälligen sprachlichen Anlaß, den er für das Wesen der Sache ausbeutet, immer wieder sprachlich kaschieren. Ist er ein prosaischer Blick durch Fensterscheiben auf die Welt oder ein poetischer Blick auf undurchsichtige bunte Kirchenfenster? Er ist ein Konzentrat von Gedankengängen, die er verschweigt, aber durch die die Art, wie er sie zusammenfaßt, geht er über sie hinaus, schließt ab und auf.

Auf dem Filosofa hat man die ganze Welt in Begriffweite.

Das Nachdenken über Glück führt Philosophen zum Glück des Nachdenkens, aber mancher denkt selber nur, um nicht so viele Bücher lesen zu müssen. Henker der Denker, Denker der Henker?

Grundgesetz jedes Satzes :
Die Würde des Schriftstellers liegt nun an der Taste.

Ist Carl Schmitts „Ent-Scheidung" zwischen Freund und Feind als homosexueller Abschied von der weiblichen Scheide zu verstehen?

Läßt sich die Zeit seit Hegels Tod in Hegels Gedanken erfassen? Der geschichtliche Teil der „PhG" endet mit der Moral, dem toleranten Verständnis zwischen der schönen Seele des Novalis und dem bösen Tatmenschen Napoleon. Lukacs wies darauf hin, daß in der „PhG" die Schlußtrias von Kunst, Religion und Philosophie geschichtlich nicht mehr situiert sei. Nun endet die Kunst bei der romantischen Ironie, die Religion bei der Reformation und die Philosophie bei Hegels absoluter Idee. „Die theoretische Arbeit, überzeugte ich mich täglich mehr, bringt mehr zustande in der Welt als die praktische; ist erst das Reich der Vorstellungen revolutioniert, so hält die Wirklichkeit nicht aus." (Brief an Niethammer, 28.10.1808) Den Übergang zwischen Kunst und Religion mache das „komische Bewußtsein". Der Komödiant und der menschgewordene Gott lösen beide das Erhabene in den gewöhnlichen Sterblichen auf. Geht die komische Ironie in die christliche Religion über, wie Fr. Schlegel von der romantischen Ironie zum Katholizismus konvertierte? Hegels „Logik" endet damit, „daß die Idee sich selbst frei entläßt" in die „Äußerlichkeit des Raumes und der Zeit", obwohl doch die Natur längst in die absolute Idee „aufgehoben" ist. Dieser Widerspruch wird nicht mehr aufgehoben, daß die Entäußerung entäußert wird und das Aufgehobensein der Natur sich selbst wieder in die Natur entäußert. Was die absolute Idee frei aus sich entläßt, kann nicht mehr die längst aufgehobene vergangene Existenz sein, sondern muß künftige Realität sein. Am Schluß der geschichtsphilosophischen Vorlesungen schreibt Hegel über seine liberalistische Gegenwart: „Der Wille der Vielen stürzt das Ministerium, und die bisherige Opposition tritt nunmehr ein; aber diese, insofern sie jetzt Regierung ist, hat wieder die Vielen gegen sich ... Dieser Knoten ... ist es, an dem die Geschichte steht und den sie in künftigen Zeiten zu lösen hat." Vielleicht war ja der sozialistische Materialismus schon ebenso gut wie (nach Adorno) die existenzphilosophische Revolte Kierkegaards in Hegels System aufgehoben. Wenn Materialismus sich zu Kapitalismus wie Sozialismus zu Idealismus verhält, dann auch wie Matriarchat zum Alten Testament.

Platons Idee hat vom Subjektiven den Begriff und vom Objekt das Wesen der Sache. Das Objektive liegt nicht im Objekt, sondern im Begriff, und das Subjektive liegt nicht im Begriff, sondern im Wesen der Sache. Hegels Dialektik verhält sich zu Platos Dialogen wie Plato zu den Sophisten.

Die menschliche Selbstentfremdung sah Hegel schon in der Selbstentäußerung, Marx erst in deren Veräußerung. Was für Hegel Aufhebung der Selbstvergegenständlichung war, war für Marx Enteignung der Enteigner. Sein eigenes Wesen sah Hegel in der Hand seiner Werke und Marx in der Hand von dessen Dieben. In seinem Werk war Hegel außer sich und Marx bei sich — sagte Marx.

Die Neuzeit ist der Mensch ohne Gott, das Mittelalter war Gott ohne Mensch. Wollte Cusanus das Mittelalter in der Terminologie der Renaissance retten oder die Renaissance nur in scholastischer Terminologie zulassen? Den Gottesbegriff sprengte er gerade dadurch, daß er Gott infinitesimal machte. Was hatte die Natur der Renaissance nach dem Mittelalter zu tun mit der Natur der Antike vor dem MA? Ein mathematisches Naturgesetz entfernt sich weiter von der Natur als das biblische Gesetz Gottes. Von Rousseau bis zur Romantik war der Naturkult ein äußerst dekadentes Raffinement. Die Romantik hatte den Roman-Tic : Philosophie als 'vrai roman' und der Roman als wahre Philosophie. Als Fichte des 20. Jahrhunderts war Sartre Romantiker und umgekehrt. Herrscht Parusieverzögerung der Weltformel und der Einheitlichen Feldtheorie?

Prophet oder Futurologe? Der tägliche Blick des Linken in den Wirtschaftsteil seiner Tageszeitung. Hoffentlich geht es dem Kapital(ismus) weiterhin gut, denn nur die Hochkonjunktur hat Überlebensnischen für Aussteiger. Die post-industrielle Informations-, Kommunikations- und Dienstleistungsgesellschaft der Zukunft wird nicht mehr ölverschmierte Arbeitssklaven produzieren, sondern wieder nur noch autistisch desinformierte Fürstendiener.

Wir leben nicht ewig, damit wir nicht auch noch das Gegenteil dessen erleben, was wir erleben.

Von der Welt weiß der Grieche nur vom Hörensagen, die Wahrheit sieht er selbst. Ein Individuum, welches die biblischen Schriften attackiert, will nichts davon wissen, daß es die Grundlage seiner eigenen Individualität untergräbt.

Sein und Zeitvertreib : Geistiges Leben ist nur Müßiggang gegen den Müßiggang. Der Gegenstand der Erkenntnis ist auch schon die Grenze der Erkenntnis. Kant: Aufklärung heißt, das Objekt zum All und das All nicht zum Objekt zu machen. Du kennst nur, was du selbst gemacht hast: Wenn die Zahl der Menschen auf der Erde steigt, braucht es mathematische Naturwissenschaft, um sie zu ernähren oder zu dezimieren. Der Wissenschaftler ist frei von der Lebenspraxis, die er erleichtern will. Dinge auf einen Begriff bringen heißt, darüber einen Witz zu machen u. u. Ist die Philosophie das Laster, von dem sie befreien will, oder die Theorie, wie Theorien gegen unvorhersehbare Fakten zu immunisieren sind? Die Absurdifizierer der Welt verharmlosen sie unzulässig.

Habermas versteht Demokratie als Lizenz, Übereinstimmung mit Tatsachen durch Überstimmung der Untäter zu ersetzen.

Demokratie? Wer keine 'Persönlichkeit' hat, entfaltet die der anderen. Wer sich wirklich „selbstverwirklicht", hat schon die Theorie der Selbstverwirklichung gesprengt. Eine Theorie wird durch dieselben Tatsachen gestützt und gesprengt. Wer sie heute bestätigt, widerlegt sie morgen u.u. Man muß sich den empirischen Beleg schon genauer ansehen als die Theorie.

Liberalismus dialektisch. Weil die Feinde wahrer Freiheit sie für entweder erreicht oder unerreichbar ausgeben, erklären ihre wahren Freunde sie für ebenso erreichbar wie unerreicht.

Der Höhepunkt des Lebens liegt auf der halben Strecke zwischen dem Schoß der Mutter und dem Schoß der Erde. In der Zukunft erwartet uns alle der Tod nicht anders als bei einer Rückkehr in den Mutterleib, und wir werden ewig in den Tod hineingeboren, sterben deshalb aber noch nicht ins ewige Leben hinein.

Aphorismen sind Urteile, die Unvereinbares witzig vereinigen, aber sich selber nicht vernünftig vereinigen lassen. Sind sie mit Kant gesprochen sinnliche Differenzen ohne kategorische Verstandeseinheit oder diskrete Verstandesurteile ohne systematische Vernunfteinheit oder widersprüchliche Ideen, denen keine Realerfahrung entspricht – oder das alles zusammen?

Vom alten Plato reden Philosophen nicht mehr, weil sie keine neuen Ideen haben. Als Joseph Joubert, „Platone Platonior", auf Ideen kam, schrieb er heraklitische Fragmente mit parmeideischem Seinsanspruch. Ist der Chorismos zwischen seinen 'saillies' so tief wie der zwischen Ideen und Dingen bei Plato?

Die Philosophen, obwohl beides doch eins sein will, sprechen häufiger von der „Synthesis des Mannigfaltigen" als umgekehrt von Spezifizierungen der Einheit.

Sind Kants dialektische Antinomien letztlich nur „unendliche Urteile"? Kant und Einstein : Das Universum ist weder endlich noch unendlich, und der Mensch ist sowohl frei als auch unfrei, wenn Ich, Gott und die Welt Dinge an sich und keine bloßen

Ideen sind, die die Forschung beflügeln. Transzendentale Ästhetik und Dialektik sind eins: Die Welt ist ein Ganzes unendlich vieler Objekte, deren jedes ein Ganzes unendlich vieler Aspekte ist. Das „Große Ganze" brachte Kant noch auf gute Ideen, Heidegger nur in böse Stimmung und Adorno in Rage. Wird durch Ideen auf ein Ganzes geschlossen, das durch unbestimmte Stimmungen dann ganz erschlossen wird?

Pessimismus heißt, den Unterschied zwischen Vertrag und Vertragslosigkeit verschwinden zu lassen vor dem zwischen Vertragsabschluß und Vertragserfüllung.

Wenn du nur die Wahl hast zwischen boshafter Wut gegen mich und depressiver Wut gegen dich selbst, hilft dann die Wut auf den Urheber dieser Wahl?

Schalte ich schon alles gleich, wenn ich Unterschiede dort nicht respektiere, wo gar keine sind? Die dekonstruktive Philosophie der „Differénce" setzt die Existenz unzähliger verkannter Originalgenies voraus und wird zur Ideologie, wo Monotonie nicht geschaffen, sondern verschleiert werden soll. Jede Originaldifferenz nivelliert alle übrigen Differenzen tendenziell zur grauen Masse : Werden Menschen dadurch gleich, daß einer sich anders fühlt als sie alle? Ist „Masse" nur Vielfalt auf sterbenslangweilig gleichem Qualitätsniveau?

Philosophischer Protestantismus : Wenn Gott und Mensch in Christo eins werden, verhält sich der Mensch wie der Schöpfer zur Schöpfung, und da der Mensch sich mit der Natur vereint, weil Gott sich im Menschen mit seiner Schöpfung vereint, steckt der Schöpfer so im Geschöpf wie das Geschöpf im Schöpfer.

Andere naiv zu nennen, ist ebenso naiv, wie die eigene Naivität zu leugnen. Es gibt Urteile, die ich bestätige, indem ich sie bestreite, und dadurch wahrmache, daß ich sie widerlege. A ist B: *Alle* Teile von A fallen unter B.

Wer an Aufklärung glaubt, ist noch nicht aufgeklärt.

Bleibt Kants 'Ding an sich' unbewußt, weil es verdrängter Gattungswille ist? Der Widerstand eines Gegenstandes gegen den Verstand ist psychisch und läßt sich durch 'Übertragung' aufheben. Anthropologisches Paradox : Die menschliche Natur beherrscht sich selbst, um nicht von sich selbst beherrscht zu werden.

Zu beurteilen ist das Stück Verleumdung in jedem Urteil „A ist B" : Verurteilt das 8. Gottesgebot auch das Unrecht in jedem richtigen Urteil? Der Mensch fällt (Urteile über) seine Nächsten.

Signifikanten beweisen ihre Referenzsysteme und erweisen ihnen Reverenz. Der ordo rerum war erst ein ordo idearum, dann nur noch ein ordo linguarum: Der linguistic turn geht von guten Ideen zur bösen Sprachregelung.

Mein Schweigen bringt nicht Dinge, aber ihr Schweigen mich zum Reden.

Am Ende verteidigte Jean Améry den Landarzt Charles gegen Madame-Bovary-in-Flaubert, seinen Guru Sartre leider aber nicht gegen Madame de Beauvoir.

Gerade von der Wissenschaft, die doch stärker als die Religion jede sichere Erkenntnis in Frage stellt, wird heute jede Lebensversicherung erwartet.

Der Teufel geht aufs Ganze, Gott steckt im Detail? Adorno sah in Begriffen geistige Konzentrationslager und Individuen durch den kleinen Unterschied vereint.

Einbildungskraft liegt zwischen Verstand und Sinnlichkeit, Urteilskraft liegt zwischen Verstand und Vernunft. Fichte verstand nichts von Mathematik und trieb Philosophie doch als „intellektuelle Anschauung" konstruierter Begriffe.

Ein Begriff vom Unbegreiflichen ist noch keine Anschauung des Unanschaulichen. Was ist das Sein des Bildes vom Unterschied von Sein und Bild, fragte Fichte. Nach seinem Vorbild

Maimon schränkt Philosophie die Handlung ein, damit Recht entsteht, und Mathematik schränkt den Raum ein, damit Geometrie entsteht.

(A = M) & (M = Z) -> (A = Z) Aphorismen als Schlüsse: Je weiter A und Z voneinander entfernt liegen, um so witziger werden sie durch den terminus medius M logisch zusammengeschlossen.

Wenn nach Marx das proletarische Bewußtsein zur 'materiellen Gewalt' werden kann, dann ist deshalb die materielle Macht noch nicht zu Bewußtsein gekommen. Das Bewußtsein löst sich von seiner Seinsbestimmtheit, um sie erkennen zu können, und durchschaut sie, um sich davon befreien zu können.

Auch Idealisten haben richtige Begriffe von Moral : Jede nackte Existenz soll, statt sich zu widersprechen, wesentlich nur ihrem eigenen Begriff entsprechen, und der Wesensbegriff ist identisch mit einem Naturgesetz. Noch ein Beispiel für Kants Imperativ: Wer nicht befreit werden will, soll nicht andere befreien wollen, denn er würde sie nur noch mehr fesseln.

Wenn zu wählen ist zwischen den Idealen eines Buches und ihrer Realisierung in der Welt, weil die Publikation des Buches durch die Realisierung seiner Forderungen verhindert würde, dann entscheidet der wahre Autor sich für sein Buch.

Friedrich Schlegel glaubte, seine frühen Fragmente seinem Katholizismus 'opfern' zu müssen; ich selbst schreibe nachsokratische Fragmente gerade als Monotheist. Fichtes Ich setzt sich als beschränkt durch sein Nicht-Ich; der Gott der Kabbalisten schränkt sich selbst ein, um die Welt entstehen zu lassen.

Die Welt auf dem Rücken von Achills Schildkröte : Zwischen je zwei auch noch so dicht benachbarten Punkten einer Wegstrecke liegen immer noch potentiell unendlich viele Wegpunkte, die durchlaufen werden müssen. Vor mir werden es nicht weniger, je mehr auch hinter mir liegen. Haben Bolzanos Paradoxien des Unendlichen Auswirkungen auf Kants Antinomienlehre? Was mich vom Ganzen der Welt und was die Bedingungen aller Dinge vom unbedingten Gott trennt, sind potentielle Unendlichkeiten unterschiedlicher Mächtigkeit, wenn es gilt, sie 'eineindeutig aufeinander abzubilden'. Vor allem haben Cantors Mengen Auswirkungen auf die frühromantische Adaption des subjektiven Idealismus: Der Abstand zwischen Ursache und Wirkung z.B. ist unendlich teilbar, ohne die Kausalität dadurch aufzuheben. Zwischen Anfang und Ende jedes Systems liegen potentiell unendlich viele Fragmente, aber Fragment-Sammlungen unterschiedlicher 'Mächtigkeit'. Aphorismen-Bände sind potentiell so unendlich groß, daß sie sich auf jede echte Teilmenge ihrer selbst eindeutig abbilden lassen, also auf jeden ihrer Aphorismen.

Selbstlose haben gar nichts zu opfern, sagen Egoisten, aber sie schimpfen es 'Selbstbespiegelung', wie ich sie in mir selbst spiegele, und was können das schon für Leute sein, die Versager wie mich angreifen! Hegel, frei nach Kraus, „rächt seine eigene Duplizität an der Einheit, indem er sie ihr vorwirft."

Tödlich lächerlich ist nur der Glaube, daß Lächerlichmachen tötet. Gegenstand der Satire ist die Reaktion auf sie, sagen auch schlechte Satiriker.

Ich bessere mich dadurch, daß ich mich selbst erkenne, aber leider erkenne ich dadurch noch nicht, daß ich ein besserer Mensch geworden bin, und will mich umgekehrt erst erkennen, wenn ich ein besserer Mensch bin.

„Immer ist die Initiation ein Verfahren, um den Novizen zur tiefsten Ebene der ursprünglichen Mutter-Kind-Identität zurückzuleiten, mithin ihn symbolisch sterben zu lassen, damit er auf einer höheren Lebensstufe wiedergeboren werden kann ..." (E. Drewermann: Tiefenpsychologie und Exegese I, Ölten 1991, S. 309). Das alte Rein-Raus-Spiel : Wollen sie zurück in den alten Jungbrunnen des Mutterleibes, um ihre neurotischen Mißgeburten zu korrigieren und als bessere Menschen wiedergeboren zu werden, oder ist die Wiedergeburt umgekehrt nur ein heimlicher Vor-

142

wand, um heim ins Reich der Mütter zu dürfen und nicht zeugen und sterben zu müssen? C.G. Jungs „wahres Selbst" ist selber das „falsche Selbst", das es korrigieren will, also das Über-Ich zum Ich-Ideal erhoben. Die „Welt" ist der unfreiwillige Umweg vom Mutterleib zurück in denselben, das Insgesamt der Mittel, Wege und Hürden bei der Rückkehr in den Ursprung? Tod und Auferstehung, Regression zum Es im Dienste eines stärkeren Ich: reculer pour mieux sauter? Um zwei Fortschritte machen zu können, muß ich, um Anlauf zu nehmen oder den ungeordneten Rückzug meiner seelischen Truppen durch innere Auffanglager zu bremsen, oft einen Schritt zurück machen, - aber nun nicht gleich in der Urnacht des Mutterleibes verscheiden wollen.

An ihren Früchten sollt ihr sie erkennen, aber was mein Huhn gefressen hat, zeigt sich nicht an seiner Scheiße, sondern an seinen Eiern in meiner Pfanne.

Descartes heute? „Nicht sein, sondern denken, denken, denken." (St. Lee) Denken tut not, weil weh und umgekehrt. Mach denen keine Konzessionen, die dir welche machen, und bleib dir auch in deinem Wankelmut treu, indem du niemanden hinderst, auch seiner eigenen Untreue einmal untreu zu werden.
Wenn Wissen, Witz und Weisheit dieselbe Wurzel haben, dann sind Philosophen Witzfreunde: Jeder Begriff ist ein Witz, der wesensfremde Dinge gleichschaltet. Bösewichter sind den Guten nicht gut, gute Menschen den bösen aber böse. Ich bleibe nur durch ständige Aktion beständig und durch Treue in Bewegung.

Man pflanzt so viele Bäume an, wie man Kinder abtreibt.

Sophistik war die antike Demokratie der bloßen Subjektivitäten, Philosophie war die objektive Wahrheit der griechischen Aristokraten.

In unseren Augen war Plato so subjektiv, wie er die Sophisten schimpfte, war Hegel selbst so subjektiv, wie er die Romantiker schimpfte, war Adorno selbst so subjektiv, wie er Hegel schimpfte, und in Heideggers Augen ist die Physik so subjektiv, wie sie die Philosophie schimpft. Objektiv ist nur die Objektivität, die jeder am anderen vermißt?

Ver-lust. Für den Buddhisten vergeht der Mensch vor Lust auf Vergängliches.

Wie jede Theorie ist auch Philosophie so viel wert wie die Prognosen, die sie trifft. Kann sie voraussagen, daß wir eines Tages keine mehr treffen oder uns eines Tages anders verhalten werden, als sie voraussagt? Kann eine Theorie ihre eigenen Grenzen vorhersagen, also prophezeien, wann sie nicht gelten wird? Kann ich voraussagen, daß und was ich nicht voraussagen werde? Suche ein Weltbild, das auch erklärt, warum du nach ihm suchst und ich nicht.

„Sich abschließen heißt, sich einmauern, und sich einmauern ist Tod", irrt Melusine in Theodor Fontanes „Stechlin" ganz kollektivistisch konformistisch. „Nur wer sich isoliert, kann überleben", sagt dagegen Chaosforscher Binnig.

Nichts ist abstrakter, als immer nur konkrete Beispiele zu fordern, denn wer wird schon so konkret, daß er abstrakt denken kann? Was verständlich ist, das ist banal; was nicht trivial ist, ist selbstverständlich unverständlich. Aber nicht alles Schwerverständliche ist deshalb schon anspruchsvoll genug und nicht jede Banalität deshalb schon allgemein- und selbstverständlich.

Die Zukunftsperspektive, die in Hegels geschlossenem Zwangssystem immer wieder vermißt wurde, ist dessen von den Frühromantikern ausgebeutete potentiell unendliche Fragmentierbarkeit. Was für Parmenides eine Kugel, ist für Hegel ein Kreis von Kreisen, a cluster of clusters of fractals. Was unendlich fragmentabel wird, ist das endliche und geschlossene System aller Subsysteme. Es ähnelt dem endlichen, aber unbegrenzten Raumzeit-Universum Einsteins.

Frei ist nicht einmal der Kampf gegen die Unfreiheit.

144

Ach, wie gern würde ich nach dem Tode nicht weiterleben wollen! Du möchtest weiterleben, aber es nicht können. Eines Tages wirst du nicht mehr der sein, der weiß, daß er eines Tages nicht mehr sein wird. Den Tod fürchten heißt beunruhigt sein über die psychische Unfähigkeit weil logische Unmöglichkeit, sich ihn wirklich vorzustellen, und auch die Unsterblichkeit selbst stirbt.

Sich um einen anderen kümmern heißt nicht, sich um den zu kümmern, der du warst oder sein wirst. Altruisten sind Leute, die nicht zwischen sich und anderen unterscheiden können — sagen Egoisten.

„Geist" hängt zusammen mit Hauch, Rauch und Geruch: es riecht brenzlig, und wo Rauch ist, da ist auch wirkliches Feuer.

Ein Bücherverbotskatalog muß sich selbst aufführen, um für die (nur in einer zu verbietenden Zeit) verbotenen Bücher nicht zu werben.

Von der „Postmoderne" kann die Dritte Welt nur eins lernen : den Segen des demokratischen Pluralismus. Aber die postmoderne Beliebigkeit ist Freiheit ohne Wahrheit, während die prämodernen Revolutionsreligionen der armen „Entwicklungsländer" umgekehrt bisher nur Wahrheit ohne Freiheit kennen.

Barbaren sind Menschen, die fremdes Leben opfern, um ihr eigenes Leben zu verbessern. Die Bibel verbietet den Abort, weil sie Menschenopfer verbietet.

Meister sind Menschen, die sagen, daß sie es von größeren Menschen haben, die sagen, daß sie es von noch größeren haben ...

„Für unsere Zwecke können wir diese Größen hier vernachlässigen". Gott ist die Perspektive, in der selbst die ganze Welt nicht zu ignorieren ist.

Mystiker denken viel abstrakter als die Theoretiker, auf die sie schimpfen. Sie denken immer nur an das (Allgem)Eine.

All things have many strings : Jedes Ding hat viele Saiten, auf denen man spielen kann. Elementarteilchen als Noten für unhörbare Klänge? Wie der Musik mathematische Proportionen zugrundeliegen, so ist die kernphysikalische „Superstring"-Theorie die Musik des Subatomaren?

Gott ist real existierende Projektionswand, keine Filmprojektion. Sind wir gut genug, Gottes Güte anzweifeln zu können?

Jeder benutzt den Verstand, den alle anderen verloren haben (sollen), und wer ihn verliert, vermißt ihn so wenig, daß jedes Fundbüro darauf sitzen bleibt.

Le style, c'est l'homme meme : Gibt es so wenige gute Menschen auf der Welt oder so wenig guten Stil?

Wenn sie schon nicht zu mir kommen, sondern wenigstens zu sich kämen! Welcher menschliche Geist ehrt Vater und Mutter, weil sie Esprit haben?

Linke sind Leute, die für die Tradition ihrer Zukunft und die Utopie ihrer glücklichen Kindheit arbeiten.

Die Wirkung ist ebenso eine Ursache ihrer Ursache wie eine Wirkung ihrer selbst. Die Ursache ist ebenso eine Wirkung ihrer Wirkung wie eine Ursache ihrer selbst. Aus welchem Grund muß ich alles begründen?

Adorno wollte keine begriffliche Einheit von Individuen, sondern eine individuelle Konstellation von Universalien, also kein System von Systemen, sondern eine Konfiguration von Prolegomena. Adornos Begriffskon-stella-tion ist beim Romantiker Joubert ein „Sternbild" von Reflexionen.

Man löst keine Probleme, um ein System zu finden, sondern entwickelt Systeme, um Probleme formulieren zu können. Ein Problem zum Scheinproblem erklären heißt, Fragen mit Fragen zu beantworten. Ein Problem ist schon durch die Art seiner Formulie-

146

rung gelöst. Stell deine Frage, und ich sage dir, wie du sie beantwortet haben möchtest. Des Rätsels Lösung besteht darin, daß die Lösung das Rätsel ist.

Die Wissenschaft hat sich von der Philosophie befreit, um praktisch zu werden. Heute ist diese Praxis selbst das Problem, das sie lösen wollte, cognitio principorum – cognitio ex principiis: Philosophen tun etwas für uns, indem sie nichts für uns tun. Wissenschaftler schaden uns, indem sie uns nutzen.

Kein Gespräch ohne „Satz des Widerspruchs". Wer diesen Satz aufheben will, will oft nur das Gespräch verweigern. Gespräche benutzen und entwickeln Sprachen zugleich. Macht das Gespräch die Sprachen oder die Sprache unsere Gespräche möglich? Wäre die Umgangssprache selbst ein Fachjargon, könnte sie keine Fachjargons entwickeln. Moderne Kommunikation ist auch nur ein Selbstgespräch zu zweit. Die Sprache wird langsam selbst das Ding an sich, das sie nie zu Wort kommen läßt. Heute wird unsere Übereinstimmung mit der Wirklichkeit ersetzt durch Abstimmung über sie. In Wirklichkeit liegt das Problem darin, daß das bessere Argument sich gegen Mehrheitsbeschlüsse gewaltlos nicht durchsetzt. Was macht ein Argument zwingend, das den anderen nicht überreden, sondern überzeugen müßte, wenn er guten Willens wäre.

Adorno sah in Kants „transzendentalem Ich" die Gesellschaft, Habermas die ideale Forschungsgemeinschaft, aber ist die dialektische Synthese wirklich nur ein Kommunikationskonsens? Hegels Dialektik ist kein Dialog kontroverser Individualisten und keine assertorische Behauptung, die durch Selbst-Bestreitung problematisiert und durch Widerlegung der Bestreitung bewiesen und apodiktisch gemacht wird. Der Philosoph versetzt sich in seinen Kontrahenten, der sich in ihn hineinversetzt. Ist jeder Allgemeinbegriff ein freier Konsens der Individuen? Individuen vergleichen sich selbst miteinander oder werden von ihren Herren miteinander verglichen. Sie verständigen sich oder werden Objekt des Verstandes. Der eine macht bewußt, was der andere Gesprächspartner verdrängt u. u. Habermas denkt darüber nach, wie

147

Dissidenten einen Konsens finden, sein Lehrer dachte darüber nach, wie ein Konsens endlich seine Dissidenten findet. Fallen Apel und Habermas nicht noch hinter Hegel zurück, wenn sie Dialektik in Dialoge auflösen? Diskursphilosophie hat kein Kriterium, Demokratie von Volksgemeinschaft zu unterscheiden und die Volksherrschaft von der Herrschaft der Populisten. Ist die dialektische Synthese ein Witz zwischen These und Antithese?

Wie weit geht die Verdrängung: Muß ich verdrängen, daß ich verdränge, daß ich verdränge ...? Sokrates kann wissen, daß er nichts weiß, aber mir darf nicht bewußt werden, daß mir etwas unbewußt ist, ohne daß es mir dadurch bewußt wird. Wie lernt man es, etwas nicht zu lernen, und wie verlernt man, etwas zu lernen? Sehe ich Dinge im Licht oder im Spiegel (speculum) von Ideen? Werden Regeln kritischer Überprüfung überprüft, entsteht ein logischer Zirkel, ein unendlicher Regreß oder willkürlicher Hinterfragungsabbruch.

Aphoristiker *Lichtenberg* berief sich 1765 auf die Infinitesimalrechnung von Leibniz, der seine Monadologie der ars combinatoria von Giordano *Bruno* bezog, welcher schon das unendliche Ganze in jedem seiner Teile ganz enthalten sah, bevor er 1600 verbrannt wurde. Bruno berief sich auf Nikolaus *Cusanus,* der 1450 den Zerfall des geschlossenen katholischen Universalismus durch eine paradoxe coincidentia oppositorum zu verhüten suchte, die er von Eckart, Dionysius Areopagita und Duns Scotus Eriugena bezog, also von der neuplatonischen Mystik der pythagoreischen Mathematik. „Aber den Punkt der Vereinigung zu finden, ist nicht das Größte, sondern aus demselben auch sein Entgegengesetztes zu entwickeln, dies ist das eigentliche und tiefste Geheimnis der Kunst", die Proto-Spinozist Bruno als Lullische Kunst und ars combinatoria verstand, lange vor Leibniz und seinem Fragmentisten Lichtenberg.

Weisheit der Hinweise statt der Beweise : Kunst der Anstatt Ausdeutung. Sobald dieser Stock nicht mehr dieser Stock ist und ich nicht mehr ich bin, sind wir beide eins? Wenn der Stock die Einheit von Stock und Nicht-Stock ist und Ich die Einheit von

Ich und Nicht-Ich bin, dann ... Je mehr Worte du um eine Sache machst, desto mehr fallen sie von der Sache ab und auf dich zurück, sicher, aber der Versuch, alle bloßen Worte zwischen dir und der Sache zu entfernen, stellt sich allzu leicht zwischen dich und die Sache. Erkenne dich selbst heißt: Erkenne dich in mir und mich in dir wieder. Behandle dich wie mich und mich wie dich. These - Antithese - Synthese: Anspannen - Loslassen - Zurückschwingen. Vielleicht ist das Begriffsverbot des ZEN vom alttestamentarischen Bilderverbot des 2. Gebots gar nicht so weit entfernt : Zieh das Original der Kopie vor und den harten Griff dem zarten Begriff.

NN. meditiert das ZEN des Stockes und Nicht-Stockes, um nicht das ZEN seiner Mutter und seiner Nicht-Mutter, das ZEN seiner Frau und seiner Nicht-Frau zu meditieren. Sitzt er nicht am ZEN der anderen, um seinem ZEN zu entgehen? Er will seine Ehe durch ZEN retten, aber statt seine Ehe zu seiner ZEN-Übung zu machen, macht er eher ZEN zu seiner Eheberatung. Sein „Hier und Jetzt" wäre doch erst einmal wirklich nicht die „Einheit von Wildente und Nicht-Wildente" in China, sondern die Einheit von Nicht-Mann und Nicht-Frau in Coburg. Das ZEN des 5jährigen vor seiner Mutter wäre endlich zu ersetzen durch das ZEN des 50jährigen vor seiner Frau. Die Ehefrau in seiner Mutter ist nach 15 Jahren Psychotherapie noch immer seine Mutter in der Ehefrau. Was ist erreicht? Der kleine Junge sitzt nicht mehr zusammen mit seiner armen Mutter zitternd vor dem bösen Vater, sondern zusammen mit seinem armen Vater vor der bösen Mutter. Dabei teilt er eher die künstlerische Feinfühligkeit seiner Mutter als die praktische Kompetenz des Vaters. Er versteht seine Frau noch immer nicht, weil er noch immer kein Verständnis für seine Mutter zu haben wagt, und rächt den kleinen Jungen, der er war, noch immer an seiner Frau. Er hat seine Therapie hinter sich und sieht deshalb jetzt alles richtig; sie sieht alles falsch und hat die Therapie deshalb noch vor sich : so einfach ist das. Er will nichts davon wissen, daß er gerade darin unrecht hat, nichts als nur recht zu haben. Er legt Wert auf die Feststellung, daß ZEN nicht nur narzißtischer Selbstgenuß sei, sondern weh tue, und will nicht sehen, daß die Schmerzen, die er sich im ZEN heute zufügt, nur ein kindisches Kinderspiel sind gegen die Schmerzen, die ihm von seiner Mutter in seiner Frau drohen. Er will nicht sehen, wie sehr seine Frau recht hat mit ihrem Vorwurf, er flüchte nur vor ihr ins Meditieren, und zieht es vor, sie in die Reparaturwerkstatt zu schicken, bevor er mit ihr spreche „auf dieser Ebene". Er wehrt in seiner Frau nur seine Mutter ab und wirft ihr vor, sie wehre in ihm nur ihre Mutter ab. Alles ist gesagt und nichts getan: Er läßt sich durch seine Frau bis heute nicht infrage stellen, und ein ZEN, das den „tanzenden Affen" im Kopf bezwingen will, kann sein eigener tanzender Affe werden. Und sein ZEN-Meister ist natürlich viel autoritärer als seine eigene Frau.

Sprachanalytiker nennen nun Wissenschaft, was Heidegger Metaphysik nannte, und umgekehrt Metaphysik, was er als eigentliches Wissen (an)erkannte.

Unterscheide dich von anderen nur dadurch, daß du ihre Unterschiede einebnest.

Wie schaffen Philosophen erst den Lesergeschmack, der sie richtet? Manche Gedanken müssen nicht wahr, aber wahrer sein als andere.

Realismus ist nur noch der Versuch, die Problematisierbarkeit aller Dinge ein bißchen problematisierbarer zu machen. Der Satz, daß alle metaphysischen Sätze sinnlos sind, ist ein sinnloser metaphysischer Satz. Auch dieser Satz jetzt hier.

Postmetaphysische Spekulationen über das Ende von Gott und Geschichte, von Welt und Wahrheit, von Sinn und Subjektivität, sind reine Metaphysik.

Wittgenstein der Weisen auf Deutsch : Traktiert die logischen Philosophen! Warum redet man dialektisch und logisch über Logik, aber nicht logisch und dialektisch über Dialektik? Die moderne Physik schützt auch nicht mehr vor der alten Metaphysik, und seit dem Ende der Ostblockdiktaturen schützt kein dialektisches Denken mehr vor der naturwissenschaftlichen Rationalität.

Auch Positivisten sind ja Dialektiker, durch permanente Selbstkritik und Selbstfalsifikabilität aller Vermutungen, aber heute gibt es nur noch banale Theorien der Originalität und recht monotone Philosophien des Pluralismus und der Diversifikation.

Neuere Philosophien verteidigen den Lebenswert von Illusionen, nur nicht die schöne Illusion der Wahrheitssucher, Illusionen ersatzlos zerstören zu können.

Moral zweiter Stufe. Früher sollten die Zehn Gebote einfach nur erfüllt werden und wurden es nicht. Heute sollte wenigstens ihr Sollwert gelten.

Durch eine einfache Frau wagt ein verstiegener und verschrobener Mann, dem nichts subtil genug ist, sich wieder auf die Erde und macht sich lächerlich, indem er seine neue Banalität als der Weisheit letzten Schluß verkündigt. *Daß* begriffliche Erkenntnis ihre Objekte vergewaltigt, ist selbst die höchste begriffliche Erkenntnis, aber was ist gefährlicher als die Verallgemeinerung, daß jede Verallgemeinerung gefährlich sei? Entpuppt sich auf deinem Gesicht ein schöner SLE-Schmetterling, besteht die Heilung darin, ihn wieder in eine unscheinbare Raupe zurückzuverwandeln. Philosophen sind oft Unternehmer, die Würmer aus Seidenstoffen gewinnen.

Bad or sad or mad in bed. Wer kein Gliederreißen durch Schuften haben will, dem macht das Nachdenken nun wenigstens Kopfschmerzen.

Mystik : Wenn Gott dir helfen wollte, dann hätte er dich längst vergessen. Jede Verteidigung verteidigt einen Angriff auf und gegen einen Angriff. Nicht jeder Masochismus ist Realismus und Wahrheitsliebe.

Geschicktes Kismet. Das einzige, von dem du dich freimachen mußt, ist dein Schicksal, dich von allen Schicksalsschlägen zu befreien. Habermas träumt davon, daß 'schlagende' Aphorismen vernünftig kommunizieren, aber solange seine Diskursteilnehmer keine Aphoristiker sind vom Schlage Adornos, ist ihr 'Konsens' nicht mehr wert als der Choral von Herdentieren. Jesus verurteilte in der Ehescheidung selbst den Ehebruch, der zu ihr führt.

Mal steht der philosophische Mensch auf Seiten der Allgemeinbegriffe gegen die Einzeldinge, mal auf Seiten der individuellen Existenz gegen den objektiven Geist nicht nur der Gattung. Schon bei Plato waren die Ideen zweideutig gedacht als subjektiver Geist über den materiellen Objekten und als wahre Objektivität des Wesens über den subjektiven Meinungen der Menge.

Die Definition von Kategorien ist unmöglich, weil sie Kategorien voraussetzt: Philosophie setzt immer nur Voraussetzungslosigkeit voraus. Das Ganze aller Erscheinungen kann nicht erscheinen. Wir erkennen nur totum pro parte. Wenn die Welt keinen zeitlichen Anfang hatte, kann künftig nie etwas Neues mehr passieren : Unendliche Zukunft kann noch verfließen, aber keine unendliche Vergangenheit schon verflossen sein. Mutter Natur im Ganzen können wir nicht begreifen, weil sie für jeden von uns sein Ein und Alles war, bevor sie selber ein Teil der Welt wurde. Schönheit ist Durchschein einstiger Ganzheit durch die sinnliche Gestalt. Das Ganze der Welt ist kein Gegenstand, aber jeder Gegenstand darin ein Ganzes. Aufgaben sind uns gegeben und Gegebenheiten aufgegeben. Die Einheit des Gegenstandes ist unvollendbar in Begriffen und die Einheit der Welt immer schon abgeschlossen in Ideen. Sinne zeigen trotz Vielfalt nicht deren Einheit, Begriffe trotz Einheit nicht selber die Vielfalt. Einheit ist übersinnlich, Vielfalt irrational. Ergriffen wird Existenz, begriffen wird Essenz. Es ist uns von Gott aufgegeben, nicht das zu bearbeiten, was uns gegeben ist : Der Sinn der Sinnlichkeit ist nicht Behandlung, sondern Besinnung. Apriorität (historisches Apriori) der Mannigfaltigkeit und Aposteriorität der vorbegrifflichen Ganzheit. Erfahrung ist auf eine Vernunft angewiesen, die schon Erfahrung ist u. u. Physik ist keine Metaphysik der Metaphysik. Das Ganze ist unüberschreitbare Idee aller Überschreitungen. Ich kann alles denken, was ich erkenne, aber nicht alles erkennen, was ich denke. Die Idee ist Einheit aller Gegenstände, deren jeder die Einheit aller Empfindungen ist. Begriff von Vielfalt und Idee von Ganzheit.

Subjektivität ist begriffliche Interobjektivität, aber Objektivität mehr als handgreifliche Intersubjektivität. Objekt des transzendentalen Subjekts ist die Subjekt-Objekt-Spaltung. Etwas verwirklichen heißt, es wirklich zu wissen, aber auch umgekehrt. Geht es um exakte Auffassung ungenauer Abbilder oder um ungenaue Erfassung exakter Urbilder? Wer nicht die Philosophie in der Wissenschaft findet, sucht leicht die Wissenschaft in der Philosophie.

Der Schlüssel zur reinen Vernunftkritik scheint mir darin zu liegen, daß Kant den inneren Sinn der Zeit sowohl zur Anschauungsform macht wie zum Schema der Verstandesbegriffe. Kategorien werden objektiv gültig durch Vermittlung der inneren Anschauung. Dasein zu jeder Zeit, zu irgendeiner Zeit und zu je bestimmter Zeit, Dasein immer, irgendwann und gerade jetzt: Begriffe werden auf Wirklichkeit angewendet im gesetzlich geordneten Nacheinander der Vorstellungen von der Wirklichkeit. Exakter: Zwischen Vernunft und Realität vermittelt die innere Form der Sinnlichkeit. Noch schärfer : Die Anwendbarkeit der Vernunft auf die Sinnlichkeit geschieht durch die Sinnlichkeit selbst, aber Reine Sinnlichkeit ist schon ihre eigene Vernünftigkeit selbst.

Geistige Potenz bedeutet nicht, schon heute die Binsen weisheiten von morgen auszusprechen, also nicht nur als erster zu erkennen, was eigentlich für alle gilt und da ist, sondern auch etwas unvergleichlich Einzigartiges in die Welt hineinzubringen, was vorher noch nicht da war und ohne sie nie hineinkommen würde, was von niemand anders übernommen werden könnte und doch den Wert hat, andere Menschen an die gleiche Fähigkeit und Bestimmung zu gemahnen.

Wer sie damit verliert, seine verlorene Zeit wiederzufinden, ist wie jedes schwule Muttersöhnchen noch lange kein Proust.

Mangelgesellschaften erleben einen Überfluß an Göttern, Überflußgesellschaften einen Mangel an Gott.

Das Projekt, die Projektionen aufzuheben, ist mehr als der Versuch, alles in sich hineinzufressen.

153

Nur Nullen sprechen von der gnädigen „Stunde Null".

Wenn ich in der Jugend keine Lust hatte, etwas zu Ende zu denken, verschob ich es auf eine unabsehbare Zukunft; als sie erreicht war, sah ich, wie schnell sich das Unerschöpfliche erschöpft. Nicht zu Ende kommen können heißt leben.

Religion ist die Niederlage der Sieger und der Triumph der Opfer oder Ideologie.

Adornos *Nichtidentisches* ist so unerschöpflich unerkennbar wie Kants „Idee". Hoffnung auf Prinzipien: War das Materielle, aus dem Blochs „Geist der Utopie" stammte, das Geld, welches Ludendorff und Roosevelt an Lenin zahlten? Sein und Zeitgeschichte: Heidegger verteidigte die *jeseinige* nackte Existenz gegen das, was *man* in aller Welt mit ihr vorhatte.

Nur Geist, der von Materie abstammt, sucht sein Heil im Materiellen. Und erlaubt es die Frankfurter Negative Dialektik, zu differenzieren zwischen den einzelnen Totalitarismen?

Musikaufführungen zu besprechen ist so sinnvoll wie eine Rezension von Büchern durch Musizieren.

Nur Konservative wollen die ganze vergängliche Welt verändern, aber deshalb sind Linke noch keine Reformatoren.

Anders als ein Tier bin ich auf andere Weise, als wie ich anders denn eine Pflanze bin. Meine Differenz zu einem Menschen differiert von der Differenz zu anderen Menschen, aber ich zerfalle nicht in diese Differenzen von mir. Damit ich nicht in alle Dinge zerfalle, die je meine Sinne getroffen haben, kann ich denken, und damit diese Dinge nicht in mir zusammenfließen, kann ich sie wahrnehmen.

Ehepartner sagen sich heute nur noch, daß sie sich nichts mehr zu sagen haben – das aber sehr laut und immer wieder.

Selbstbewußtsein ist Selbsterkenntnis ohne Selbstkritik, und Redefreiheit ersetzt noch kein Mitspracherecht.

Eine „Phimose" ist medizinisch eine Vorhautverengung. Wenn es wahr ist, daß die europäischen Denker an Gliedern und Köpfen und Herzen unbeschnitten waren, dann sind die Philosophen eigentlich immer *Phimosophen* geblieben : Ihr Denken läßt sich den Rückweg hinter die Vorhaut leider stets offen.

Die formale Logik gibt nicht nur Trivialitäten zu verdauen, sondern auch recht paradoxen Tiefsinn: Wahrheit folgt aus Widersprüchen. Widersprüche folgen aus Falschheit. Wahres folgt aus Falschem, Falsches aber nie aus Wahrem.

Der Abfall von der Einheit mit der Natur ist kein Abfall von Gott. Nur von Gott aus erkennen wir, was ein Leben ohne ihn bedeutet, aber von der Welt aus nicht, was ein Leben mit ihm bedeutet.

Im Paradies verbot Gott uns zu erkennen, was ein Leben ohne Gott ist, nämlich zu töten, um nicht getötet zu werden. Ein Leben gegen Gott ist schon die bloße Erkenntnis, was ein Leben mit Gott bedeutet. Der Glaube, daß Sünden gute Erkenntnismittel seien, ist unerkannte Sünde. Die Existenz Gottes ist jene Ungewißheit, ohne die alles andere in der Welt noch zweifelhafter wird und die alle Ungewißheiten der Welt aufhebt.

Eugen Drewermann : Seit Abraham wird Schuld, was von der Paradiesvertreibung über Kain und Abel und die Sintflut bis zum Turmbau zu Babel wie notwendiger Abfall aussieht? Jakob ist „Israel", der „Gotteskämpfer": Ich kämpfe mit dir, d.h. ich kämpfe gegen dich oder zusammen mit dir gegen Dritte. Die Sünde ist der Versuch zu kompensieren, was durch sie verlorenging.

3. Antinomie : Frei bin ich vom Ganzen und bestimmt von jedem seiner Teile. Kants Imperativ: Handle so, als sei der Mensch nicht nur ein freies Subjekt, sondern immer auch ein kausaldeterminiertes Objekt. Und was Apriorität beanspruchen darf, wird erst

155

aposteriori entwickelt, wenn diese Aposteriorität apriori vorausgesetzt wird.

Den Wüstenwanderern erschien der Exodus schließlich als Paradiesvertreibung.

Cogito, ergo sum : Wer nicht richtig denken kann, ist gar nicht ganz da. Wenn Descartes Recht hat, existieren seine Gegner gar nicht wirklich. Wird er deshalb heute aus allen Lagern so einmütig bekämpft?

Jeder Mensch ist eine Schlüsselperson, jedes Kinderschicksal ein potentieller Schlüssel für einen auch für Mitmenschen interessanten Weltaspekt. Es zwingt den Menschen, bestimmte Seiten der Dinge schärfer zu sehen als andere Seiten und als andere Menschen. Jeder Künstler zwingt mich zuzugeben, daß ich nur übersehe, immer gesehen zu haben, was er sieht. Ist Wahrheit das Integral aller Sehweisen aller Menschen, die je gelebt haben und je leben werden? Wie viele haben die nur ihnen zugängliche Weltsicht mit ins Grab genommen? Sie kommt und geht mit dir – uns allen verloren. Wenn nicht jedermann einen unverzichtbaren und unaustauschbaren Scrabble-Stein der Weisen beisteuern könnte, wäre Wahrheit nur ein nichtiges Privileg von Eliten.

Wer gegen sich selbst andenkt, hat noch nicht an andere gedacht, aber wer kann für andere sprechen, ohne sich auch schon zu widersprechen?

Kafka, das bedeutet Entfremdung, aber nicht von Marx, sondern vom Alten Tetament. „Das Gesetz" behandelt juristisch, was nicht moralisch, sondern naturgesetzlich gemeint ist, und meint nicht bürokratisches, sondern göttliches Gesetz.

Die Gesellschaft macht mehr aus dem, was ich aus mir selbst mache, als ich aus dem mache, was sie aus mir macht.

Heißt technischer Fortschritt, daß immer mehr der 600 göttlichen Gebote gegenstandslos werden und also immer weniger

Verbote beachtet werden müssen? Aber schickt Gott uns Technik, um uns von seinen Geboten zu entlasten?

Freiheit heißt nicht, daß jeder Tod ein Selbstmord ist, aber muß sich mit dem Teufel einlassen, wer Gott durchschauen will? Den wahren Nutzen von allem erkennen nur Nichtsnutze (sagen sie), aber wer die Dinge an sich sehen will, wie sie *vor* aller Nützlichkeit sind, darf selber kein unnützer Esser sein.

Wo jeder ein freier Konsum-Egoist ist, geht er in Massendemokratien unter.

Lieber spitzfindig als stumpfsinnig. Vom Erhabenen zur Tiefe ist es bloß ein Schritt nach oben : Nur der höhere Standpunkt erweitert den Horizont.

Nur das Gefühl, eine gelungene Seite geschrieben zu haben, die Beifall finden müßte, kann im ehemaligen Schulprimus ein Stück des einzigartigen Gefühls wiederauffrischen, vor Jahrzehnten Traumnoten nach Hause gebracht zu haben.

Gnomik ist Leben gegen Logik und Logik gegen Leben. In ihr siegen unerwartete Selbstverständlichkeiten über vorhersehbare Überraschungscoups.

Adorno. Jeder Gegenstand mache sich seinen eigenen Begriff von herrschenden Allgemeinbegriffen und sie zu Objekten ihrer Objekte.

Dilemma. Deutsche Romantiker konnten die Revolution nur haben, indem sie sich von Napoleon besiegen ließen, und sich von Napoleon nur befreien, indem sie sich den deutschen Fürsten und ihrer Landesreligion unterwarfen.

Alterswerke. Was haben Schriftsteller ab ihrem 50. Lebensjahr noch zu sagen, und was interessieren einen Leser, der älter als 50 ist, die Spätpubertäts-, Karriere- und Haßliebesnöte von halb so alten Autoren und ihren Helden? Reife oder nur Verfall:

Warum faszinierte dich schon als Jugendlicher eher das Jugend-
werk der Denker und das Alterswerk der Dichter und nicht umgekehrt? Bei Denkern beginnt alles, bei Dichtern endet alles mit
fünfzig Jahren.

Eine Philosophie, der ich zustimmen könnte, müßte u.a.
die Eigenschaft haben, in einer begrenzten Anzahl von Sätzen zu
begründen, warum sie damit noch nicht abgeschlossen ist und daß
sie zu unabsehbar mehr Sätzen führen könnte, ohne von ihnen gesprengt zu werden. Sie wäre eine Metaphilosophie unbekannter
und noch zu entwickelnder Philosophien : Sie müßte apriori Sätze
freigeben, von denen sie nicht widerlegt werden kann und die sie
doch noch gar nicht kennt. Eine Metatheorie beschreibt, was Theorien nicht verletzen dürften, die zu Recht unseren Beifall finden
wollten − gleichgültig, ob sie selbst diesen von ihr vorgezeichneten
Rahmenbedingungen genügt oder nicht.

„Postmodern": Alles gleich, nur nicht das Menschenrecht
auf Verschiedenheit.

Paradoxien : „Today's trash is tomorrow's research".
Wenn wir wüßten, daß Jugendliche Verbotenes immer noch reizt,
würden wir Bücher wieder verbieten. Wie erfreulich wäre es, wenn
sie wenigstens den Index studieren wollten!

Soll die These, daß Kunst die Intentionen des Künstlers
transzendiert, die Willkür der Interpreten nur rationalisieren?

War Schiller größer als das Elend seiner Zeit? Zum Glück
gibt es heute nur durchschnittliche Künstler. Es zeigt, wie frei die
Gesellschaft ist. Die moderne Kunst ist frei − und vor allem so frei,
mittelmäßig zu sein.

Das Ergebnis ist das gleiche : Gestern heuchelten wir mit
falschen Grundsätzen, heute prahlen wir mit echter Prinzipienlo-
sigkeit. Gesellschaft? Dein Gewissenswurm ist der Anwalt meiner
Triebe in dir, und deine Begierden haben ihre Vertretung in meinem Gewissen. Mancher ist nur gesellig, um nicht zu vergessen,

weshalb er menschenscheu oder Menschenfeind ist. Ziehst du dich von allem zurück, weil du Misanthrop bist oder nie werden willst?

Auch Aphoristiker sind autopoetische Systemtheoretiker. Sie verkomplizieren alles durch *Komplexitätsreduktion*, denn erst schreckliche Vereinfacher erzeugen jene Verwirrung, die nach begründeteren Gewißheiten ruft. Aphorismen lösen Bande, die zu Fesseln wurden, und knüpfen die Enden zu besseren Ehen, die schönere Kinder zeugen. Was die Subsysteme eines Aphoristikers verbindet, ist die Art, wie er sie voneinander scheidet, dementierend, weiterentwickelnd, modifizierend, widerlegend, springend, abschweifend oder auch bestätigend, und was sie voneinander trennt, ist die besondere Art, wie die Bestandteile jedes Bruchstücks zusammenhängen. Aphoristisches Philosophieren entscheidet sich nicht zwischen Materialismus und Idealismus, Rationalismus und Empirismus, sondern erhellt blitzartig deren wechselnde Konstellationen. Aphorismen sind ideologiekritische Ideen, die immer auch materielle Interessen mitbedachten. Realität erfassen sie nicht vorkritisch, sondern durch rationale Vernunftkritik. Ihr Zweifel an allen Dogmen tritt selber dogmatisch auf, aber das Apodiktische des Diktums ist ironisch gebrochen. Nichts ist so, wie es scheint und uns vorgemacht wird : Das Sein ist nicht nur Gemachtsein, sondern Vorgemachtsein. Jede Hypothese trägt ihre eigene Antithese in sich, die der Aphorismus daraus befreit, indem er die Antithesen gewitzt synthetisiert. Es ist unvorhersehbar, wohin Aphorismen uns treiben. Jeder bricht mit seinen Vorfahren und wird von seinen Nachkommen überschritten. Was hat etwas mit etwas ganz anderem zu tun? Das ist doch etwas ganz anderes, und doch! Einerseits ist etwas irgendetwas ganz anderes und dann doch wieder nicht ... Theologisch daran ist die Selbstbehauptung und Selbstzerstörung des Endlichen. Griechisch 'aphorismos', das Abgeschnittene, ist der deutsche Scherz und Schreck, das Geschorene und Ausscherende, das schreckhafte bis lustige Aufspringen. Etymologisch bedeutet Geist so viel wie (zornig) Erregt- und Entsetztsein. Womit sollen wir Scherz treiben, wenn nicht mit dem Entsetzen, und bierernst nehmen wir nur das harmlos Banale wie Geldverdienen, Heiraten und Fußballspielen.

Was ist typisch deutsch, zuerst „theodisce" (778 n. Chr.)? Ist es die Innerlichkeit des Gemüts und die Tiefe der Subjektivität? Heißt deutsch sein, wie Franzosen und Engländer stets gegen das Deutsche zu sein? In Deutschland beginnt der Klassenkampf erst nach dem Ende des Sozialismus.

„Der Mensch ist das Maß aller Dinge". Der Humanismus ist ein unmenschlicher Atheismus, und Religion ist nur menschlich, weil sie kein Menschenwerk ist.

Vom gelesenen Buch bleiben in uns oft nur die eigenen Gedanken übrig, auf die es uns gebracht hat. Oder Gedanken, die wir für unsere eigenen halten.

(G)astronomische Preise. Dort im Garten steht ein Baum? Je nachdem, ob du ihn noch vor oder nach deinen Worten und Taten siehst, siehst du einen ganz anderen Baum.

Jemand will ein erfolgreiches Buch schreiben über einen Menschen, dessen Neid einen anderen unbemerkt davon abhalten will, ein erfolgreiches Buch zu schreiben. Du kannst mir glauben, dein Erfolg macht mich nicht neidisch, doch erst mein Neid macht dich so erfolgreich, daß er einen Grund bekommt.

Die Kunst stellt heute das Schlechte besser dar als früher das Gute.

Der Kopf denkt an den Bauch, der das Hirn frißt, das Auge sieht schön aus, und die Zunge schmeckt bitter, die Luft atmet tief durch, und die Hand greift nach sich, das Ohr schreit, und die Nase stinkt. Moderne Geister verlieren den Kopf und entdecken ihre holde Leiblichkeit, aber wer gesund wäre, dächte nicht an seinen Körper, und ein Leib, den man spürt, ist nicht in Ordnung.

Nichts ist in den Sinnen, was nicht zuvor in der Verständnislosigkeit war. Kant sagte : Nichts ist in Gott, was nicht zuvor in den Sinnen war − außer Gott selber.

Das Leben nimmt (uns) den Menschen, wie er ist, und der Tod erhält ihn (uns), wie er war.

Erschöpfend beschrieben wird von Philosophen nicht die Welt, sondern ihre Unerschöpflichkeit.

Ignoranz ist ihrem Gegenstand ja fern genug, um ihn zu fürchten, und nah genug, um mit der Nase an ihm zu kleben.

Etwas ist weder ein anderes noch dessen Gegenteil, wenn es mit beidem weniger zu tun hat als beides miteinander. Der Satz der Identität, des Widerspruchs und des ausgeschlossenen Dritten ist aufgehoben bei „unendlichen Urteilen" : Der Verstand ist so wenig dreieckig, daß er nicht einmal kein Dreieck ist. Was weder etwas noch dessen Gegenteil ist, ist sowohl dieses als auch sein Gegenteil und dem Satz des Widerspruchs nicht unterworfen. Läßt sich daraus schließen, daß alles paradox Widersprüchliche ein „unendliches Urteil" ist, das gleichsam dem „principium inclusi medii" gehorcht? Anders gesagt : Ist jeder Sachverhalt begreifbar als Alternative zu falschen Alternativen?

Als „Der Ekel" 1938 erschien, war sein Autor gerade 33 Jahre alt. Wenn der Roman, der den Zwanzigjährigen begeisterte, mich heute kälter läßt, dann nicht deshalb, weil er 80 Jahre alt ist, sondern weil ich Jahrzehnte reifer bin als der Autor zur Zeit der Niederschrift. So geht es mir zunehmend mit fast allen Werken. Das heißt für mich altern : Die Zahl der Bücher, deren Autoren zur Zeit der Abfassung älter waren als der Leser zur Zeit der Lektüre, schrumpfen wie meine künftigen Lebensjahre. Für Leser mag es reizvoll sein, durch Jugendwerke eines genialen Autors selber jung zu bleiben, aber geniale Alterswerke erkaufen nachlassende Kräfte durch konzentrierte Prägnanz und zeigen dem jüngeren Leser, was für ihn neu ist. In der Jugend schien alles ohne Gott zu gehen, weil es dir gut ging, aber es ging dir nicht gut, weil es ohne ihn ging. Ohne ihn ging es nur durch ihn. Heute suchst du seine Nähe, weil es dir schlecht geht, aber es geht dir nicht schlecht, weil du seine Nähe suchst. Diese Jugend ohne ihn war schon Gnade.

War ein Volk auserwählt, alle Menschen zu lehren, daß jeder Mensch auserwählt sei?

Die einzige Metasprache besteht für dich darin, deine Welt von außen mit den Augen eines anderen zu sehen. Jeder ist die Metaphysik des anderen, und die beste Metaphysik ist das, was der Liebende für den Geliebten ist.

Kategorischer Imperativ 2000. Was du nicht willst, daß man dir tu, das füg auch keinem anderen zu, der das vielleicht gern hat, und was du willst, daß man dir tu, das tu auch anderen, die das gar nicht mögen.

Der aufgeklärte Mensch ist ein Atheist, der aus dem Kaffeesatz liest, ob er sich die Karten legen oder ein Horoskop stellen lassen soll.

Die Erbsünde besteht im Glauben, frei von ihr zu sein. Ödipus will wie sein Vater werden und tötet ihn. Narziß sagt : Ich bin schon Vater und Mutter zugleich.

Philosophen sollten nicht psychoanalytisch denken, aber psychoanalysiert sein. Willst du andere überzeugen durch Argumente oder von deiner Überlegenheit?

Ein Mensch wird Astronom, um so alt und so groß zu werden wie das Weltall. Zoologen werden wenigstens Elefanten oder Löwen, und Physiker machen sich in Atomen unsichtbar und verschaffen sich durch deren Spaltung einen Bombenrespekt.

Der Alltagstrott, die ewige Wiederkehr des Immergleichen, ist Flucht des Individuums vor der absoluten Originalität des Alters. Mit fünfzig Jahren ist für jeden alles schon einmal dagewesen, nur noch nicht das Sterben.

Sartre. Wir brauchen keine Kunstphilosophie oder Kunst der Philosophie, keine philosophischen Romane oder ästhetischen Theorien, sondern den Philosophen und Künstler in einer Person.

Philosophen suchen den Übergang der Begriffe in kontingente Dinge durch Begriffe, aber die Ergriffenheit der Künstler durch den flüchtigen Reichtum der Situationen werden sie kaum erfassen. Allerdings : Um herzustellen, was davon im Kopf der Gebildeten und Romanhelden übrigbleibt, brauchte es kein Lebenswerk auch nur eines einzigen großen Philosophen.

Wer mehr denken kann, als er leben will, muß Bücher schreiben, doch wer nur über sich und deshalb nicht über sie schreibt, hat wenig Leser. Helden, die ihre Leser, welche im Leben Verlierer sind, nur demütigen statt zur Identifizierung einladen, machen gute noch nicht zu schlechten Romanen.

Unsere Heiligen heute ziehen sich aus dem lauten Getümmel der Welt in eine Stille zurück, vor deren Lärm die alten Asketen in ihre Wüste geflohen wären.

Ein Individualist bist du, aber so wenig aus Egoismus, wie der Buddhist sein Ich überwindet aus Nächstenliebe.

Lieber will ich schlecht tun, was niemand sonst tun kann, als gut tun, was auch andere tun können, und will wissen, wozu Gott mich geschaffen hat, also die unvergleichliche Art erkunden, in der ich Sein Gesetz erfüllen darf.

Heute „herrscht" prinzipielle Toleranz, damit niemand erst erforschen muß, was er da im Einzelnen toleriert.

Flaubert leistete sich die feine Aggression, die Welt ohne Aggressivität zu schildern. In seinen Romanen erdrückt er alles durch seine Abwesenheit und die leidenschaftliche Leidenschaftslosigkeit der Darstellung. Diese zudringliche Form der Zurückhaltung wird bis heute bewundert von anämischen Registrierkassen, die gar keine Passionen mehr (zu verbergen) haben.

Das Wüten gegen die eigene Unzulänglichkeit ist nicht das beste Mittel, ein Meisterwerk hervorzubringen, aber der Stolz, für das eigene Versagen eher sich selbst als andere verantwortlich zu machen, entschädigt manchen für sein Versagen. Ist Selbstüberschätzung produktiver als realistische Abschätzung eigener Kräfte? Autoren schreiben keine Heilsgeschichten mehr. Früher gab es das Tabu, über Sex zu reden, heute gibt es nur noch das Tabu, ihn zu verschweigen und Religion zu erwähnen.

Meditation : Der dunkle Untergrund, auf dem der helle Baum steht, ist nicht der Hintergrund, vor dem ihr ihn nun seht.

Wenn der Euro-Buddhist sein altes Ich bekämpft, um sein 'wahres Selbst' zu finden, peitscht er seinen Egoismus, um seinen Narzißmus zu hätscheln.

Ihre unanalysierten Kritiker sagen, daß die Psychoanalyse jede Kritik an ihr nur als psychische Abwehr psychisch abwehrt, aber sie sind nur Opfer ihres seelischen Widerstandskampfes. Ihre Psychotherapie ist für viele Bürger die einzige Lebenszeit, in der sie sich einmal einigermaßen intensiv mit irgendetwas beschäftigen müssen und das auch nur aus eitel Egoismus.

Mit Antigones´ Vater Oidipus, der nicht weiß, was er tut, und die Folgen seiner Taten nicht mehr berechnen kann, beginnt für Hegel der Sieg der Subjektivität über die „substantielle Sittlichkeit" der antiken Kultur, aber dialektische Ideen siegen bei Plato über die Sophisten und bei Hegel über die Romantiker.

Zurück zu Sokrates, der nicht nur Philosophen, die immer wissen, was sie sagen sollen, beweisen ließ, daß sie nicht wissen, was sie sagen!

Es gibt Männlichkeit und Weiblichkeit, was brauchen wir noch Menschlichkeit?

Frauen lieben häßliche oder defekte Männer, weil die glauben, ihnen geduldiger zuhören zu müssen, um erhört zu werden, und der Hörige haßt seine einzige Geliebte dafür, daß er sich keine andere zutraut. Die Scheidungsrate steigt : Um nicht endlich einmal neue Probleme mit dem alten Ehepartner anzupacken, haben Geschiedene immer wieder die alten Probleme mit immer neuen Partnern. In Deutschland wird jede dritte Ehe geschieden: Die Flucht vor dem eigenen Partner ist nur Flucht vor den eigenen Problemen und umgekehrt.

Es sollte auch eine reiche Literatur von Neurotikern über Neurotiker und für Neurotiker geben, aber sie sollte ausdrücklich als neurotisch auftreten. Es gibt eine überreiche Literatur über die armselige Welt der Psychopathen und eine armselige Literatur über die reiche Welt der übrigen Menschen.

Gegenliebe zur Naseweisheit? Philosophen geht es heute nicht mehr darum, den richtigen Allgemeinbegriff für viele besondere Dinge zu finden, sondern absonderliche Begriffe für ein allgemeinbekanntes Objekt zu erfinden. Wer für ihre Probleme prägnante Formulierungen findet, hat die Philosophie mehr gefördert als ein dickes Buch, das dicke Bücher widerlegt.

Der Altphänomenologe Husserl hatte intentional seinen Gegenstand getroffen, der Neuphänomenologe Schmitz ist leiblich von seiner Atmosphäre betroffen. Spricht Hermann Schmitz zu vage über exakte Naturwissenschaften, weil er zu präzise über vage Gefühle sprechen kann?

Neueste Philosophie will keine Besinnung und Sinnfindungsmethode mehr sein, aber wer mit Vernunft den Sinn für Unsinn rehabilitiert, dürfte am Witz nicht vorbeigehen. Der Sinn der Weisheit ist nicht, denkbar witzlos zu sein.

Wer etwas verwindet und übersteht, hat dadurch bewiesen, daß es ihn gar nicht berührt hat. Ob mich etwas wirklich getroffen hat, beweise ich nur dadurch, daß ich es eben nicht abhaken kann. Selbst die Fähigkeit, etwas zu „verarbeiten", habe ich mir nicht selbst erarbeitet, sondern ist Mitgift. Ich tue dies und das. *Daß* ich es tun konnte, das habe nicht ich getan.

Ein Schiff ohne Ratten muß nicht gesunken sein, doch Leseratten betreten nun jedes steigende Raumschiff.

Wer Holzwegweiser sein will, weil er kein Ziel hat, ist noch kein Philosoph. Philosophie heißt: Frage lieber nicht nach der Frage, deren Antwort du bist.

Männer laufen sich Hörner ab, die ihnen von den Müttern aufgesetzt wurden. Gestern gab es nur Männlein oder Weiblein, heute gibt es nicht mal mehr Oder.

Ökologie des Purzelbaumsterbens : Wer die Lösungsmittel verteufelt, vergöttert die Umweltprobleme.

Lebenslang und -breit ist noch nicht sehr hoch : Das Leben dauert nun 80 Jahre lang und nicht mal 80 Minuten tief.

Menschenkenntnis sagt dir, Sklaven seien die besseren Menschenkenner, doch wer die Menschen kennt, muß schon eine rechte Sklavennatur oder Sklavenhalter sein.

Die Rückseite der Dinge ist für dein Gegenüber oft die Vorderseite. Das Rezept für Mutterkuchen wird wieder gefälscht.

Gestern waren wir noch auf dem Holzweg. Heute stirbt uns schon das Holz weg auf allen Magnetfeldwegen. (Ein E-Hering unter Strom ist noch kein Ehering im Kon-Dom aus CD-Rom.)

Demut kommt nach dem Knie- oder Reinfall, Schwermut kommt von dem Fallgesetz, Mut kommt von Zufall und Kleinmut vor dem Phall der anderen.

Vom Liebesleben Jesu wird heute umso mehr geredet, je weniger davon in der Bibel die Rede ist, und davon steht nichts geschrieben, weil der Sex ebenso selbstverständlich wie das neue Testament nicht selbstverständlich ist, aber modernisierte Mucker schwatzen gern von Jesu Eva'ngelium, um nicht über seine Philosophie nachdenken zu müssen.

Idealismus heißt ja nicht, ganzheitlich zu denken, sondern falsche Analysen immer wieder durchzustreichen, und Positivismus heißt nicht, die Welt zu pulverisieren, sondern voreilig falsche Synthesen immer neu aufzulösen.

Die Holisten vergessen leicht, daß ihr Ganzes nie beliebig zu zerstückeln ist, sondern immer nur an seinen Schwach- und Sollbruchstellen, die sie nie finden.

Jede abendländische Nation ein Euroleptikum. Im Spiegel sieht die Rechte sich links, die Linke rechts, aber das Untere nicht oben und der Hintern nicht vorn.

Die Zehn Gebote zwingen uns, klüger zu sein, als wir sind, und das verzeihen wir der Bibel nur widerwillig. Dabei gibt es doch nur zwei Alternativen : Entweder du glaubst dem Schöpfer *vor* allen Beulen oder seiner Schöpfung *nach* allen Beulen, die du dir an ihr holst.

Der Philosoph ist nicht klüger, edler und gütiger als wir und unterscheidet sich von uns auch nicht dadurch, daß allein er das weiß, sondern dadurch, daß er sich zurückzieht von uns und der Versuchung, genauso zu werden.

Diktatoren lassen sich von Demokraten wählen, um sie abzuschaffen. Mit all seiner Beilfertigkeit ist man seinen Zielen viel näher als nötig.

Eine schöne Frau ist der Mensch, der die größte Chance hat, um seiner selbst willen geliebt zu werden, wenn an ihr nicht nur Schönheit geliebt wird, die noch vergänglicher ist als sie selbst.

Hegels Logik: 1) Ein Mensch ist ein Mensch. 2) Der Mensch ist kein Mensch, sondern ein vernunftbegabtes Lebewesen. 3) Also ist der Mensch zugleich ein Mensch und auch kein Mensch, d.h. weder ein Mensch noch ein Unmensch.

Kleine Fische. Die Tinte, die er zu Papier bringt, macht ihn seinen Freunden nicht sichtbarer, sondern soll ihn seinen Feinden unsichtbar machen.

Wir sind gut eingewickelt unter Bauchdecken unter Wolldecken unter Zimmerdecken unter Wolkendecken unter Sargdeckeln. Das Problem mit Satan ist, wie ein gefallener Engel fallen soll, aber gibt es unter Engeln auch aufgestiegene Teufel?

Sim ut sum, aut non sim. „Die Freiheit und Unabhängigkeit, die der eine in der Welt sucht, findet der andere im Freistaat der Kunst und Wissenschaft ... Das ist mein eigentliches Vaterland." (Th. Fontane, 1849, 29 Jahre) „Die neue bessere Welt fängt erst beim Vierten Stande an." (1896, 76 Jahre alt)

Autor und Werk sind Gegensätze. Melancholiker wie Beckett schreiben schwarzen Humor, und die verzweifeltsten Themen werden von unheilbaren Optimisten wie Sartre behandelt.

Wer Kunstwerke kopiert, produziert dabei neue. Wer neue erfindet, hat nur alte nachgemacht, ohne es zu merken. Kenner werden angezogen durch die Distanz, auf die jede Kunstleistung uns hält, und abgestoßen durch die Anbiederung des Mittelmäßigen, wir könnten das auch. Mancher Regisseur straft sein Publikum ästhetisch mit jener Mißachtung, mit der er die Machthaber politisch nicht zu strafen wagte.

Der Psychologe gesteht jedem Menschen so viel Eigenart zu, wie genügt, ihn in einer Klasse unterzubringen, aber dieser Klasse auch nur so wenig Eigenart, wie nötig ist, nicht zu viele Menschen davon auszuschließen.

Seit Adorno reden alle, bis hin zu den postmodernen Dekonstruktivisten, vom 'Anderen der Vernunft', vom Nichtidentischen und Heteronomen, aber was sie davon auftischen, ist ziemlich vernünftig und platt, homogen und identisch. Wer Systeme nicht aphoristisch verneint, bejaht systematisch die Aphoristik. Literaturwissenschaftler tun sich mit sprunghaften Aphorismen so schwer, weil sie den Sprung aus ihrem Gebäude heraus als Teil ihres Gebäudes auffassen müssen und der Aphorismus auch diesem Auffassen kurzgefaßt ent-springt.

Jeder Aphorismus sagt zweimal dasselbe dadurch, daß er etwas und dann das Gegenteil sagt, oder widerspricht sich, indem er sich wiederholt. Konventionen verletzt er durch die hinterhältige Art, sie scheinbar zu achten und seine Verächter zu bewundern.

Der Sauerstoff ist alle, Süßstoff her! Die französische Postmoderne schüttet das monotheistische Kind mit dem Bad des cartesianischen Zentralismus aus.

Kants „praktische Vernunft" löst sich von physikalischer Erfahrung, auf die seine theoretische Vernunft angewiesen ist. Von der mathematischen Naturwissenschaft sei der Mensch theoretisch ebenso gefangen wie praktisch frei. Meine Praxis bestimmt die mathematische Natur, die meine Theorien bestimmt. Daß Kant transzendental sich selbst bewirkt, hat natürliche Ursachen, aber er ist intelligibler Urheber dafür, daß er empirische Wirkung zeigt.

Jeder Aphorismus ist selbst das, wovon er handelt: Aufhebung einer Definition durch ein Beispiel. Er sprengt (s)eine Definition durch (s)ein Beispiel. Anschaulich in zweiter Stufe ist er nur durch begriffliche Begriffskritik.

Sobald gnomischer Einspruch gegen Denksysteme selber systematisch Ausnahmen mißachtet, ist er nur noch aphoristisch zu überbieten.

Dialektik nach Marx : Ein Allgemeinbegriff hat mit jedem seiner Einzelobjekte gemeinsam, gegenüber ihrer Menge etwas Einzelnes zu sein. S. Maimon und H. Cohen sahen die Unerkennbarkeit des Dinges an sich in der unausschöpflichen Unendlichkeit seiner Erscheinungen, also in der Quantität und nicht Qualität der Erkenntnis. Gegenüber der Unendlichkeit des Unerkannten ist aber alles schon Erkannte wie nichts, d.h. Pascal wettete auch auf Kants Ding an sich.

Das Stillen im Lande. Ideen gehen den Weg aller Fleischlosigkeit und halten doch nicht ewig, aber Aphorismen länger als ihre Anlässe.

Idealistische Ethik treibt zum obersten Grundsatz, überhaupt nach Grundsätzen zu handeln, statt damit Handel zu treiben oder Stimmungen schönzureden. Adorno suchte Anregungen, von denen er sich überwältigen lassen konnte, aber schottete sich dann doch gegen ein Mitleid ab, das seine harten Wahrheiten hatte aufweichen können? Ich hab's ihm nie abgenommen, ich war auch so. Die Augen mache ich nicht auf, um die Welt anzuschauen, sondern nur um zu sehen, daß es nichts Sehenswertes zu sehen gibt. Kein Auto und keine schöne Frau kommen auf ihn zu, der Mystiker kann die Augen beruhigt wieder schließen. Was schwer fällt, ist deshalb noch kein Anfang, und was leicht ist, kein Ende.

Man treibt uns in die laxe Weite, doch wir suchen die Enge und Strenge und tappen im Hellen.

Gib jeder Herzlosigkeit einen Denkanstoß und bring deine Sach', hat sie Handschellen und Fußangeln, unter Ach und Krach.

Politik gebietet der Rechtsprechung zu verbieten, daß die Rechte in allem Unrecht habe, außer in Zeitgeschichtsschreibung.

Weisheitsliebe wäre Sophiophilie, Philosophie ist Freundschaftsweisheit.

Jedes Volk schreibt eigene Geschichte unter der vorgefundenen Bedingung, daß andere ihre eigenen Geschichten machen.

Mich bekämpfen heißt schon, meine Fehler vor blamablem Ausmaß zu bewahren : Scheitere lieber ehrenvoll an deinen Gegnern als schmachvoll an dir selbst. Also fördere ich meine politischen Gegner nach Kräften, denn nur sie hindern meine privaten Verbrechen, öffentliche Kardinalfehler zu werden. Blamiert hat die Linke sich erst so richtig, als die Rechte totkriminalisiert war.

„Mehrheitswahlrecht" heißt Schutz der Mehrheit vor jeder Minderheit, aber im Verhältniswahlrecht werden Mehrheiten von Minderheiten beherrscht und angeherrscht.

Das Ewigweibliche weiß gar nicht, wohin es mich zieht, glaubt aber, daß es uns beiden nützt. Platonische Ideen sind heute Gefühlsidole : Wir geben vor, uns Gefühle zu wünschen, denen wir uns gar nicht gewachsen fühlen. Was unsere Emotiönchen, der blasse Schatten unserer eigenen Gefühlsideale, wirklich suchen, sind gar nicht Passionen, sondern das Image, sie erlebt zu haben. Der moderne Mensch verbirgt sich hinter Affektausbrüchen und verrät sich durch Selbstbeherrschung. Die Lebenserwartung steigt: Der (potente) Mann ist nur noch potentielle Erinnerung einer Frau.

Nur Menschen, die sich engagierten, haben die Welt so gemacht, wie sie ist.

Dr. med(itandum). Da redet man heute von Ganzheitsmedizin und übersieht ganz die medizinischen Aphorismen seit der Antike, Diätetik für psychosomatische Geisteskranke in hochdosierten Sprachpillen zur Erzeugung von Heilkrisen. Klassisches Beispiel : Extreme Leiden fordern extremistische Heilmittel.

Aphorismen waren ja ursprünglich zukunftsprognostische Regeln aus der Kenntnis von Naturgesetzen wie : Erst ist alles schwer zu erkennen, doch leicht zu verhüten, dann leicht zu er kennen, doch schwer zu entfernen. Der Ur-Realo Machiavelli war der erste Theoretiker des Aphorismus als chirurgischem Skalpell, da er die prognostischen Heilsregeln von der Medizin auf die Politik übertrug. Für den Antignomiker Hegel, der die Herrschaftsregeln der „Discorsi" (1519) wie die Rätselsprüche Heraklits systematisierte, war der kühle Staatschirurg Machiavell der erste Theoretiker des Leviathan gegen oligopole Bürgerwillkür. Bevor der Arzt zum Herrscher über Leibundleben wurde, war der Herrscher zum Arzt am Volkskörper geworden. Helfen Aphorismen gegen Anarchie, Privilegienwirtschaft und Tyrannis wie gegen Schizophrenie, Depression und Zwangsneurose? More aphoristico statt wie Spinoza more geometrico wollte Pascal durch antike Rhetorik die Theologie eher stützen als stürzen, aber Gracian und Bayle stürzten sie durch aphoristische Art, sie philosophisch zu stützen.

171

„Unendliches Urteil" heißt: Die Totalitäten, also die potentiell unendlich großen Mengen der im Subjekt und der im Prädikat des Satzes angesprochenen Objekte, haben keinen einzigen Berührungs- und Überschneidungspunkt gemeinsam.

Lotterfuchs, such flotter! Unsere Therapeuten behandeln 1990 Fälle, die Sigmund Freud als „Gesindel" abgewiesen hätte, Freud behandelte Fälle, die um 1890 als Asoziale abgelehnt wurden, und doch sind wir heute gegen Gebrechen nicht toleranter als gegen Verbrechen.

Warum werden für diverse Formen der Freude nicht auch diverse Namen gesucht? Sartre hielt jede Emotion für einen schlechten Aktionsersatz. Ist umgekehrt nicht jedes Agieren nur Flucht vor Gefühlen und Gedanken? Handeln ist als Handel ein Austausch von Aussichten. Zuweilen entstehen neue Gedanken, warum eigentlich nicht auch neuartige Gefühle, die noch kein Mensch je hatte, und nicht nur neue Anlässe für bekannte Gefühle? Neuer Beruf : Gefühlserfinder.

Wer Behauptungen aufstellt, behauptet oft nur sich selbst und enthauptet andere, und wer irgendetwas begründet, will vor allem sich selbst beweisen.

Unser 'Verhältniswahlrecht' ist eine undemokratische Mißachtung der Mehrheit durch Minderheit(skoalition)en. Rein demokratische Mehrheitspolitik wird von Klientelpolitikern heute als 'populistisches Gießkannenprinzip' verhöhnt. Man ernennt Leute zu Minderheiten, um sie gegen die Mehrheit zu mobilisieren.

Wer nur gut verkraftet, daß er alles so schlecht verkraftet, ist ein Mimosenkraftmeier.

Wer glaubt, es genüge, den eigenen Kopf so groß wie das Weltall zu machen, um es er-fassen zu können, gilt als Mystiker.

Wer macht, was er will, lernt kennen, was andere wollen; wer tut, was er soll, lernt sich selber kennen.

Wanderungen durch Schwaben auf den Spuren Mörikes oder Hegels tragen zum Verständnis des Dichters oder Denkers so wenig bei, wie die Schönheit der Landschaften, die sie durchwandert haben mögen, durch die Lektüre ihrer Schriften so wenig größer oder kleiner wird, daß Fremdenverkehrsprospekte ohne ihre Namen auskommen können.

Alles ist viel objektiver, als es vor Kopernikus aussah, und zugleich viel subjektiver, als es vor Kant erschien. Aber Kant ging nicht zurück auf die Subjektivität vor Kopernikus, und Kopernikus überwand nicht die transzendentale Subjektivität nach Kant, Seit Freud aber ist alles viel unbewußter, als beiden bewußt geworden war. 1620 schrieb Bacon naturwissenschaftliche Aphorismen gegen theologische Systeme, aber fast gleichzeitig schrieb Pascal schon wieder religiöse Aphorismen gegen physikalische Systematik. Heute schreiben wir unsere politischen Aphorismen nicht gegen Lotto- und Sonnensysteme, sondern gegen systemsprengende Systemtheorien. Heute wird Bacon gutgeschrieben, was ihm früher vorgeworfen worden war: daß sein Naturforscher kein Mathematiker war, und seit die Naturwissenschaft das Zwangssystem schuf, gegen das sie einmal entstanden war, macht man wieder gedankliche ohne physikalische Experimente. Seit Bacon ist jeder ein Riese auf den Schultern vieler Zwerge, wenn er aus Prinzip keinem Prinzip folgt und aus Erfahrung nicht bei Erfahrungen aufhört.

Demokrit sagte, wahr seien nur die Atome und der leere Raum, alles Übrige sei bloße Meinung. Diese subjektive Meinung im leeren Spielraum aber wird wieder nur der isolierte Aphorismus. Er ist undurchdringlich kompakt, unzerlegbar und unfaßbar, unsichtbar klein und überhörbar, geruch- und geschmacklos, aber seine primäre Qualität verschwindet in den lauten und bunten, schmackhaft faßlichen geistigen Systemen. Aphorismen bewegen sich und mich im freien Spielraum, stoßen zusammen und prallen voneinander ab. Sie vereinigen die Vorläufigkeit des Befunds mit der Unüberholbarkeit der Form.

Der kleinste Gesichtskreis ist ein fester Standpunkt, aber die meisten Standpunkte sind eher Sitzflächen als Dunstkreise.

Goethe sagte über geborene Aphoristiker, „daß natürliche Menschen sich besser auf den Lakonismus verstehen als eigentlich Gebildete." Bildungsbürger sind das systematisch, nur Adlige ahmen gern stilistisch den Volkslakonismus spielerisch nach.

Hegels geistreiche „Phänomenologie des Geistes" ist eine phänomenale Witzsammlung. Wenn Jean Paul im Witz einen Priester sieht, der jedes Paar traut, dann ist jede dialektische Synthese ein Witz, bei dem niemand lacht, und Hegels große Versöhnung aller Gegensätze nicht nur ein 'Kreis von Kreisen', sondern ein Witz über alle Witze. Man zerlache Hegels Weltwitz in viele Aphorismen, die aus unseren Lieblingsklischees die absurdesten Konsequenzen ziehen.

Künstler, die in der DDR Erfolg hatten, haben in der BRD noch größeren, und wer dort mit religiöser Kunst keinen Erfolg hatte, hat hier noch weniger.

Ein Mann glaubt, seiner Frau untreu werden zu dürfen, solange sie nicht ihre eigene Schwiegermutter wird, und das macht diese so sprichwörtlich unbeliebt.

Buddhismus : Festhalten kann man sich auch am Fahrenlassen aller Dinge, und laß das Loslassen los, ohne dich am Anklammern anzuklammern.

Für Sartre war das Bürgertum eine Unfreiheit, die uns Freiheiten läßt, und der Sozialismus eine Freiheit, die uns Freiheiten nimmt: Gegen ein revolutionäres System, das Mißbrauch treibt, muß man rebellieren, aber ein System, das Mißbrauch ist, muß man revolutionieren. Die „Fleurs du Mal" kann ich lesen, ohne Baudelaire zu kennen, aber ihn nicht kennenlernen, ohne sie zu lesen und nicht Sartres „Baudelaire".

Für Gläubige ist es ein Heidenspaß, sich mit Frommen unterhalten zu müssen, und eine Gottesgabe, sich mit Gottlosen abgeben zu dürfen. Schickte Gottes Gnade uns die Rechtsordnung, weil wir kein Recht auf seine Gnade haben? Wenn ich auf Gott setze, obwohl er nicht existiert, verliere ich weniger, als ich gewinne, wenn ich auf ihn setze, falls es ihn gibt.

Wo Aphoristiker *Adorno* rationale Selbstkritik der ratio als patriarchalische Kritik an homophilosophischen Systemen betreibt, ist er ein Linker; wo er sie aber als materialistische Rückkehr zur Magna Mater betreibt, ist er reaktionär anfällig. Adorno verweigert die von Benjamin geforderte „Radikalisierung der Dialektik bis in den theologischen Glutkern" der biblischen Patriarchen.
.

Zolkowski konnte unter der Zensur nur noch Aphorismen schreiben, Lee erst nach Ende der Zensur. Das 'Weltmodell' des Aphoristikers öffnet und beschränkt die Interpretierbarkeit seiner Aphorismen. („Handschellen wollen nicht die Aufmerksamkeit fesseln." Denotat: Hände fesseln. Konnotat zu Handschellen: Polizei, Staat.) Der Aphorismus unterscheidet sich vom bloß sprachspielerischen Aperçu/Bonmot durch den Leserappell zur konnotativen Ideologiekritik. Der A. widerspricht sich, weil Realität und Ideologie einander widersprechen. Aphoristik verfremdet (russischer Formalismus) und deformiert (Prager Strukturalismus) : Reflexives Überbieten, Kritik an Ideologen und Ideologiekritikern zugleich, paradoxes Unterlaufen wahrer und falscher Positionen, methodische Anwendung auf Allquantifiziertes, Verunsicherung der Gegner und Anhänger zugleich, allgemeingültige Kritik am allgemein Geltenden. Metaphern deformieren keine Sprachnormen, aber aktualisieren neue Bedeutungen im lexikalischen System.
1) *Denotatkonvergenz* (Konnotatdivergenz). „Wegweiser stehen auf der Stelle". Banalität der Denotation verweist auf innovative Wert-Konnotation, z.B. : Ideologen zeigen anderen Ziele, denen sie selber nicht genügen.
Denotatdivergenz (Konnotatkonvergenz mit Sprachunlogik) : „Man kann sich bespeien, ohne den Mund zu öffnen." Denotativer Widerspruch zwischen Speien und geschlossenem Mund ist konnotativ aufgehoben: Wer zu Unrecht schweigt, macht sich mitschuldig. „Sein Tod ist noch kein Beweis, daß er gelebt hat". Tote müssen denotativ gelebt und können konnotativ nicht richtig gelebt haben. „Das schwächste Glied der Kette ist sein stärkstes. Es zerreißt die Kette". Konnotative Aufwertung der Schwäche und Ab-

wertung der Unterdrückungs-Kette.
Divergenz von Denotat und Konnotat. „Sein Gewissen war rein. Er hatte es nie benutzt." Wörtlich 'unbenutzt' denotiert das Konnotat 'rein' und entwertet das Gewissen. „Du sollst nicht töten, wenn dich einer vertreten kann" : Norm wird als Klugheitsregel behandelt und instrumentalisiert. Nicht das Gesetz wird negiert, sondern sein Mißbrauch zur Rechtfertigung des Tötens. „Vaterlandsliebe kennt keine Grenzen − keine fremden Grenzen" : Konnotat „Patriotismus" verschleiert Machtinteressen des Denotats „Staats", und Konnotat „grenzenlos", denotiert als „ohne Staatsgrenzen", entwertet ihn.

4) *Konnotatdivergenz.* „Der Stein der Weisen ist nicht im petrifizierenden Denken": Konnotat-Parallele Stein-Versteinerung legt den Widerspruch nahe, Probleme durch erstarrte Gedanken zu lösen. Kopf hoch, wenn das Wasser bis zum Hals steht: konnotativer Widerspruch zwischen Optimismus und Ausweglosigkeit wird denotativ durch Wörtlichnehmen aufgelöst, konnotativ als Ironie. Um die denotative Banalität aphoristisch aufzuheben, müssen die Wertkonnotate gesucht werden, deren Widerspruch denotativ aufgelöst wird. Prinzip : Konnotative Umwertungen werden durch metaphorische Denotation suggeriert. Die Leserdeutung ist offen und doch durch Lecs 'Weltmodell' eingeengt.

Peter Krupka sieht Aphoristiker primär als humanistische Ideologiekritiker: „Der Aphorismus richtet sich nicht gegen systematisches Denken, sondern gegen erstarrte, verknöcherte Gedankensysteme ... die das Selberdenken verhindern." Bacon sagt: „Traditio methodica ad finem et consensum valet." Diesen Konsens kündigt die „traditio per aphorismos". „Der Aphorismus schlägt ein Loch, ohne es wieder zu füllen" : bezugssystem(at)isches Auffangen einer Sprachnormverletzung (P. Krupka) oder spielerische Identifizierung als gerade noch formal aufgefangener Absturz in die primitive Gegenwart der Leibesenge (Hermann Schmitz).

Im romantischen Fragment wurden Aphorismen wieder synchron, was sie diachron immer gewesen waren: Von Naturwissenschaft über Philosophie zur Literatur.

Ein Aphorismus ist ein isolierter, allquantifiziert einzelner und innovativ ideologiekrischer Gegen-Satz eines genannten Autors mit 6 Sprachfunktionen : 1) affektiver *Ausdruck* des Aphoristikers. 2) denotative *Aussage* eines referentiellen Sachverhalts. 3) imperativer *Appell* an des Lesers Realitätsprüfung 4) ästhetische *Autoreflexion* auf die aphoristische Form: sprachsystematisch geregelte Sprachregelverletzung. 5) *phatischer* Konsens über Dissens. 6) *metasprachliche* Reflexion auf aphoristische Codes (Semiotik).

„The emperor's new mind". Ohne es zu wollen, bewies Roger Penrose 1989, daß Computer nackt sind, weil sie nie neue Aphorismen simulieren könnten, und daß Aphoristiker, die Gödelsche Paradoxe erfinden, intelligent sein müssen, aber keine künstliche Intelligenz haben dürfen. Aphorismen sind selber der Klartext, den Aphoristiker angeblich nicht sprechen können.

Linksscholastik. Der Stalinismus war die Substanz, deren bloße Akzidenz der Sozialismus war, und diese Substanz bestand darin, sich selber für eine bloß zufällige Akzidenz der kommunistischen Substanz zu halten.

Der Engel mit dem Flammenschwert läßt viele nie aus dem Kinderparadies.

Emmannzipation. Einst machte man immer neue Versuche mit immer derselben Frau, heute macht mann immer denselben Versuch mit immer neuen Frauen.

Sag mir, was du in Büchern anstreichst, und ich sage dir, was du nicht bist.

Egaliterature . Gleich sind nur jene, die besser sein wollen als andere, und etwas Besonderes nur die, die sich für nichts Schlechteres halten, sagen sie. Ein Mensch wird nicht getadelt, weil er schlecht ist, sondern damit er schlecht wird, aber Minderwertigkeitskomplexe können sich nur Große leisten, und einem Größenwahn sind nur Versager gewachsen.

177

M. Walser: „Ohne einander" (1993). Mach aus der Not, dich durchs Personal neuerer Romane gar nicht mehr gemeint zu fühlen, die Tugend, vom Mittelstand mehr zu erfahren (ohne dich nur von dir selbst zu distanzieren). Mein Rat : Schreib die geistreichen Personenbeschreibungen heraus und vergiß den Rest. Walser, der Wortkonditor, Ausdrucksfürst, Meister der Verachtungsverbergung und Abwesenheitsdemonstration, begradigt seinen verschnörkelten Vorsichtsstil, und seine Suchtkapazität ist für Frauen reserviert : „Die Augen - so war er gemeint. Der Mund - das ist geworden aus ihm". Die Manier besteht darin, Triviales so zu überzeichnen, bis es ins geistreich Groteske umkippt und ironisch das Gegenteil aussagt. Der Leser ist richtig enttäuscht über banale Füllsätze zwischen süffisanten Komposita und Ellipsen. Walser ist zu klug für seine flachen Figuren und protzt damit. Es mißlingt ihm, seinen Witz glaubhaft zu übertragen auf seine Helden, deren Probleme lächerlich sind und nur Vorwände für Autorenironie, welche die Plattheit der Figuren noch unterstreicht : Welch großer Aufwand für welche Nichtigkeiten!

Der Künstler ist ein Selbsterzeuger, sein Werk ein autonomes Individuum. Auch wenn Schiller Schlegels Fragmente als Naseweisheiten abtat, ist sein Schönheitsbegriff einer „Freiheit in der Erscheinung", wo das Kunstwerk wie ein Stück selbstbestimmter Natur erscheint, auch auf den Aphorismus anwendbar. Aphorismen sind Definitionen, die kein System, sondern sich selber sprengen, oder durch Selbstzerstörung geistige Systeme irritieren. Der Witztechnik bedienen sie sich, um den Widerstand gegen brandneue Gedanken zu brechen. Richtige Wissenschaftler sind Menschen, die nur über Witztheorien lachen. Humorforschung ist als unerforscht unfreiwilliger Humor eine Form der unerkannten Selbsterkenntnis, und ihre besten Forschungsobjekte sind ihre Witztheorien. Der Aphorismus löst rationale Paradoxe und emotionale Ambivalenzen zugleich.

Wenn Adorno aphoristische Fragmente philosophisch legitimiert, dann nicht nur als literarische Gattungen gegen geistige Systeme, sondern als ideologiekritische Waffen gegen totalitäre Gesellschaftssysteme und naturwissenschaftliche Sonnensysteme.

KI oder k.o. Wenn selbst der komplizierteste Computer heute noch nicht die einfachste geistige Frage beantworten kann, wie ist es dann erst bei den komplizierten Fragen? Die Frage ist falsch gestellt, denn ein Computer, der komplex genug ist, einfache Intelligenzfragen zu beantworten, wäre auch komplex genug, komplexeste Fragen gleich mitzubeantworten. Ein aphoristischer Computer müßte Metasprünge an den richtigen Selbstwiderspruchspunkten vollbringen können und die Konnotationshöfe aller Lexikonbegriffe kennen samt aller analogen und assoziativen Querverweise zwischen ihnen.

Wenn die Chaostheorie eine „Selbstähnlichkeit" des Ganzen mit jedem seiner Teile postuliert, warum gibt es dann diese Ähnlichkeit nicht zwischen makroskopischer Relativitätstheorie und mikroskopischer Quantentheorie? Chaostheoretiker bewegen das Weltall durch Flügelschläge von Schmetterlingen. „Einen Aphorismus kommentieren heißt Schmetterlinge durch Hufeisen beschweren" (Martin Kessel). In Deutschland waren Citoyens die ersten und Bourgeois die letzten, in Frankreich Aristokraten die ersten und letzten Buch-Aphoristiker.

Otium cum veritate. Nichts eitler als das Urteil, daß alles eitel sei. Zeit ist Entfernung vom Paradies eines Kerkers und vom Fegefeuer einer Befreiung.

Moderne Konservative reformieren nicht permanent die Revolutionsformen, sondern sind Menschen, die nur die allgemeine Anarchie bewahren wollen.

Daß Thales als Sterngucker in den Brunnen fiel, ist eine Verleumdung seiner Gegner aus dem Brunnen. „Jeder muß seine eigenen Erfahrungen machen", sagen alle, die nur nicht nachdenken und keine Bücher lesen wollen.

Dialektik der Aufklärung. Nichts mythischer als die Entmythologisierungsmoden seit Hegels Tod 1831. Nichts ideologischer als Marxens Materie(lles) unter allen Ideologien, nichts rationalisierter als Kierkegaards Existentielles vor aller Weltvernunft, nichts zeitloser als das Geschichtliche hinter aller Ewigkeit, nichts intellektualistischer als Schopenhauers Wille und Nietzsches Leben hinter aller Verstandesdürre, nichts identifizierbarer als Adornos 'Nichtidentisches' in allen Identitätsausweisen. Cohen und Levinas sind Ausnahmen, die die atheistische Regel der Philosophie seit Hegel bestätigen.

Hans Blumenbergs metaphorologische *Arbeit am Mythos* arbeitet nicht gerade an der Entmystifizierung der Mystagogen. Odo Marquards Polymythen leben davon. Lukacs sah in dem, was Hegel aus dem preußischen Protestantismus machte, nur die Mystifizierung einer Mystifikation. Das sollte an der philosophischen Rekonstruktion des monotheistischen Universalismus nicht wiederholt werden. Zenon nahm Cantor vorweg : Wenn jede endliche Größe aus unendlich vielen Teilen besteht, besteht das Unendliche mindestens aus $\infty \cdot \infty$ Teilen und Urteilchen darüber.

Kants Ding an sich, Maimons Imagination, Schopenhauers Wille und Freuds ES sind als raumzeitlos akausale Einheit von Gegensätzen die intellektuellen Quellen aller Mystik.

Der Philosoph widerlegt ständig Dinge, von denen er behauptet, der Nichtphilosoph behaupte sie, ohne es zu wissen oder wahrhaben zu wollen. Ein Mensch wird Philosoph, weil die Idee der Scheiße nicht stinkt. Materialismus ist die geruchlose Idee, daß die Idee der Scheiße (ihm) selber stinkt.

Plato : Die Elenktik des Urphilosophen Sokrates verwirrte, lahmte, überführte der Dummheit und Faulheit, machte schwindlig und trieb in den Schiffbruch. Läßt sich der Idealismus logisch als Theorie der Prädikatenprädikate fassen? Ein Sonderfall ist die Frage nach der Reflexivität eines Prädikats, das auf sich selbst zutrifft. Für Plato war die Schönheit selbst schöner als alles Schöne, und Marx entdeckte die Ungerechtigkeit des gerechten Tausches selbst. Ein Sonderfall davon ist die Frage nach der Heterologie der Bezeichnungen : „Wort" ist selbst ein Wort. „Dieser Satz besteht aus sechs Worten." Das Subjekt eines Satzes läßt sich als Prädikat von Prädikaten betrachten und jedes Prädikat als Subjekt anderer Prädikate. Die Akzidenz jeder Substanz ist Substanz ihrer Akzidenzen und jede Substanz eine Akzidenz von Akzidenzen. Was läßt sich aussagen von dem, was von etwas ausgesagt werden kann? Ideen von Dingen sind eigene Dinge, sofern sie Prädikate sind, die Prädikate haben, und Dinge sind Ideen von Dingen, sofern sie Prädikate anderer Dinge sind.

Der kurze Aphorismus würde die Gedankengänge, die er zusammenfaßt, um dieselbe Individualität verkürzen, die er gerade vor dem Allgemeinbegriff zu retten verspricht, wenn er nicht eher die Begriffe unter ihr Objekt als die Objekte unter ihren Begriff zusammenfaßte und nicht seine eigene Selbstreflexion wäre. Aphorismen sind so sehr Vorurteile gegen Vorurteile, daß sie sich nicht widerlegen lassen durch Erfahrung, auf die sie sich selbst ständig berufen.

Die Frage, ob die militärisch stärksten Staaten der Welt mehrere Wochen lang eine von ihrem Führer als Geisel genommene Zivilbevölkerung ungestraft in die Steinzeit zurückbombardieren durften, ist die Frage, ob ein Volk bestraft werden darf für die Führer, die es sich zwar nicht selbst gegeben hat, deren es sich aber nicht selbst entledigt hat.

Jedes System spricht (und ist) eine Metasprache über seine Bestandteile. Einheit in der Vielheit in der Einheit oder Vielfalt in der Einheit in der Vielfalt : Widerspruch zwischen Metasprachen?

Manfred Franks Selbsterkenntnis-Dilemma : Wenn ich mich erkenne, erkenne ich den, der sich und seine Selbsterkenntnis erkennt, und setze mich also immer schon selbst voraus. Nicht nur der Begriff ist verschieden von seinen Objekten, sondern das Ich von seiner eigenen Selbstidentität und Selbstdifferenz. Gegen diese Aporien führte Sartre das 'präreflexive Cogito' ein.

Den Baum der Erkenntnis des Guten und Bösen zu fällen, ist nicht böse, aber nur Zeitungspapier aus ihm zu machen, tut auch nicht jedem Menschen gut.

Von Kant zu Cohen : Im Sein steckt das Wesen in infinite-simal kleinen Spuren. Ein Bücherwurm wirft seine Bücher weg und will sich endlich ausleben, ja, das hören unsere bibliophoben Vitalisten gern. Warum wird nie ein umgekehrter „Faust" ge-schrieben : „Habe nun, ach, Gretchen verführt und Deiche gebaut mit heißem Bemühn ...!" Ein Manager wirft seine Schicksen raus und geht einen Bund mit Gott ein, um ein berühmter Gelehrter und Künstler zu werden und Bücher zu lesen und zu schreiben ...

Daß nach Kant das Ich der Mittelpunkt der Welt ist, ent-schädigt nicht mehr dafür, daß seit Kopernikus die Erde nicht mehr Mittelpunkt der Welt ist, seit nach Freud das liebe Ich im Es nicht mehr ist als die Erde im Weltall. Die Erde schwankt unter den Fü-ßen, aber nicht, weil sie sich um die Sonne dreht, sondern weil das Ich das Nichtich erzeugt wie der Irre sein Wahnsystem.

Hegels Einwände gegen Schlegel: 1) Negative statt synthe-tische Dialektik 2) Wahnhafte Subjektivität 3) katholische statt protestantische Romantik.

Wissenschaftliche Theorien können ästhetischer sein als gegen sie auftretende Kunstwerke, die logisch stimmiger sein kön-nen als dagegen auftretende Theorien.

Bloch? Jedes Menschenkind beugt sich eher dem aufrech-ten Gang, als zu seinen wirklichen (Ab-)Neigungen zu stehen.

Adornos Dialektik als Negation der Negation der Negation will Hegels Antithese ohne Synthese, Aufklärung ohne Tugendter-ror, unglückliches Bewußtsein ohne Geist, Herr und Knecht ohne vernünftige Versöhnung, Wahnsinn des Eigendünkels ohne Tu-gend und Weltlauf, Psycho-Logik ohne Schädellehre, Bildung ohne Moral, kategorischen Imperativ ohne Toleranz, Offenba-rungsreligion ohne absolutes Wissen, Einbildungskraft ohne prak-tisches Denken, willkürliche Triebe ohne objektiven Geist, Mora-lität ohne Sittlichkeit, bürgerliche Gesellschaft ohne Staat, will Wesen ohne Begriff, Unterschied ohne Begründung, Inhalt und Form ohne vernünftige Wirklichkeit, Erscheinung ohne Wechselwirkung, Objekt ohne Idee, Urteil ohne Schluß, Reflexion ohne Notwendigkeit, will Erkenntnis ohne absolute Idee und – den kleinen Unterschied ohne große Vereinigung?

Der katholische Dissident Eugen *Drewermann* will unmögliche Befreiung *von* der Mutter *durch* die eine Muttergottheit, „indem die immanenten Differenzen von Mensch und Natur im 'Hause' der 'Mutter Erde' in einer Sphäre der Geborgenheit und Angstfreiheit, statt einander zu bekämpfen, sich gegenseitig ergänzen ..." („Tiefenpsychologie und Exegese" II, Ölten 1991, S. 619). Das Urvertrauen in eine prä-monotheistische Muttergottheit kommt ohne biblischen Vatergott aus. Jung wird durch Freud ersetzt : Anxiolytische Tiefe erspart sich die Analyse. Bekommt gegen Drewermann, der auch Verständnis für Abtreibung bekundet, sogar die katholische Amtskirche noch Recht?

Entwicklung vom Extrem einer mikroskopischen Welt-im-Wassertropfen-Literatur zum anderen Extrem einer makroskopischen Märchenliteratur der großen Bögen, die ganze Detailwelten kurzerhand in Allgemeinbegriffen zusammengreifen.

Adorno forderte zwar den „Vorrang des Objekts" vor dem (Inter-)Subjektivismus der europäischen Vernunft, aber diese *objektiven* Naturgesetze fand er leider eher im Wahnsinn wieder als im Gottesgesetz seiner Väter.

Die „Philosophie" von *Jaspers* geht aus von Kants Paralogismen. Menschliche Existenz, Transzendenz und Welt gehören nicht zum „gegenständlich Wißbaren" : Wer selbst erkennt, kann nicht ganz erkannt sein. Das Ganze sei zu leben. Nach Heidegger war „seinsvergessene" Metaphysik die Lehre vom „Seienden im Ganzen". Wenn das Ganze das Unwahre ist, bleibt die Gesellschaft metaphysisch befangen.

Wahr sein oder scheinen? Nichts ist wahrscheinlicher, als daß etwas Unwahrscheinliches passiert, aber auch nichts unwahrscheinlicher, als daß etwas Wahrscheinliches eintritt. Daß etwas Wahrscheinliches geschieht, ist genauso unwahrscheinlich, wie es wahrscheinlich ist, daß etwas Unwahrscheinliches geschieht. Jedes Ereignis ist so wahrscheinlich wie seine eigene Unwahrscheinlichkeit und so unwahrscheinlich wie seine eigene Wahrscheinlichkeit. Die Unwahrscheinlichkeit, *daß* etwas Wahrscheinliches eintritt, ist ebenso wahrscheinlich wie das Ereignis selbst, und die Wahrscheinlichkeit für seine Unwahrscheinlichkeit ist ebenso unwahrscheinlich wie das Ereignis selbst. Sind Wahrheit und Wahrscheinlichkeit reflexiv?

Selbstkritik? Wer zugibt, daß er alles falsch sieht, der sieht auch falsch, daß er alles falsch sieht, ohne daß er deshalb nun alles richtiger sieht ... Ich verändere mich gern mal und fahre in Urlaub. Aber wenn ich nun auch noch meine Urlaubsziele ändern würde, würde ich nur meine Veränderung verändern, ohne heimzubleiben.

Früher wurden technische Neuerungen durch menschliche Analogien veranschaulicht, heute umgekehrt menschliche Angelegenheiten durch termini technici. Früher war der Computer ein 'Elektronengehirn', heute ist der Kopf ein Super-PC.

Nie zufrieden. Keine Lebenslust ohne Hürdenlauf, aber die selbstgesetzten sind zu niedrig und die von Mitmenschen in den Weg gesetzten Hürden zu hoch.

Um nicht zur Strafe für deine Schadenfreude sein Schicksal zu teilen, bedauerst du den, der in die Scheiße fällt.

Der Mensch verrät sich durch die Art, wie er der Art treu bleibt, seine Ziele an Meistbietende zu verraten.

Wenn alle Rebellionen gegen das System integrale Bestandteile des Systems sind, das seine Anpassung an veränderte Umstände und seine überlebensnotwendigen Selbstkorrekturen seinen Todfeinden aufbürdet, dann ist Überanpassung die wahre Revolte (sagt der Überangepaßte).

In Demokratien können Knechte ihre Herren wieder abwählen, aber nicht, *daß* sie ihre Herren selbst wählen müssen.

Dialektik leibhaftig : Gehst du von einem Menschen aus, endet er dort, wo die Außenwelt anfängt, an seiner Haut. Gehst du von außen an ihn heran, fängt er an derselben Haut an, wo die Außenwelt aufhört. Bei manchem verläuft seine Grenze außerhalb und bei manchem unter der Haut. An seiner Grenze beginnt und endet zugleich, was jeder ist und was er nicht ist. So bin ich nach Sartre, was ich nicht bin, und bin ich nicht, was ich gleichwohl bin.

Für Kierkegaard und gegen seine Verehrer : Nicht jeder, der in einem Palast wohnt und geistige Hundehütten baut, hat da Hegels System, ich dem er gut aufgehoben ist, schon aufgehoben.

Der Dissens über das, was Dissidenten trennt, stiftet zwischen ihnen noch keinen Konsens, aber Philosophie ist keine unendliche Annäherung an das, was „Annäherung an die Wahrheit" bedeuten könnte, sondern das Bild, das sich jede Etappe vom ganzen Weg weg vom Ursprung macht.

1789-1989 : Die marxistische Aufhebung aller hegelschen Aufhebungen hat Epoche gemacht, die genau 200 Jahre nach der Französischen Revolution beendet war. Der Atheismus selbst mißachtete am meisten die Menschenrechte, die er seit 1789 gegen das Christentum erkämpft hatte.

Im Kapitalismus sah Max Weber angewandten Protestantismus und Marx angewandtes Alttestament. Griff der von seinen konvertierten Eltern protestantisch getaufte Marx im Kapitalismus seinen Protestantismus und seinen Väterglauben zugleich an?

Der Mensch ist Ebenbild Gottes, sofern Gottes Geschöpf Schöpfer einer eigenen Welt ist und Gott der selbsterschaffene Schöpfer aller Schöpfer bleibt. Beim Protestanten Fichte wird die transzendentale „Ichheit" des Menschen, der sich und seine Welt selbst in die Welt setzt, zum tranzendenten Ich Gottes, indem der biblische Gott zum deutschen Christus wird. Bei Schelling ist die Vernunft lumen naturale : Geist über der Natur und zugleich ein Stück Natur unter Gott. Sein Lehrer Husserl machte es Heidegger leicht, bei Schelling anzuknüpfen : Die Unfähigkeit des Menschen,

185

sich selbst zu begründen, ist keine „Endlichkeit" vor Gott mehr, sondern vor noch Endlicherem.

Sind Deterministen auch für ihren Schicksalsglauben determiniert, und sind Indeterministen so frei, zwischen Freiheit und Schicksal wählen zu können?

Wer Triviales bestreitet, will andere oft nur so trivial zu werden zwingen, *daß* sie es verteidigen. Ist es banal, Banalitätskritiker zu kritisieren?

Politiker durch Techniker zu ersetzen, ist besondere Politik, aber Technik durch Politik zu zähmen, keine Spezialtechnik.

Alte Kinder dulden keine neuen neben sich, und ein Calvinist ist so gut, wie er es hat; der Kantianer aber hat es nach dem Tode so gut, wie er war.

Moderne Revolutionstheorien laufen nur noch darauf hinaus, daß Herrschaftswissen sich schneller entwickelt, als man es lernen kann, und eine Reform der Reformen keine Reaktion wäre.

Jede Utopie heute will nur, daß du morgen etwas mehr von gestern sein wirst. Futurologen sagen heute nur, was wir morgen tun müßten, um die Folgefolgen ewig vorgestriger Entscheidungen so zu neutralisieren, daß die Korrekturen übermorgen noch korrigiert werden können, bevor wir wegkorrigiert sind.

Den Christen hat Gott das Gesetz nur gegeben, damit sie es nicht erfüllen können und seine Gnade brauchen. Der Witz an der Mystik : Was Gott geschieden hat, soll der Mensch nicht vereinen, und in Christus wurde Gott ein Fleisch, aber nicht mit Mutter Natur

Warum reizen mich Autoren, die beim Abfassen ihrer Werke jünger und begabter waren als ich, seit Jahren viel weniger als solche, die um einiges älter und nicht unbedingt talentierter waren, als ich es heute bin?

Bei H. Cohen wird flagrant, daß Kant von Leibniz und Newton genug beeinflußt war, um das Verhältnis von Verstand und Sinnlichkeit als mathematisches Verhältnis von Integrieren und Differenzieren zu begreifen. Wenn Raum und Zeit nach Kant subjektive Anschauungsformen und nach Einstein Funktionen schwerster Massen darstellen, ist dann die Abhängigkeit des raumzeitlichen Kontinuums von der Massenenergie als vorkantische Abhängigkeit des Subjekts vom Objekt zu denken? Vielleicht ist ja die Sinnlichkeit heute nicht nur ein Differential, sondern auch ein Datenerheber, und der Verstand nicht mehr nur ein Integral, sondern auch Statistiker und Mengenlehrer. Wenn der Verstand zu Menge und Klasse zusammenfaßt, was die Sinnlichkeit an Objekten vorgibt, dann enthält er sich selbst als Untermenge, aber nicht als ein Objekt unter anderen, und er umfaßt und begreift auch das Nichts, also die „Nullmenge" aller sich widersprechenden Objekte. Dann wäre die Vernunft als Menge aller Mengen vom Verstand und ebenso der Verstand von den Sinnen jeweils durch mindestens eine Meta-Stufe getrennt. Die Sinnlichkeit wäre über die Quantifikatoren der Prädikatenlogik heute mit der Mathematik verbunden, und die mathematische Naturwissenschaft wird zugleich immer abstrakter und immer sinnlicher, sofern sie sich wie die Relativitätstheorie und die „Supersymmetrien" zunehmend in nichteuklidische Geometrie auflöst, die Lehre von den Anschauungsformen.

Der Indeterminismus des mikrophysikalischen Einzelobjekts korrespondiert der statistischen Determination ganzer Stichproben. Wird dadurch der klassisch wahre Begriff zur bloßen Wahrscheinlichkeit, mit der Objekte über einen möglichen Bereich stochastisch „verschmiert" sind, und wird der wahre Begriff, den seine Objekte teilen, zur „Wahrscheinlichkeitsverteilung von Ereignissen"? Lassen sich Kants „Verstandesbegriffe" aus einer nichtaristotelischen Logik auch so rekonstruieren, wie die reine Sinnlichkeit heute eine nichteuklidische Raumzeit ist? Dann kämen etwa die Kategorien der *Quantität* aus den Quantoren der Prädikatenlogik, die der *Qualität* aus Position, Negation und universe of discourse, die der *Relation* aus Inklusion und Äquivalenz von Klassen, die der *Modalität* aus denen der Quantität. Aphorismen sind Antithesen von Ursache und Wirkung : S ist P und non-P, S und

187

non-S sind P. Deine Philosophie ist deine Differenz von deiner Differenz von deinem Gegenstand. Die Differenz vom Objekt wird ein neues Objekt. Wird die Differenz von der Differenz vom Objekt am Ende wieder die Sache selbst? Philosophie ist die Tradition der Traditionskritik. Was ist der Grund für den Satz vom Grund? Ist die menschliche Verallgemeinerungsfähigkeit durch Verallgemeinerung entstanden? Ist der Begründungszwang zu begründen? Läßt sich das permanente Problematisieren seinerseits problematisieren, ohne es aufzuheben? Durch welche Erfahrung ist Kants „Bedingung der Möglichkeit von Erfahrung" bedingt? Schelling suchte in seiner „Philosophie der Philosophie" die Reflexion von allem zu reflektieren. *Worauf* reflektiert der Philosoph, wenn er reflektiert, fragte Marx. Reflexion auf das philosophische Apriori der Sprache setzt Sprache voraus, und Reflexion setzt sich selbst voraus? Reflexion auf die Voraussetzung aller Reflexion ist Voraussetzung der Reflexion auf alle Voraussetzungen? Verhält sich die intentio obliqua zur intentio recta wie der Begriff zu seinem Objekt? Das wäre der Fall, wenn der Begriff von Objekten als Objekt von Begriffen begriffen wird, d.h. der Begriff als Objekt seines Objekts und das Objekt als Begriff von seinem Begriff. Findet Adornos „Nichtidentität von Sein und Bewußtsein" in Russells „Typentheorie" seine formale Logik? Aber was ist die Metasprache über das Verhältnis von Sprache und Metasprache? Ist die ganze Metaphysik bereits enthalten im Verhältnis von Individuum und Begriff? Meta-Stufen Objekt, Begriff, Urteil, Schluß? Ist das Urteil eine Verbindung von Begriffen oder ein Begriff von einem Begriff? Ist der logische Schluß eine Verkettung von Urteilen oder ein Urteil über ein Urteil? Das Weltapriori der Sprache wird bei Habermas zum Weltapriori des Gesprächs : Dialektik verkommt vom philosophischen Selbstgespräch zum Dialog oder zur Podiumsdiskussion von Quatschköpfen. Urteil über Urteile über Urteile innerhalb ein und desselben Urteils : der Regressus in infinitum wird begrenzt durch die 'Endlichkeit' des gewöhnlichen Sterblichen, der stets auf Sinneserfahrung angewiesen bleibt.

Paradoxer Sinn im Widersinn besteht darin, daß Hegel die These und die Antithese beide für wahr und Zen sie beide für falsch hält. Hegel bewegt sich (im spekulativen Satz) durch die

Extreme hindurch, Zen aber (im negativ unendlichen Urteil) unter sie hinweg.

Ivy Compton-Burnett. Anne Donne wird erst richtig ungerecht, als sie des Unrechts zu Recht beschuldigt wird, aber nur dadurch enthüllt sie die Vergehen der anderen. Sie versteift sich auf Unrecht, das fremdes Unrecht entlarvt.

Liebe zählt auf Vereinigung des dadurch bestätigten Verschiedenen, Mathematik dagegen rechnet mit Differenzen im dadurch bestätigten Homogenen.

Literatur ist Philosophie für Leute, die nicht denken können, Philosophie ist Kunst von Leuten, die nicht wissenschaftlich arbeiten müssen.

„Schuppenflechte" am (aggressiven) Ellenbogen und an den Knien (auf denen die schuldbewußt depressive Seele liegt und in die sie geht)?

Heideggers Schelling ist kein um Fichte verkürzter Hegel oder um Descartes verkürzter Spinoza, sondern sein Parmenides ist ein um Hegels Urdialektiker Heraklit verkürzter Immobilienhändler Plato. Ohne Vielheit, Begriff und Bewegung : Heidegger geht zurück auf Parmenides, aber nicht auf dessen Apologeten Zenon, dessen Paradoxien zu Hegels Dialektik führen und zu Cantors unendlichen Mengen. Er will Sein ohne Widerspruch und ohne Mathematik.

Geht die Energie, die einer in seinen „Familienroman" steckt, seiner Psychotherapie verloren? Ist der Roman das Ende der Neurose oder konstitutiver Teil der Neurose?

Die meisten geltungssüchtigen Menschen bleiben unbekannt; der antike Philosoph Epikur wurde weltberühmt durch seinen Wahlspruch „Lebe im Verborgenen."

Was hat er denn bloß? Er hat nichts, aber ihm fehlt alles.

Wer Arbeiter anspricht, sich einmal frei auszusprechen, hat die gute Ausrede, daß auch unsagbar schlechte Aussprache gegen sie spricht.

Vier Erkenntnistheorien : Jeder (v)erkennt, wie er die Welt (v)erkennt.

Gravitonen & Susys. Hegel konnte die „starke und schwache Wechselwirkung" der Kernphysiker noch nicht kennen, aber sagt seine Naturphilosophie über den Zusammenhang von Elektromagnetismus und Schwerkraft, was die Kosmologen heute für den Zusammenhang von Quanten- und Relativitätstheorie suchen?

Abgenervt und zugelabert. Um zum Volk von Hegel und Heine zu gehören, muß man sie wenigstens lesen. Wer keine Bücher liest, gibt Stalin nachträglich Recht.

Wähle: Entweder Abstraktion, Integration und Verwaltung oder Armut, Schmutz und Schmerz, entweder Armutsindividualismus oder Versicherungspolicen.

An der Oberfläche und in der Tiefe müssen alle Menschen gleich sein, dazwischen dürfen sie verschieden sein. Oder ist es gerade umgekehrt?

Adornos elitärer Widerstand gegen die Eliten war ein plebiszitärer Widerstand gegen die Massendemokratie. Niemand verstand, daß er auch ihm widerstand. „Furchtbares hat die Menschheit sich antun müssen, bis das Selbst, der identische, zweckgerichtete, *männliche* Charakter des Menschen geschaffen war, und etwas davon wird noch in jeder Kindheit wiederholt." („Ästhetische Theorie") Ist das nicht die Utopie des Einzelkindes unter lauter verwöhnenden Frauen?

Warum sollte ein Lehrer im Schulunterricht mit Effi Briest und Madame Bovary besser zurechtkommen als zuhause mit seiner Frau und seiner Tochter?

Wie kann Gott erste Ursache der Welt sein, wenn der Mensch die Ursache der Kausalkategorie ist, fragt Kant. Aber wie kann sein Geschöpf Urheber jeder Ursächlichkeit sein, wenn es Werk und Wirkung seines Schöpfers ist, frage ich.

Wer nur an den Egoismus anderer denkt, denkt auf egoistische Weise an ihn. Nur wer an seinen eigenen Egoismus denkt, kann an andere Menschen denken. Wer über seinen eigenen Egoismus hinausdenkt, kommt meist nur auf den Egoismus anderer. An die Selbstlosigkeit anderer zu denken, ist eine schönere Art, an sich selbst zu denken.

Was in uns keine Todesangst hat, wird sterben, und was sich in uns vor dem Tode fürchtet, ist unsterblich, sagt Schopenhauer ebenso schön wie falsch.

Adorno hat nachgedacht über die Differenz zwischen dem Individuum und dem im Individuum versteckten Allgemeinbegriff, aber nicht über die Differenz zwischen Begriff und Urteil oder zwischen dem Urteil und dem in ihm versteckten Urteil über dieses Urteil. Der eine Begriff der vielen Individuen aber ist ein Meta-Individuum. Russells „Typentheorie" hat generalisiert, was ein Adorno auf die Typendifferenz zwischen Begriff und Objekt beschränkte. Ferner : Der eine Begriff faßt verschiedene Individuen als Akzidenzen derselben Substanz zusammen und begreift etwas, indem er es als Einheit diverser Zustände auffaßt, die seine Objekte sind. Sind die Objekte eines Begriffs immer Zustände ein und derselben Substanz, die Schopenhauer Materie nannte?

Adorno verstand sein aphoristisches Philosophieren als „bestimmte Negation" von Hegels Systemdenken. Aber vielleicht läßt sich Hegels „Wissenschaft der Logik", diese Theorie des „spekulativen Satzes", umgekehrt auch als System von systemsprengenden Aphorismen lesen. Was folgte daraus für Adorno?

„Demgemäß besteht der Witz, als Geistesfähigkeit, ganz allein in der Leichtigkeit, zu jedem vorkommenden Gegenstande einen Begriff zu finden, unter welchem er allerdings mitgedacht

191

werden kann, jedoch allen andern darunter gehörigen Gegenständen sehr heterogen ist." Schopenhauer hatte für das Lächerliche reserviert, was Adorno als das „Nichtidentische" gefeiert hat, das gleichsam seinen identifizierenden Begriff lächerlich macht, statt sich vor ihm zu blamieren. Was bei Schopenhauer noch Komödie von wit und esprit ist, wird bei Adorno zur Tragödie der Vernunft. Die „Dialektik der Aufklärung" war auch einmal „Theorie des Lächerlichen" („Die Welt als Wille und Vorstellung", 11,8), bevor Adorno in den „Minima Moralia" (Juvenals Irrtum) die satirische Differenz heutzutage für ebenso unmöglich hielt wie Schopenhauers komische „Heterogenität von Individuum und Begriff".

Folge nur deinem eigenen Stern, und sei es dem von Mercedes oder einem raben-„schwarzen Loch" der Milchstraße.

Auch *Freud* war Marxist : Das Schwein bestimmt das Unterbewußtsein, und kapitale Reproduktionsmittel sind gefesselt durch eheliche Verhältnisse. Fernes Innenleben, nahe Außenwelt. In jedem Eigenheim, sagen seine Gegner, habe Sigmund Freud nur ein fremdenfeindliches Inzuchthaus gesehen.

Das Menschenkind verdrängte Mutter Erde aus dem Zentrum der Welt. Gott wurde Mensch : Je mehr der Mensch Mittelpunkt der Welt wurde, desto unmenschlicher wurde sie. Monotheismus bedeutet nicht christliche Versöhnung Gottes mit der Welt, sondern Einigkeit gegen die Welt. Ist die Erde ein individuelles Lebewesen, dann bin ich nur ein Stück Erde. „Das Universum selbst schafft sich seine Bewunderer" und Verächter.

Der Irrationalismus ist so wenig irrational, wie die Vernunft vernünftig ist.

Musils „Mann ohne Eigenschaften", der den „anderen Zustand" einer „taghellen Mystik" im 1. Weltkrieg gefunden hatte, wurde im 2. Weltkrieg simpler Rechtsaußen.

Heideggers Philosophie will „eigentlich" nichts sein als summarische Abwehr all dessen, was sich - zustimmend oder absprechend - über sie sagen läßt. Sie ist nichts als Negation gerade auch aller affirmativen Urteile über sie. Sie spricht über das, was über sie gesprochen wird, bevor es gesagt wird, sagt Bourdieu.

Daß E. Drewermann Religion tiefenpsychologisch deutet, macht ihn der katholischen Theologie überlegen, aber *was* er da findet, fällt hinter sie zurück.

Kaiser Josephs Österreich brachte große Männer hervor, Freud, Schnitzler, Roth, Kraus, Broch, Friedell etc. − und einen, der sie alle vernichtete.

Systematische Allgemeinbegriffe attackierte sowohl Hofmannsthals Lord Chandos wie der von ihm attackierte Apophthegmatist Lord Bacon: Alles Edelmänner. Aphoristiker nageln das begriffliche Festnageln aller Dinge begrifflich fest, ohne aufzuhören, Menschen begrifflich aufzuspießen.

„Moos" des Oldenburgers Klaus Modick: Ein preußischer Todestrieb in Grün. Alternder Biologe sehnt sich nach Vereinigung mit seinem Forschungsobjekt. Der Roman begeht denselben Fehler, den er der Wissenschaft ankreidet : Sinnliche Details illustrieren nichts als die abstrakte Theorie, daß sie mehr sind als bloße Illustrationsbeispiele ihrer abstrakten Theorien. Primitive Pflanzen kommen vom Regen der botanischen Klassifikation in die Traufe regressionspsychologischer Symbole : Schamhaar der alten Erdmutter. Modick spricht wie Musil abstrakt über Sinnlichkeit, statt Abstraktionen zu versinnbildlichen : Akademische Germanistenprosa und „taghelle Schleudermystik". Wenn jede Liebe ein kleiner Tod ist, dann ist der Tod noch lange nicht unsere große Liebe.

Allein drei Dinge an einem Menschen verdienen Achtung, sein Leiden, seine Originalität oder sein Schweigen, wenn er keins von beiden vorweisen kann.

Alles Wesentliche ist unveränderbar, sagen Metaphysiker: Was zu ändern war, erwies sich gerade dadurch als unwesentlich.

Christentum : Gott ist nur mitten in seiner Höhe so diesseitig für uns da, wie er nur mitten in unserem Leben jenseitig und nicht für uns da ist.

Polytheismus ist die Lehre von der Göttlichkeit jeder Einzelseele : Das transzendentale Selbst (Atman) als Filiale der göttlichen Transzendenz (Brahman). Ob Meditations- oder Nachrichtentechnik, technische Manipulation ist beides.

Warum wird das „mechanische Weltbild" heute bloß so verteufelt? Werkzeuge, die nicht mechanisch wirken, sind auch für schönste Zwecke untauglich. Ein Noah, der gar nichts von Technik versteht, ersäuft mit der ganzen Schöpfung.

Der Atheismus gehört zur Religion, wie Gott durch seine Abwesenheit glänzt, und der Schöpfer nützt wenig, aber seine Geschöpfe nützen nichts ohne ihn.

Gestern fühlten Menschen sich schuldig, auch wenn sie gar nichts getan hatten; heute sind sie ohne Schuldgefühle, auch wenn sie durchaus etwas getan haben. Des Verbrechens schuldig, überhaupt „Schuldzuweisungen" zu wagen, fühlen sie sich heute aber nicht aus selbstloser Nächstenliebe.

Die Technik des modernen Menschen und die Unwissenheit des Urmenschen sehen dasselbe, nämlich Sex und Kinder nicht kausal verknüpft.

Philosophische Theorien vom vorphilosophischen Zugang zu ihren Gegenständen sind Lösungsversuche, ohne die Lösbarkeit ihrer Rätsel entscheiden zu können. Wenn die klassische deutsche Philosophie eine Metaphysik des deutschen Protestantismus war, dieser aber eine Form jenes griechisch beeinflußten Christentums, das sich gegen die Bibel abgrenzte, dann hat sie ihren monotheistischen Ursprung, den sie in sich 'aufheben' wollte, nur verdrängt.

Natur ist eine Frau, die weder vergewaltigt werden noch unberührt bleiben will.

Dichter, Denker und mindere Ganzheitsapostel perhorres-
zieren Naturwissenschaftler als Naturschänder, weil sie keine mathematische Formel verstehen. Warum können wohl mehr Physiker
Geige spielen als Metaphysiker Gleichungen lösen? Ganzheiten zu
fühlen ist simpel, Komplexe zu analysieren ist anstrengend.

Kant = Leibniz + Hume. Was bei Kants philosophischer
Grundlegung von Newtons Physik noch eine Beherrschung des
Sinnenchaos durch Infinitesimalrechnung war, müßte heute zeit-
gemäßer eine Herrschaft der mathematischen Logik über die In-
duktion sein, von Metasprachen über Objektsprachen, eine Lösung
von Zenons Paradoxien durch Cantors Mengenlehre, von Universalismus durch rekursive Schleifen, eine Zusammenfassung von
Quantenmechanik und Relativitätstheorie, von Licht und Schwere,
die Great Unified Theory „GUT" aller Quarks oder Susys.

Die Fragmentierung von Welt und Wissen sollte nicht
holistisch hintertrieben, sondern technisch vorangetrieben werden,
aber nur beiläufig. Baut nur größere Teilchenbeschleuniger und
Ganzheitsbremser, aber zerlegt mich nicht in Quarks.

An seiner Frau machte der Mann wieder gut, was er gesündigt zu haben fürchtete an seiner Mutter, als sie gestorben war.
Seine Frau schürte sein Schuldgefühl, von dem sie profitierte, und
dafür strafte er sie, indem er ihren bösen Vater spielen durfte. Diese Verklammerungen lassen sich zu einer guten Ehe ausbauen.

Paradoxes zu Kunst und Leben : Eine Mannwerdung gelingt nur mit und an einer Frau, aber NN. braucht Ruhe vor seiner
Frau, um gegen sie ein Mann zu werden durch einen Roman, den
er über seine Mannwerdung schreibt? Auch so kann das homo-
erotische Outing des Mannes-an-und-für-sich aussehen.

Was du hiervon betonst, macht dich zum Optimisten oder
zum Pessimisten : Der Ausgang aus der Hölle heißt Paradies, und
jedes Paradies wird eines Tages zu seiner eigenen Hölle, nicht aber
der Höllenpfuhl zum Garten Eden. Die Hölle ist immer ebenso real
wie das Paradies nur imaginär : Der Garten Eden wird kultiviert

von Paradiesvertriebenen, und wer aus dem Garten Eden der Kultur vertrieben wurde, muß vom bösen Baum der Erkenntnislosigkeit gegessen haben.

„Nicht durch Herrschsucht und nicht durch Gewalt, sondern durch meinen Geist!, spricht der Herr." (Sacharja 4,6) Jesaja 31,33 ff. und Ezechiel 36,26 f. Ist die Religion eine Zwangsneurose oder die Neurose ein Religionsersatz? Entweder ist Religion durch Realismus zu heilen oder Realitätsverlust durch Religion. Bewegen sich Seelen durch eine unveränderte Welt oder die Welt an zurückgebliebenen Seelen vorbei? Seelen-Heilkunde oder Seelenheil-Kunde? Alle Kultur heißt den Garten Eden kultivieren, aus dem wir vertrieben sind.

Tua res agitur. Seine einzige Sache war es, in den Sachen anderer der Beste sein zu wollen und es gerade deshalb nicht zu können. Schlagen hätte er sie nur können auf einem eigenen Gebiet, das er nicht hatte.

Glaubt der Künstler auf Grund seines Talents ein Recht auf anarchistische Lebensweise zu haben, oder ist dieser Anarchismus eine der möglichen Talentursachen? Wenn der Flügelschlag eines Schmetterlings, wie Chaosforscher unken, wirklich Auswirkungen hat auf die fernsten Enden des Kosmos, ist dem Stand der Gestirne mindestens so viel Einfluß einzuräumen auf den Wimpernschlag meines Auges.

Die Bibel nennt objektive Ermöglichungsbedingungen aller transzendental-(inter)subjektiven Ermöglichungsbedingungen jeder individuellen Selbstbestimmung.

Wer nicht abstrahiert, der wird abstrahiert,
sagen die Begriffsstutzer.

Wenn der Christ eine erlöste Seele in einer unerlösten Welt ist, dann ist der Antichrist noch keine unerlöste Seele in einer erlösten und unverbesserlichen Welt.

Luther schaute dem gewissensbissigen Volk auf den Maul-korb. Dieser besteht heute darin, alles ungestraft sagen zu dürfen.

Gott macht, daß die Dinge sich selber machen. Daß wir schuldig werden, ist ebenso Schicksal, wie wir an unserem Schicksal mitschuldig sind. Protestantischer Kapitalismus: An seinen Schulden ist jeder selber schuld und wird wahrhaft erlöst durch Erlös seiner Waren.

Philosophie ist mehr als Poesie des Verstandes oder Logik der Einbildung.

Bewußt unpolitisch heißt nicht unbewußt politisch, und in einer Welt selbstbewußter Politiker sind die Engagierten die un-bewußt unpolitischen Menschen.

Kein Objekt kann auf ein Subjekt „einwirken", denn Ur-sache und Wirkung sind subjektive Kategorien : Ich bin Ursache dafür, *daß* du die Ursache einer Einwirkung auf mich bist. Oder bist du Ursache dafür, daß ich auf dich einwirke?

Hegels Denken wollte alle zweifelhaften Individuen 'frei-geben', nur nicht ihre skeptischen Aphorismen (die Hegels Begriffe begrifflich sprengen). Phänomenologie sollte heißen : Zurück zum Witz an der Sache selbst! Sind Witze dialogisierte Aphorismen, dann ist ein gewitz(ig)ter, also lebenserfahrener Aphorismus der ernstzunehmende dialogfreie Witz bei der Sache.

Dieses Werk liest nicht richtig, wer es nicht als streng sys-tematische Grundlegung der Philosophie versteht. Es entfaltet die klassischen Disziplinen Metaphysik (Logik, Ontologie, Theologie, Anthropologie), Naturphilosophie (Kosmologie, Psychologie), Ethik (Politik, Rechtsphilosophie), Erkenntnistheorie, Ästhetik, Geschichtsphilosophie, Sprachphilosophie usw. ...
Ein freies System, das nicht angegriffen wird, ist eine hoch gelobte Diktatur. Es gäbe mehr mutige Menschen, wenn sie nur feige genug wären, ihre Feigheit zu offenbaren.

197

Unrechtmäßig erfüllte Wünsche entwickeln keine gesell-schaftsverändernde Kraft. Revolution ist Amoral, Amoral ist konservativ: Das wichtigste Mittel, Wünsche gleichzeitig zu frustrieren und revolutionär zu machen, ist Recht und Moral.

Im Zeitalter der Ehescheidungen hätte auch ein Nikolaus Cusanus lieber gesprochen von Unvereinbarkeit der Vereinigten, von oppositio coincidentium.

Pakt. Zur „Solidarität" beitragen sollen nur jene, die ihrer gerade bedürfen, und nur jene, die dazu Beiträge leisten könnten, kommen in ihren Genuß.

Keine Zensur. Mit dem eigenen Teufel konfrontieren unsittlich gute Bücher nur die starken und sittenrein schlechte Bücher nur die schwachen Naturen.

Krieg ist der Vater aller Dinge und Vorsicht die Mutter der Porzellankiste. Der Pazifist hat einen Ödipuskomplex und zieht dann doch die Tochter vor.

Gewährsmann Moritz Heimann nannte das Paradox das „sigillum veritatis". „Einführung in die Philosophie" von NN ist eine Einführung in die Philosophie von NN. „Anleitung zum Töten" von NN. ist auch eine Anleitung zum Töten von NN.

Es gibt Menschen, die in Grenzsituationen ihr Bestes, und andere, die dort nur ihr Schlechtestes geben. Manchem reißen Bewährungsproben die Maske vom Gesicht, anderen setzen sie erst eine auf. Die Kunst gehört den letzteren.

(Glänzt der empirische Schein, ist das Intelligible nicht rein.) Der hat es verwirkt, der Gastrecht erzwingen will und Menschenrecht nicht erzwingen kann.

Kommunismus ist die gerechte Verteilung der Armut, sagte Brecht contra Marx. Was du verstehen willst, mußt du verschenken, und was du nicht verstehen willst, mußt du rauben.

Die Katze beißt sich in die rekursive Schleife : Kann man jemandem Ungehorsam befehlen und ihn auffordern, unaufgefordert zu handeln, kann man ihn zwingen, sich ganz ungezwungen zu fühlen, und ihn bitten, unerbittlich zu bleiben?

Das Wichtige an Hegel ist nicht, wie Adorno monierte, sein „System", sondern der innere Widerspruch, den er noch in vollendetsten Tatsachen entdeckte. Jeder Teil des Systems sprengt das System, indem er selbst ein System ist u.u. Wahrheit ist Ganzheit, aber nicht als Totalitarismus des göttlichen Geistes, sondern als ganzes System von Systemsprengsätzen. Hat alles verstanden, wer ein Atom versteht, und kein Atom verstanden, wer nicht die Welt versteht?

Der Ökologismus hat Erfolg bei Naturwissenschaftlern, die keine Naturschänder sein wollen, denn Physiker schützen gern (ihren Blick auf) die grüne Natur vor der menschlichen Natur. Sie nennen das wertfreie Objektivität.

Adorno rechtfertigte die aphoristischen Fragmente, seine Bruchstücke einer großen Konfessionslosigkeit, mit dem Widerspruch, das individuelle Subjekt und seine Familie sei von der „verwalteten Welt" gleichzeitig entmachtet und auch gestärkt.

Verdinglichung oder Beseelung: Wiederholte der Protestantismus am Papismus, was die christliche Sohnesreligion an der Religion der Väter verübt haben soll?

Nur alte Leute erinnern mich heute noch an meine Kindheit, und nicht weil sie kindisch werden, sondern noch heute das tun, was meine Eltern damals taten.

Modernes Mittelalter oder Moderne als ihr eigenes Mittelalter? Zustimmung zum Unsichtbaren war Aufgabe erst des Glaubens und dann des Wissens.

Feyerabends Methodenpluralismus:
Rien ne va plus when anything goes.

199

Haltlose Spekulationen eines „nicht zu Ende Geborenen" (Theweleit). Für Anthropologen ist der Mensch eine „physiologische Frühgeburt", die gegenüber dem Tier den Rest der Schwangerschaft extra-uterin im 'Sozial-Uterus' der Kultur verbringt. Noch drei Monate länger im Mutterleib und der Mensch würde als instinktsicheres Tier geboren, aber wie viele Jahre im Sozialuterus der Kultur braucht der Mensch, um ein instinktarmes Arbeitstier zu werden? Nach Genesis 6,3 begrenzte Gott die menschliche Lebenszeit auf 120 Jahre. Heißt sterben, den kulturellen Sozialuterus zu verlassen, um für ein „zweites Leben" wiedergeboren zu werden? Wenn ich nach 12 Monaten im Mutterleib als fix und fertiges Tier geboren würde, aber nach 9 Monaten als instinktunsicheres Menschenkind geboren und maximal 120 Jahre alt werde, dann verlasse ich den kulturellen Sozialuterus und sterbe, bevor ich zum Engel oder zum Tier geworden bin? Neun Monate im Mutterleib verhalten sich zu 12 Monaten wie 90 Jahre im Sozial-Uterus zu maximal 120 Jahren Lebenszeit und diese wie etwa 900 Jahre zu 1200 Jahren Menschheitsgeschichte.. Um 1500 glückte mit der Entdeckung Amerikas für Europa die Geburt der mathematischen Naturwissenschaft aus dem Geist der Renaissance, bevor um 1800 nach 1200 Jahren das aufgeklärte positivistische Tier geboren war. Wieder 900 Jahre später wird um 2400 n. Chr. daraus ein neues Zeitalter geboren werden? Die neun Monate im Mutterleib verhalten sich zu den 90 Lebensjahren wie 9000 Jahre nach dem Tode zu 12000 Jahren : Welchen 'Sozialuterus' welcher Mutter Natur verlasse ich also 9000 Jahre nach meinem Tode, um als welches Wesen 'wiedergeboren' zu werden? Was ist das für ein analoges kosmisches Tier, als das ich 12.000 Jahre nach meinem Tode wiedergeboren würde, wenn ich nicht schon nach 9000 Jahren vom postnatalen Sozialuterus der Mutter Natur entbunden würde? Ist der Mensch jenes Wesen, als das er 9000 Jahre nach seinem eigenen Tode jeweils 'wiedergeboren' wird, wenn es wahr ist, daß er nach 12 Monaten Mutterleib als Tier geboren würde, wenn er nicht nach 9 Monaten als Mensch geboren würde?

Kants Sittengesetz sagt auch, daß jeder Mensch nicht nur als Selbstzweck, sondern immer zugleich auch als Mittel zu behandeln sei.

Kants Sittengesetz will den Menschen nicht nur wie W. Benjamin als Selbstzweck behandelt wissen, sondern immer auch als Mittel. Der Nächste ist nicht nur Mittel zu dem Zweck, ihn als Ziel zu behandeln, sondern ich muß ihn oft auch als Selbstzweck behandeln, damit er als Mittel für meine Zwecke brauchbar ist. Jeder muß Objekt seines Objekts und Ziel eines fremden Ziels sein können.

Postsozialismus: Lohnerhöhung rationalisiert teure Abeitsplätze weg, und die modernisierten Maschinen erzeugen endlich Arbeitslosengeld für proletarische Intellektuelle: Nach dem beendeten Wettstreit politischer Systeme wäre Zeit für einen demokratischen Wettkampf philosophischer Fragmente.

Vernunft, Urteilskraft und Einbildungskraft als gemeinsame Wurzel von Verstand und Sinnlichkeit: wie stehen sie alle zueinander und zum Geist Gottes? Rosa Luxemburg auf die Füße: Das Problem wächst mit dem Abstand vom Idealismus.

Ich sehe, daß ich dich sehe und daß du mich siehst, d.h. ich sehe, daß ich deinen Blick und du meinen Blick siehst. Du siehst, daß du mich dich sehen siehst und ich dich mich sehen sehe ... Ich sehe mich einen anderen sehen, der mich sieht – oder besser einen, der ihn sehen sieht ... usw. Wen und was sehe ich noch, wenn ich das alles mitsehe? Kurz : Ich brauche Gründe, um auf einer bestimmten Stufe stehen zu bleiben, wenn mein Blick auf dich keine unendliche Spiegelung von Spiegeln sein soll. Wenn ich urteile, urteile ich nicht darüber, daß du mein Urteil über dein Urteil beurteilst – oder doch? Gibt es also niemanden, den mein Selbstbewußtsein sich bewußt machen kann? Kants Paralogismus der Vernunft? Sieht ein menschliches Subjekt sich selbst objektiv, wenn es sich ein subjektives Bild von sich macht, oder sähe es sich gerade subjektiv, wenn es die objektive Wahrheit über sich sagen würde? Mit dem, was ich erkennen will, muß ich entzweit sein, ohne daß es ganz hinter mir liegt. Kants Ding an sich ist alles, womit ich nicht eins und einig bin. Objektivität des Verstandes wächst mit dem Abstand vom Gegenstand, bis er ganz verschwunden ist, aber Selbstbewußtsein setzt immer Selbst(ent)täuschung voraus.

Ars vitae brevis. Es dauert immer noch ein bißchen, bis es kurzweilig wird, oder dauert noch ziemlich lange, bis es langweilig wird.

In den „Pensées" bestand Pascals esprit de finesse (ordre du coeur) nicht in Gefühlsduselei, sondern darin, seinen esprit de géometrie (ordre d'esprit) gegen sich selbst zu kehren und Jesuiten mit ihren eigenen Waffen zu schlagen. Im Übrigen gibt es weniger Physiker, die kein Herz haben, als Schöngeister, die nichts von Geometrie verstehen, und viele Pascal-Leser haben beides nicht.

Der Minderheitenschutz ist wichtig, um Gottes Gesetz zu Gehör zu bringen. Sind Fundamentalisten nur Leute, die in der parlamentarischen Demokratie die Macht aufheben wollen, welche Gottes Gesetz parlamentarisch aufheben kann?

Demokratie: Das Recht auf menschliche Selbstbestimmung beruht darauf, daß der Mensch nicht das Maß aller Dinge ist.

Wenn das Weltwissen endlos zersplittern muß, dann lieber zu Aphorismen, deren jeder auf seine Weise das ganze Wissen vom Ganzen wieder in sich zusammenfaßt.

Hegels romantische Naturphilosophie, die den Geist mit sich vermittelt, ist genau deshalb keine objektive Naturwissenschaft, weil sie nur als poetische Psychologie zu retten ist. Hier, wenn überhaupt, ist am meisten von dem durch Reflexion der Reflexion und nicht durch kruden Naturalismus begründeten „Vorrang des Objekts" zu spüren, den Adorno zurecht gegen Hegel begründete.

Sie: „Wenn wir streiten, soll immer ich die Schuld haben!" Er: „Deine Schuld ist nur, daß du so etwas denkst."

Mythos des Ritus oder Ritus als Mythos seiner selbst? Zeremonie als Tatersatz. Gesetzeserfüllung ist jene Gotteserkenntnis, die sie nicht voraussetzt.

Christparadoxien: Nur Heilige können Jesu Gebot erfüllen, heilig zu werden. Nichts macht Menschen schmutzig, aber alles machen sie schmutzig. Hellenistischen Römern war Jesus neu und dekadent gegen biblische Propheten.

Ohne Kirchen wäre nie überliefert worden, was gleichwohl alle Kirchen sprengt und keine je gewollt hat. Kirche ist die institutionelle Aufhebung aller Institutionen und der anarchistische Todfeind aller Anarchien zugleich.

Es genügt nicht, auf Erden zu scheitern, um im Himmel gesiegt zu haben. Was in der Welt krank, niedrig und verachtet ist, kann das auch noch im Himmel sein, und was hochoben gut, reich und schön ist, kann das auch hienieden sein. Aber wer sein Leben verlieren will, wird es dadurch noch lange nicht bewahren.

Fellow traveller. Nur Religion, die keine Magd des Staates ist, der auch kein Diener der Religion ist, darf und soll das öffentliche Leben kritisch begleiten.

Philosophie ist Diskussion über die Undiskutierbarkeit ihrer Prämissen, aber daß Wissenschaft alles begründen können muß, wäre selbst zu begründen. „Die historische Erkenntnis ist cognitio ex datis, die rationale aber cognitio ex principiis." (Kant, KrV, B 863 f.) Aphoristik „benennt das Prinzip dessen, was alle Prinzipien negiert" (Adorno, Vorwort zu H. Krügers Dissertation, 1956). Ist aphoristische Kunst das unsinnliche Scheinen des Unsinns, sinnloser Anschein der Sinnlichkeit oder eine Behandlung von Spachneurosen? Grundsätze des Wissens aus Gründen gelten heute als geltungsunkontrollierte Spekulationen. Es gibt nicht mehr natürliche als gerade Zahlen. (Bolzanos *paradox of infinit*) Aphoristik ist Zerlegung in infinitesimal viele und kleine Beweisschritte. „Die paradoxe Formulierung kann als Stilmittel der Verfremdung eingesetzt werden." (Meyers Kleines Lexikon der Philosophie, Mannheim 1987) Neue Sprachspiele, neue Lebensformen? Logos ist Vernunft als S(pr)achbezug. Ein Gedankenexperiment ist eine Variation von Rahmen- und Nebenbedingungen. Reductio absurda ad absurdum: Wenn aus je zwei Aussagen, die einander logisch widersprechen, ihrerseits Widersprüche folgen, helfen nur noch Aphorismen.

Wer noch zum Arzt gehen kann, kann auch zur Arbeit gehen, und wer nicht mehr zum Arzt gehen kann, zu dem kommt der Heimcomputer ins Haus.

Wenn wir erkennen, was für Kinder wir gezeugt haben, um deren Willen wir geheiratet hatten, ist es zum Glück oft schon zu spät für eine Scheidung.

Träumt weiter, pennt weiter, ihr Künstler: „Träume sind Hüter des Schlafes" (Freud), aber keine Wecker.

Mancher bleibt lieber gleich zu Hause, weil er draußen in der weiten Welt ja nicht mehr das ist, was er wenigstens im stillen Kämmerlein noch ist, und die meisten suchen auch daheim nicht, was sie auf Reisen nicht finden.

Soll ich die Subjektivität meines Blicks objektiv erkennen oder mir von der eigenen Objektivität ein subjektives Bild machen?

Ich bin mir meiner selbst bewußt, also dem, der sich seiner selbst bewußt ist, also... läßt sich das Subjekt nicht zum Objekt seiner selbst machen und ist doch ein Selbstbewußtsein und 'präreflexives Cogito' (Sartre). Bezeugen die von Manfred Frank betonten Aporien der Selbstbezüglichkeit nicht nur die Unmöglichkeit atheistischer Selbstbegründung von Subjekt und Philosophie?

Entweder war Lessing selbst schon ein Gegenaufklärer, oder Friedensprotestant Walter Jens mißbrauchte ihn wie Friedrich Schlegel für seine rhetorischen Zwecke.

Sobald ich mich in meinen eigenen Produkten nicht mehr wiedererkenne, will ich sie wissenschaftlich erkennen. Der Mensch erkennt nur, was er selbst gemacht hat? Der Bürger erkennt nur, was der Arbeiter für ihn hergestellt hat.

Unbestimmtheit dichterischer Bilder bedeutet noch keine Deutlichkeit philosophischer Begriffe, und begriffliche Unklarheit hat noch keine Anschaulichkeit.

Ein Fragment, das sich nicht mehr als Bruchstück eines ganz verlorenen Ganzen empfindet, spielt sich als künftiges Universum auf. Das totalitäre Ich kommt als fragmentiertes wieder zurück. Schizoide halten sich für Gott oder für Napoleon. Mystiker vereinigen Unvereinbares, wenn sie sich nicht auf Unvereinbarkeiten einigen, aber ich enthülle umgekehrt in jeder Einheit den Widerspruch, der sie sprengt. Betrachte beide Bewegungen als eine einzige Bewegung von zwei Seiten aus.

Die fragmentierten Romantiker beriefen sich auf Subjektivist Fichte, die Fragmente Adornos gerade auf die Differenz zu ihm. Dieser Widerspruch löst sich auf in Adornos Manier, mehr Objektivität nur durch mehr Subjektivität zu suchen, statt das Realitätsprinzip durch Ichschwächung postmodern aufzuheben. Er ging mit Fichte über Fichte hinaus zum „Nicht-Ich". Wenn Adorno die „Verfallenheit an die Dinge" als „Gehirnakrobatik" betrieb, kämpfte er mit dem Wahnsinn gegen den Wahnsinn. Im Surrealismus sah er Schizophrenie und Verdinglichung zugleich, die Jakobinerfreiheit als Guillotinentod. Die Dinge, die ich aus meiner Reinheit verdränge, fallen hinterrücks und unverarbeitet in mich ein. Die Partialtriebe heften sich an die Partialobjekte der pornographischen Warenfetische. Das Ich zerfällt : Nur physikalische Entdeckungen bieten noch surrealistisches news-shocking. Die 'romantische' Subjektivität sollte das alttestamentarische Realitätsprinzip lieber anerkennen als in sich auflösen.

Der Name meint die Sache und all ihre potentiell unendlich vielen Teile mit.

Kants Ding an sich ist nur das isolierte Individuum jenseits seines Begriffs. Wenn der Witz das Entlegenste miteinander verkuppelt, ist das Ding an sich das Witzlose schlechthin, der absolute Hagestolz der Philosophie.

Ist der Kopf das Zeugungsglied des Weltkörpers?

Wahrheit ist zu Ende gedachter Irrsinn oder Irrtum auf halbem Wege.

Ich würde mich der Natur willig beugen, sobald sie ihr lesbares Buch über uns schriebe.

Ein Mensch, der überall zugleich ist, wird ein Engel. Wenn ein Engel nur hier und heute ist, wird er ein Mensch.

Dichter, Deuter. Literaturwissenschaft, die über subjektive Gebilde objektive Aussagen machen will, ist in der Dauergefahr, den gesellschaftlich objektiven Gehalt der Kunstwerke subjektivistisch fehlzuinterpretieren.

Moralistik. Den Spruch, daß alle Menschen Egoisten sind, können nur Egoisten bestreiten und damit bestätigen. Wer sich von Wahrheit ertappt fühlt, ist ihr Bestreiter.

Deutsche machen die gleichen Klimmzüge, jeder in seiner eigenen Disziplin; die geselligeren Franzosen sind Rivalen in derselben Disziplin.

Daß du nicht zum Kollektiv X gehörst, das gehört selbst wieder nur zum Kollektiv Y. Wo bleibst du selbst?

Nietzsches Lieblingsadjektive stark, vornehm, bunt, mutwillig, übermütig, licht, leicht, lose, boshaft, heiter, streng, nüchtern, eisig, kalt, scharf, hell, durchsichtig, spöttisch, flüchtig, trocken, tänzerisch, künstlich... „Wenn man einem Buckligen seinen Buckel nimmt, so nimmt man ihm seinen Geist." (Zarathustra). Chamforts Härte bewahrte Nietzsche vor Wagners „Weiblichkeit".

Ich habe die Landesgrenzen Europas nicht so oft überschritten wie die Klassengrenzen zwischen Proletariat, Bürgertum und Beamtenadel.

Am wenigstens genügt der Gedanke
ans Ungenügende aller bloßen Gedanken.

Falsche Propheten der deutschen Einheit : Die widerlegt
sind, tun so, als seien sie bestätigt, worden, und die sich bestätigt
fühlen dürfen, werden behandelt, als seien sie widerlegt worden.

Der Kapitalist tut etwas für mich, indem er etwas für sich
tut. Der gute Christ tut etwas für sich, indem er etwas für mich tut,
der falsche Christ tut für sich, was er nicht gegen mich tut. Der
Egoist tut nichts gegen sich, indem er nichts tut für mich, der
Dummkopf tut nichts für sich, indem er nichts tut gegen mich, und
der Buddhist tut etwas für mich, indem er gar nichts tut.

„Brevity is the soul of wit", „kurz sein will ich und werd'
dunkel", doch Aphorismen entstehen erst, wenn ihre Ursachen
widerspruchreif sind und sich immer neu in Sprüche verstricken.
Ein Aphorismus ist ein Urteil, der den Schluß nur erraten läßt,
dessen Folge er ist und den er verschweigt. Zu jedem Aphorismus
ist der terminus medius zu erraten, auf dem er beruht und den er
ausspart zwischen Subjekt und Prädikat.

„Immer schon draußen beim Objekt" zu sein, behauptet
Sartre nur, damit er gar nicht erst aus sich selbst herausgehen muß.
Draußen bei den Dingen ist er, die nur in ihm selbst existieren, und
die Phänomenologie hat er so begeistert begrüßt, weil er sie miß-
verstanden hat als Mittel, das ihm erlaubt, über die große Welt zu
sprechen, ohne seine eigene Vorpubertät zu verlassen. Seine Akti-
onen berührten nur Realitäten, die außerhalb seines Kopfes keine
Bedeutung hatten, es sind Happeningperformances.

Wenn der Einzelaphorismus gut genug ist, umso besser -
genügt er nicht, wird auf den ganzen Aphorismen-Band verwiesen.

Es sollte nicht nur Bücher über bestimmte Themen geben,
sondern auch 'Welt-Bücher', die in gewisser Hinsicht alles über
alles sagen.

Wenn Adorno an die „Eine" dachte, dachte er schon an die „ganz Andere".

Mein Jugendinstinkt war nicht ganz falsch Der Naturwissenschaftler hielt am objektiven Naturgesetz fest, der Artist am Degagement, der Christ am ganz anderen Gott, der Proletarier am philosophischen Universalismus, der Rationalist an der Logik und Psychoanalyse, der Individualist am Existenzialismus.

Ich sehe einen Baum, aber bin nicht dieser Baum: Die gewöhnliche Vorstellung geht davon aus, daß Subjekt und Objekt zweierlei sind, auch in der Liebe. „Die Vernunft ist ein Schluß", schreibt Hegel in seiner „Logik" und hat Recht. Sein grundlegender Vernunftschluß ist ein Paradox: Wenn das Subjekt weiß, daß es nicht sein eigenes Objekt ist, dann ist es in Wahrheit sein Objekt. Angenommen, der gesunde Menschenverstand hat Recht und das Subjekt ist *nicht* sein eigenes Objekt. Dann stimmt die Prämisse, daß das Subjekt dieses auch weiß. Wenn die Prämisse stimmt, dann ist das Subjekt aber gerade sein Objekt. Daß das Subjekt sein Objekt ist, ist aber nur genau dann wahr, wenn es weiß, daß es sein Objekt *nicht* ist. Und es weiß das nur, wenn das Subjekt auch tatsächlich nicht sein Objekt ist. Also ist das Subjekt zugleich sein Objekt und auch wieder nicht : Der gesunde Menschenverstand hat Recht und Unrecht.

Adornos Grundparadox lebt aus der Umkehrung von Hegels Vernunftschluß. Wenn das Hegelsche Subjekt weiß, daß es mit seinem Objekt identisch ist, dann ist es nach Adorno in Wahrheit gerade nicht mit ihm identisch. Angenommen, das Subjekt sei mit seinem Objekt identisch, wie Hegel behauptet, dann weiß das Subjekt etwas Falsches, wenn es das nicht weiß. Wenn das Subjekt also weiß, daß es mit seinem Objekt identisch ist, dann sagt die Theorie Adornos, daß es mit seinem Objekt *nicht* identisch ist. Mal angenommen also, das Subjekt sei mit seinem Objekt *nicht* identisch. Nicht mit seinem Objekt identisch ist das Subjekt nach dieser Theorie aber nur dann, wenn es weiß, daß es mit seinem Objekt identisch ist. Und wenn es das wirklich weiß, dann ist es mit ihm auch wirklich identisch. Also ist das Subjekt mit seinem Objekt zugleich identisch und auch nicht identisch, folgert unser Verstand. Genau das ist es aber, was Adorno sagt. So ist bewiesen, daß es sich bei Hegel wie bei Adorno um paradoxe und gar nicht widerspruchsfreie Theorien handelt.

Wer mit beiden Beinen auf dem Boden des Himmels steht, hat seinen Kopf bestimmt nicht in den Sand gesteckt.

Erwachsen werden : Wir denken an unser Vergessen und gedenken unserer Zukunft. Das Leben ist der kurze Weg von Gedanken(losigkeit) zum Gedächtnis(schwund). Leben: Dynamisch in den Schlaf hinein!

Kein Satz ist sich genug, er verweist auf weitere Sätze und holt sich nie ein. Jeder Satz ist schon zu viel weil viel zu wenig und noch viel zu wenig weil zu viel auf einmal. Gefühle, Empfindungen und Körpererlebnisse, schön, aber wir machen ja nichts daraus: Wir belichten den Film, sagt Proust, und entwickeln ihn dann nie.

Um sich nicht selbst zu widersprechen, wenn er damit aufs Ganze ging, beschränkte sich Kant auf das Ablesen von Zeigerausschlägen an Meßgeräten. Hegel verfing sich nicht in den Widersprüchen, die er gerade darin entdeckte.

Nicht die Entwicklung von Ideen, nur der Fortschritt der Naturwissenschaft verhindert, daß die Geschichte je eine ewige Wiederkehr des Gleichen wird. Die junge Geschichte der Physik ist nicht die alte menschliche Historie, aber die Geschichte der Naturbeherrschung zwingt uns, die alten Fragen unter immer brandneueren Bedingungen zu stellen, um die bösen Folgelasten falscher Antworten und physikalischer Umwälzungen zu absorbieren, um also unter verschärfteren Rahmenbedingungen die alten Spielchen weiterspielen zu können. Ohne immer neue Waffensysteme würde die Geschichte an sich selbst ersticken.

Kapitalisten sind heut Leute, die keinen Mehrwertkomplex mehr haben, und Arbeiter sind nur noch Schreibmaschinenstürmer. Philosophen sind Ursachverständige geworden.

Self-fulfilling memory. Es gibt Menschen, die sich lebenslang systematisch übernehmen, weil ihnen als Kindern nichts zugetraut wurde, und sich gerade dadurch als Kinder erweisen, die sich vergeblich als Erwachsene aufspielen.

Werden irrationale Entscheidungen für rationales Denken nur rational gerechtfertigt oder gibt es irrationale Entschlüsse zur rationalen Begründung irrationaler Entscheidungen?

Adornos „Logik des Zerfalls" in schizoide Fragmente entbindet Energie. Fragmente sind kurz, weil jedes dieser Urteile das Urteil über sich schon enthält und ihr Gegenstand seine eigene Reflexion ist. Die Reflexion folgt nicht, sondern inhäriert ihrem Objekt. Sie macht nicht das Ungegenständliche, sondern seine Ungegenständlichkeit gegenständlich. Ich setze nicht, daß ich etwas setze, sondern ich setze, daß ich etwas nicht setze. Der Philosoph produziert nicht das Unproduzierbare, aber dessen Unproduzierbarkeit. Ich vernichte die Reproduzierbarkeit des Nichtich und erzeuge seine Unproduzierbarkeit. Deutscher Idealismus: Ich löse mich von allem, auch von mir selbst, aber nicht von dem, der sich von allem löst. An den bleibe ich ewig verhaftet. Reflexion ist Aus-einander-setzung von Ich und Nicht-Ich, ein absoluter unendlicher Regreß, aber kein Regreß ins ab-solute Unendliche, von dem das Endliche sich ableite. Die Bedingung eines Dinges ist nicht die Totalität aller Bedingungen, ist der Grund und nicht der Grund des Grundes des ... Metaphysik macht die potentielle Unendlichkeit reflexiver Metastufen zu einer Metastufe sui generis, von der alle Metastufen sich herleiten. Das transzendentale Ich ist ein regressus in infinitum, aber kein unendlicher Schöpfergott. Die Fähigkeit zu endloser Ablösung ist kein endlich Abgelöstes. Früher war Selbstreflexion die menschliche Substanz, heute nur eine Akzidenz. Das absolute Ich bestimmt das Ding an sich dazu, das empirische Ich zu bestimmen − oder umgekehrt. Das Ding selbst ist nur für mich „an sich", die Erscheinung ist nur an sich für mich.

Kunst: Zeitgeist in Ton, Tönen oder Worten. Künstler sind auch nur Macher, aber wenn Kunst technischer wird als die Technik, überwindet sie die Technik, indem sie deren Wesen ins Werk

210

setzt. Kunstwerke objektivieren subjektive Wahrheiten und sind zugleich subjektive Gestalten objektiver Gehalte. Wenn schon Zukunftspläne, dann bitte keine Phrasen über Genies von gestern, sondern Begriffe, d.h. originelle Vorgriffe auf Gemeinplätze von morgen.

Ich kenne meinen Geist besser als meinen Körper, also sind beide nach Descartes verschieden. Der Geist ist allgemein, der Körper vereinzelt, also gibt es nach Spinoza keine persönliche Unsterblichkeit. Wenn der Geist nicht ohne Kopf ist, der zum Körper gehört, dann fällt der Geist unter den Körper und mit dem Körper, aus dem er gleichwohl nicht ableitbar ist. Wenn Sterben Trennung des unsterblichen Geistes vom vergänglichen Leib ist, dann ist es ein Köpfen. Ich lebe nicht in meinem Geist weiter, sondern im Geist anderer, die im Geist wieder anderer weiterleben, in deren Geist ich nicht weiterlebe. Todesangst lenkt von Weltverbesserung ab und Weltveränderung von Todesangst. Schleiermacher : Unsterblich wird, wer zu Lebzeiten mit Unendlichem eins wurde.

Die Einheit von Körper und Geist hält Leib und Seele auseinander. Kategorischer Imperativ des Gewinn(en)s : Besiege keine Menschen, von denen du nicht besiegt werden willst, natürlich, aber dem Risiko der Niederlage darf ich andere doch ungestraft aussetzen, wenn ich mich ihm selbst aussetze: Du willst nicht besiegt werden, aber siegen dürfen, weil besiegt werden können.

Die Gegenstände teilen sich in ihren Begriff und die Begriffe in ihren Gegenstand. Jeder Begriff differenziert sich zu seinen Objekten, weil er sich selbst widerspricht. Wenn seine Objekte unter ihn fallen, widersprechen sie einander nicht mehr, weil sie nur noch durch Unterschiede und nicht mehr durch Gegensätze voneinander getrennt sind. Die Arten einer Gattung sind die herausgebrachten inneren Widersprüche des Gattungsbegriffs, und die Individuen einer Art wiederum befreien den Artbegriff von seinem eigenen Widerspruch, indem sie diesen objektivieren und in verschiedenen Objekten existieren lassen. Wenn der Schöpfer das Werk von sich abtrennt, befreit er sich von seinem Widerspruch, indem er ihn objektiviert zum Abstand von Werk und Schöpfer.

(Marx: Kommunistisches Manifest, Stuttgart 1970, S. 52): „z.B. hinter die französische Kritik der Geldverhältnisse schrieben sie (die deutschen Philosophen) 'Entäußerung des menschlichen Wesens', hinter die französische Kritik des Bourgeois-Staates schrieben sie 'Aufhebung der Herrschaft des abstrakt Allgemeinen' usw." Wer denkt da nicht an Hegel *und* Adorno zugleich? Marx denkt an eine „Assoziation, worin die freie Entwicklung eines jeden die Bedingung für die freie Entwicklung aller ist." (nicht umgekehrt!) Sind die Prognosen von Marx nur deshalb nicht eingetroffen, weil das 'eherne Lohngesetz' sich nicht erfüllt hat, sondern die Arbeiter ihre Arbeitskraft für mehr Kaufkraft verkaufen dürfen, dann wäre es revolutionär, auf die vermehrte Kaufkraft zu verzichten, um die eigene Widerstandskraft zu vermehren. Ich denke an eine Reprivatisierung der materiellen Vergütung und eine Vergesellschaftung der geistigen Produktionsmittel. Der Ostblock wandelt sich inzwischen aus einer militarisierten Kastengesellschaft in eine bürgerliche Gesellschaft. Die Lehre von Marx ist aus dem 19. ins 21. Jahrhundert nur zu retten, indem das monotheistisch denkende Proletariat der Dritten Welten den vereinigten Bourgeoisien von Ost und West gegenübertritt.

+ + +